現代世界経済の基層

―ゆるやかな変容過程―

高良倉成 著

大学教育出版

現代世界経済の基層
―― ゆるやかな変容過程 ――

目　次

序　章 ... 1

第1章　世界経済論議の再検討 ... 8
　1　グローバル化論議の特徴 ... 9
　　1.1　グローバル論の多様性 ... 9
　　1.2　グローバル論の相対化 ... 14
　2　世界経済論議の2つの伝統 ... 17
　　2.1　国際経済論の延長としての世界経済分析 ... 17
　　2.2　帝国主義論的脈絡での世界経済分析 ... 19
　3　段階論と世界経済論 ... 21
　　3.1　資本主義的部門の段階的変化 ... 21
　　3.2　段階論の修正 ... 24
　　3.3　段階規定の諸国横断性と世界経済 ... 26
　4　結　語 ... 29

第2章　貿易関係の社会的位相 ... 31
　1　単線史観の難点をめぐって ... 31
　2　交易（貿易）史の再解釈 ... 38
　　2.1　競合財貿易と非競合財貿易 ... 38
　　2.2　交換媒介的分業連関と再分配システムの交錯 ... 40
　3　早期貿易の漸次的変容 ... 44
　　3.1　単調ではない「市場の発達」 ... 44
　　3.2　緩衝機能の切り崩し ... 46
　4　資本主義と世界市場の意味あい ... 49
　　4.1　運動概念と類型概念 ... 49
　　4.2　観念にすぎない世界市場 ... 54
　5　結　語 ... 56

第3章　諸構造変化と世界経済　58

1. 資本主義と世界経済 ……………………………………………… 59
   - 1.1　経済原則充足要件 …………………………………………… 59
   - 1.2　チャヤノフ仮説 …………………………………………… 61
2. 集積度不均等：スミスを手がかりに ……………………………… 66
3. 諸構造変化 ……………………………………………………… 72
   - 3.1　一回性の構造変化 ………………………………………… 72
   - 3.2　需要の側面の加味 ………………………………………… 77
4. 局所的な諸構造変化の複合的展開 ………………………………… 80
5. 結　語 …………………………………………………………… 84

第4章　貿易パターンの変化　86

1. 特化構造と貿易方向 ……………………………………………… 86
   - 1.1　主要貿易諸国の貿易構造 …………………………………… 86
   - 1.2　貿易特化構造の基本類型 …………………………………… 90
2. 貿易構造の硬直性とその含意 …………………………………… 95
   - 2.1　貿易方向の硬直性 ………………………………………… 95
   - 2.2　貿易特化構造の硬直性 …………………………………… 97
   - 2.3　従属仮説の意義 …………………………………………… 103
3. 二元的構造の解体 ………………………………………………… 105
4. 現代世界貿易の特質 ……………………………………………… 113
   - 4.1　貿易率上昇について ……………………………………… 113
   - 4.2　産業内貿易と企業内貿易 ………………………………… 116
5. 結　語 …………………………………………………………… 119

第5章　不均等発展と世界工業問題　121

1. 多様な次元の不均等発展 ………………………………………… 121
   - 1.1　不均等発展の意味 ………………………………………… 121
   - 1.2　諸国間不均等発展の概要 ………………………………… 124

2　製造業内諸分野の不均等発展……………………………………… 128
　　　2.1　制約された比較優位メカニズム………………………… 128
　　　2.2　比較生産性上昇率について……………………………… 133
　　3　需要の重要性……………………………………………………… 138
　　　3.1　工業化と脱工業化………………………………………… 138
　　　3.2　脱工業化を規定する諸要因……………………………… 140
　　4　工業化問題と工業調整問題の並存……………………………… 150
　　5　結　語……………………………………………………………… 153

第6章　労働力構造の変化　　　　　　　　　　　　　　　　　155
　　1　諸国民経済の労働力構造………………………………………… 155
　　　1.1　脱農業化・工業化・脱工業化…………………………… 155
　　　1.2　1人当たりGDPとの対応………………………………… 159
　　　1.3　雇用者化の限界…………………………………………… 161
　　　1.4　構造変化の代表的平均像………………………………… 167
　　2　小農化と脱小農化………………………………………………… 170
　　　2.1　小農問題の歴史的経緯…………………………………… 170
　　　2.2　第2次大戦後の小農問題………………………………… 173
　　3　雇用者化の限界のもとでの脱農業化…………………………… 175
　　　3.1　インフォーマル・セクター問題………………………… 175
　　　3.2　資本主義的発展との関連………………………………… 179
　　4　雇用者の変容……………………………………………………… 183
　　　4.1　製造業における労働力投入量の減退…………………… 183
　　　4.2　部分的な非正規化………………………………………… 185
　　5　結　語……………………………………………………………… 189

終　　章……………………………………………………………………… **192**
文献一覧……………………………………………………………………… 206
索　　引……………………………………………………………………… 222

現代世界経済の基層
——ゆるやかな変容過程——

序　章

I

　本書は，明確な論拠を示しうる場合を除いて，安易に「劇的な変化」を想定しないことを基本姿勢としている．劇的変化の想定とは，たとえば「前近代的なこと」から「近代的なこと」への転換（近代化）とか，諸国が自給自足的に孤立して併存している状態から比較優位に照応する相互貿易を開始して等しく貿易利益を享受する状態（つまり自由貿易の状態）への転換とか，市場メカニズムが諸規制の不整合性・非一貫性のもとで諸国横断的に円滑には作用しない状態（分断された市場）から諸規制の国際標準化によって同メカニズムが円滑に作用する状態（統合化された市場）への転換などを想定することである．

　たしかに，劇的な変化が現実に生起しうる可能性そのものを否定することはできないが，しかし先験的かつ無意識に劇的な変化を仮定して議論を組み立てることに対してはできるだけ禁欲的であることを本書では心がけた．なぜなら，現実には変化が劇的でない場合，先験的な仮定に依拠して劇的な変化に固執するとすれば，変化しない現実の側に「歪み」や「遅れ」があるという奇妙な論法を持ち出すしかなくなるからである．あるいはまた，劇的な変化の仮定に適合しそうな一部の側面のみに焦点をあて，目的論的な変化の兆候探しに終始する傾向に陥るからである．そして強い価値判断が現状分析に混入する危険性を高め，結局は認識上の障害をもたらすと思われる．

　本書はまた，ある側面の「劇的な違い」を誇張して全般的な特徴の識別に援用することに対しても懐疑的である．ミクロ的なオープンシステムについては妥当することが，マクロ的なクローズドシステムには妥当しないことがあるこ

とは,「合成の誤謬」として経済学上の基礎的留意事項とされてきた．ここではその問題をも含みつつ，より一般的な一点突破主義の弊害を念頭においている．そのような弊害は資本主義化，グローバル化，フレキシブル化，情報化，サービス化などの用語を多用する議論にしばしばみられるものである．一例として，生産システム，経営管理システム，雇用システムなどを特徴づけるさいに多用される多義的なキーワードの1つであるフレキシブル化を取り上げよう．たしかにそれは変化の特徴の一面を表現する便利な用語ではある．しかしながら，フォーディズムやビッグビジネスがアメリカ製造業（さらにはアメリカ経済やアメリカ社会）の全般的特徴を代表し，フレキシブルな特化が日本やヨーロッパの製造業の全般的特徴を代表しているという「劇的な違い」への固執は，アメリカで生起する諸現象は大量生産システムに起因し，日本やヨーロッパで生起する諸現象は脱（非）大量生産システムに起因するという二元論的説明に陥りやすい[1]．大量生産システムの浸透度やあるいはそれからの脱却度などの程度によって，全般的な特徴の変化を測る姿勢がそれに付随する．そのような姿勢は,「近代化」の程度においてより進んでいるか遅れているか,「民主化」の度合いにおいてより成熟しているか未熟であるかという二元識別と同様に，視野狭窄に陥りやすいと思われる．

　本書はさらに,「資本主義」という用語法に対しても慎重であり,「資本主義」という概念が元来は構造や体系（それが国民経済であれ世界システムであれ）を指し示すものではなかったという理解を前提にしている．「資本主義」を構造や体系とみなし，かつ現状分析の対象として指定すると，多元的な各種の変化の現出を「資本主義」という概念に組み込まねばならなくなる．多様な形容表現であるXを付した「X資本主義」という命名は数えあげればきりがないほどあるが，Xの含蓄が増えるに比例して「資本主義」はより多義的なシステムとして描出するしかなくなり，概念として確定できなくなってしまう．過剰な含意を組み込まれた概念は空虚になるしかない．詳しくは第2章で論じるが，こ

---

[1] イギリス製造業没落仮説（manufacturing failure hypothesis：MFH）の各種検証が，そのような二元論の弊害に満ちていることを批判したものとして，Booth 2003 参照．

の概念の意義を救出するには，X資本主義ではなく，多様な構造や体系であるYの一定の側面を一義的な概念である「資本主義」によって形容する資本主義的Yという用法に徹することであろう．形容詞Xは思い付きで造語が可能だから，X資本主義という議論は収束することが困難でその論点は発散しやすい．経験的分析対象であるYはその体系の組成内容や諸関係の連関構造を識別しながら措定せねばならず，関連する諸研究との整合性のなかに矛盾なく織り込む必要に迫られるから，資本主義的Yについての議論は収束の方向を見いだしやすい．

そのような用語法へのこだわりは不毛な概念論議とみなされかねないが，「資本主義」はさまざまな論議のなかで明示的あるいは暗示的に使われているキーワードであり，それが発散する方向での用法か収束する方向での用法かは，諸研究を踏襲するうえでも留意すべき重要な点であると思われる．ただし，用語法の適否を基準に諸研究の成果を判定するという態度を本書がとっているわけではない．たしかに本書ではX資本主義という用法を拒否して資本主義的Yという用法に徹するが，しかしそのような用法のみを排他的に正当化することにこだわると既存の研究成果の多くを踏襲できなくなってしまう．そのような頑な姿勢は避けるべきであろう．要は，変化の諸相を特定の用語（資本主義）に放り込んでその用語を空虚にすることを回避するよう心がければよいのである．

ところで，「劇的な」変化や差異を判断基準にすることに禁欲的であるということは，変化や差異を軽視することではないし，また必ずしも歴史的連続性や同時代での諸国貫通性を誇張することを意味しない．むしろ，時間軸での変化や同時代の横断面での差異を多様に捉えることが本書のねらいでもある．諸変化は脈絡のない飛躍でもないし，「今日」にのみ特有の新規な変化であるともかぎらないことに留意することによって，諸変化が生起する次元と社会的過程を歴史的脈絡のなかで位置づけることを心がけ，劇的であるとはかぎらない多面的な変化の諸相を関連づけて世界経済の推移を考察するのである．また諸国の差異についても，文化や民族や国家形成史などの固有の属性に由来する特殊個別的側面もあるであろうが，共時的相互依存のなかで展開する諸変化の経験の

長短や先発・後発関係から派生する側面もある．その後者の側面に注目して差異を多様に捉えることを本書では試みる．そのさい共時的相互依存とは，何らかの文明論的な雰囲気で想定しているのではなく，各種のミクロ的経済活動単位が包摂される交換媒介的分業連関のことである．

交換媒介的分業連関という共時的相互依存関係において多様な変化が進行するとすれば，それらの変化の多くに共通して関与している1つの要因はおそらく市場メカニズムである．それは個別の財・サービスに応じて多種多様な場面で作用する調整メカニズム（価格変化と需給バランス変動の相互作用を惹起するメカニズム）である．とくに調整を余儀なくされるのは供給側の数と量であり，そのために必要な労働過程編成方式や経営管理システムや企業間関係の編成パターンの変化である．増産・減産の容易さ，必要な固定資本の規模，人的組織の複雑さなどに応じて市場メカニズムが貫徹する度合いはミクロ次元の多様性をもつから，特定の事例から全体の趨勢を演繹することの危険性がそこにはある．たとえば，電子的な記帳情報の書き換えで処理でき物理的・生理的な供給制約をもたない金融取引の場面で市場メカニズムが諸国横断的に「劇的に」貫徹するようになったからといって，高炉・転炉・連続鋳造などの固定資本の稼働状況に供給が依存する鉄鋼の取引でも市場メカニズムによる供給調整が速やかに進行する時代が到来したということはできない．まして，増産・減産ができない労働力をめぐっては市場メカニズムの貫徹が著しく困難であり，「労働力商品化の無理」（宇野弘蔵）がつきまとうことは時代を超えた普遍的な特徴といってよい．

とはいえ，個別局面の変化が全般的状況を代表するわけではないことを強調したからといって，そのことは個別的変化を軽視することを意味するのではない．むしろ逆である．個別的局面の変化の多様性は重要であり，とくに特定事例から全体を類推するような乱暴な論理の飛躍を避けるためにも，個別事例研究の意義は大きい．本書自体は個別事例研究ではないが，できるだけ多くの事例研究を参照するよう努めている．推論が飛躍することなく，変化や差異の多様性を全体的な傾向や長期史的な脈絡の理解に摂取するには，個別事例研究の豊富な成果が必要なのである．

II

　さて，本書の各章が扱うテーマをここで素描しておこう．第1章では，いわゆる「グローバル化」をめぐる近年の論調と，それと交錯する世界経済をめぐる伝統的な認識枠組みを再検討し，従来の研究の踏襲すべき側面を取捨選択した．そのさい，アカデミックな諸論調の整理のみでなく，諸国際機関の報告書等にみられるトーンの違いもそれらに関連づけている．そして，国際経済論の延長としてでもなく帝国主義時代論の延長としてでもなく，さらにまた「グローバル論」を持ち出すこともなく，諸国横断的な産業需給バランス調整の持続的な困難さが世界経済問題の核になるという視点の重要性を強調した．

　第2章では，「現代」の理解を過去に投影して共時的相互依存を扱う世界史像について再検討している．現代世界経済の歴史的位相を明確にするためにも，世界史像をめぐる混乱とその社会科学への影響は無視できないからであり，早期の貿易（交易）ネットワークの存在を一面的に誇張する議論を相対化する必要もあるからである．それはまた，交換の場としての市場と，再分配システムの自立的な統合単位である国民経済との次元の違いを，歴史的脈絡で再確認する作業でもある．さらに，国民経済などのように構造や体系を示す概念と，諸活動の目的動機を表す「資本主義」という概念とは，その用法において代替不可能な異質の概念であることを確認している．

　第1章と第2章は，諸論調を再検討しながら本書の視野やまなざしを示すことに主眼がある．しかし，視野・観点・視角などを散発的に並べても，それだけで理論的な脈絡が整備されるわけではない．そこで第3章では，前の2つの章で確認したより注目すべき論点や視野を再構成して，本書の分析枠組みをあらためて体系だてて整理した．そのさい，古典的な論調に接続することを強く意識している．非資本主義的部門の残存力の強さをチャヤノフ「小農経済論」から，資本主義的部門の諸国分布における集積度の差異をスミス『諸国民の富』から，諸国において資本主義的部門の比重が上昇する一回性の構造変化をマルクス『資本論』から，細分類産業相互の比重の変化がそれらを包摂する集計的産

業の生産性を左右する点について「カルドア法則」からそれぞれ抽出し，それらを世界経済の大まかな歴史的過程の理解に盛り込むことを試みている．

第4章では，貿易パターンの変遷に即して19世紀以降の世界経済の大まかな歴史的過程を眺望している．とくに，「世界貿易の二元的構造」が成立していく過程とそれが崩壊していく過程を対比しながら，「競合財貿易」としての特徴がどのように顕現するかということに着眼して，20世紀後半以降の世界貿易の特質を浮き彫りにした．そのような大まかな貿易パターンの推移のなかで，一方では貿易関係の拡大と当該国経済成長とが逆相関の関係にあると想定された「従属」の問題と，他方では貿易率上昇と経済成長とが順相関する20世紀終盤以降の問題との歴史的位相を区別することも試みている．

第5章は，製造業およびそれを構成する諸分野の諸国横断的な需給バランスに注目しつつ，1国内諸産業間での，また特定産業の諸国間での不均等発展を分析している．諸産業の供給の諸国間分布の変化と需要の諸国間分布の変化とは，それぞれ異なった要因に左右されて進行するプロセスであり，その両者のずれが一方では貿易や直接投資によって，他方ではそれぞれの国に所在する事業所数の増減や労働力投入量の増減で調整される．問題の1つはそのような調整過程が比較優位論が想定する調整であったかどうかであるが，実際には比較優位メカニズムに照応する棲み分け的産業構造再編成過程の進行は限定されたものであったことを示した．おそらく，国内需要の拡大とその構成内容変化に国内供給の拡大とその構成内容変化でもって対応していく社会的力学が強固であり，それが歴史普遍的なパターンなのである．

第6章では，諸国での脱農業化・工業化・脱工業化の併存構造に注目しつつ，個別国レベルでの「一回性の構造変化」の特質を考察している．とくに資本主義的部門の急激な比重上昇を軸に，労働力構造の変化パターンという観点から分析した．そして構造変化前段局面，転換過程の局面，構造変化後段局面という3つの局面からなる「構造変化の代表的平均像」を析出し，それを参照基準にしながらパターン比較を試みている．そのさい，先進諸国の経験とは異なって，途上諸国は雇用者比率の低位飽和水準という現代的制約のもとでの一回性の構造変化を経験することを強調した．

して特徴づけられている．それに対して，懐疑論は，財・サービスの価格や利子率が収束するという意味での統合されたグローバルな市場は成立していないこと，20世紀終盤以降の世界経済には顕著なリージョナル化が進展していること，国境をまたがる諸活動に関して国家は積極的な調整機能を果たしていること，南北格差などの国際的不均等性を増幅しながらの国際化が進行している点で19世紀来の構造的特性が連続していること，などを強調する点に特徴があるとされる．変容論のほうは，グローバル化が経済・社会・政府機構・世界秩序を動揺させる要因として強く作用していることは重視すべきだが，グローバル市場やグローバル文明などの存否を問うべきでなく，グローバル化はその時々に多様な状況依存的諸要因に規定されて進行するプロセスであり，国民国家の権力はグローバル化によって衰退するのではなく再定義・再構築されること，などを強調するものとして特徴づけられている．グローバル論も懐疑論も，価格や利子率が収束する統合されたグローバル市場という到達状態（end-state）についての理念型を想定し，現実のグローバル化現象がその理念型へ近づいているか否かを問題にする．一方（グローバル論）はその到達状態が成立しているかあるいはそれへ近きつつあることを強調し，他方（懐疑論）は現実がその理念型にはほど遠いことを強調する．それらに対して変容論は，ある特定の到達状態を理念型として想定せず，不特定の展開方向をもつ不断のプロセスそのものを扱う．以上がマッグルーによって整理されたグローバル化論議の諸類型である．

なお，グローバル論には，積極的・楽観的な極から消極的・悲観的な極までの間に多様な幅があるが，より前者の極に偏向しているものが積極的グローバル論，後者の極に偏向しているものは悲観的グローバル論として分類されている．たとえば，マッグルーも共編者に名を連ねている一般解説書によれば，放送メディアを介した情報の送受信におけるグローバル化という現象に対して，地球市民やグローバルな市民社会の成立を強調するのは積極的グローバル論の要素が強く，文化帝国主義を強調するのは悲観的グローバル論の要素が強いということになる（Held et al. 2000, 第2章）．またミラノヴィクは，グローバル化論議において「良性」の側面を強調するタイプと「悪性」の側面を強調する

最後に終章において，第1～第3章における従来の諸論調の再構成と第4～第6章における現代世界経済の特質の検証とを総括しつつ，本書が強調したい諸論点をあらためて論じている．そして，世界経済およびその諸変化が「ゆるやか」であるというメッセージを提示した．

第1章　世界経済論議の再検討

はじめに

　世界経済の語が使用されることは近年に固有のことではない．国際経済論の基礎理論がその焦点にしている比較優位メカニズムを直接的に問題にしにくい事象，たとえば南北問題を扱うさいにはしばしば世界経済の語が使われてきた．また国際経済論の問題領域との違いをより前面に出そうとする諸論調においても，たとえば旧ソ連で刊行され多くの各国語翻訳版もあった雑誌『世界経済と国際関係』に象徴されるように，かなり以前から使われていた．他方，グローバル化という語の使用は新しい現象である．1980年代初頭に新自由主義を掲げた政権がイギリスとアメリカに誕生し，OECD規制改革プログラムなどを触媒として他のOECD諸国にその新自由主義が浸透していくこと，途上諸国では80年代の債務危機を契機に輸入代替工業化のあり方を見直す動きが進展したこと，そして旧ソ連・東欧諸国の統治システムが激しく動揺し再編成されたことなどが複合して，グローバル化論議が噴出してきた．

　ただ，おそらく「グローバル（化）」という語が多用されたきっかけは，「国際関係」と同様に，英語修辞法のくせに由来する．国民国家システムがヨーロッパで一般化していくなかで，その国家間の相互関係を独自の局面として表現しようとしたが，しかしstateという語は融通が利かず，派生語を作りにくい．そこで融通の利く代用語としてnationが流用され，諸国家間関係を表現する固有の術語としてinternational relationsが一般に用いられるようになった（Frankel 1979，邦訳36ページ）．worldもstateと同様に融通が利かず，派生語を作りにくい．融通の利く代用語として，多様な語尾変化が可能なglobeが流用されたと推測される．世界的な問題をより利便性のあるglobeという語に委託して表現するのは，その意味で英語文化圏に固有の事情に由来するのであり，それとは大きく異なる言語圏（たとえばアジア）においてはglobeという語をもとにした造語を使用する内在的理由はないといってもよい．とはいえ，グローバル（化）という用語は非英語文化圏にも急速に浸透してきた．そのこと自体が社会現象であるから，この社会現象についてある程度考察しておく必要があろう．

　まず，この章では，「グローバル化」をめぐる近年の論議の類型的特徴を第1節で整理し，それ以前から存在した世界経済論議との関連を第2節で考察する．第3節では，国際経済論や帝国主義論から相対的に独立した論点を提起した宇野弘蔵の段階論と世界経済論の意義について考え，諸国横断的な産業需給バランス調整過程そのものの重要性を浮き彫りにする．

1　グローバル化論議の特徴

1.1　グローバル論の多様性

　「グローバル化」をめぐる諸論調は，1980年代から90年代と進むにつれて加速度的に増えてきたし，経済的現象のみならず，社会的・政治的・文化的現象についても論議されるようになってきた．近年の多種多様な諸論調を渉猟し類型化したマッグルーのサーベイ論文（McGrew 1998）が提示した類型区分によれば，グローバル化についての諸論調にはグローバル論（globalists），懐疑論（sceptics），変容論（transformationalists）の3つのタイプがある．ただし，個々の論者がそれらのいずれかに分類されるというよりも，多くの論調にまたがって析出可能な類型であって，個々の論者はそれら類型のいくつかを同時に主張している（強弱の差はあれ）ことを否定するものではないとされる．

　グローバル論は，経済的グローバル化が国民国家の衰退を招いていること，統合度を高めていくグローバル経済が今日存在している（成立しつつある）こと，グローバル経済において勝ち組と負け組への両極分解が進行すること，グローバル文明が到来している（到来しつつある）こと，などを強調するもの と

タイプとを区別したが(Milanovic 2003), グローバル化現象の存在を認める議論の中には, 良性の側面をより重視する積極的グローバル論と悪性の側面をより重視する悲観的グローバル論とが混在しているといってよいかもしれない.

おそらく, 積極的グローバル論を志向させるのは市場メカニズムに対する信頼であり, その究極のタイプは市場主義である. 悲観的グローバル論を志向させるのは, 市場メカニズムが社会的諸関係を調整する原理としては不完全であるという認識であり, その究極のタイプは反市場主義である. 市場的調整を是認する度合いに応じて, グローバル論の両極の間には多様なバリエーションがあるといってよい. 市場的調整が諸国貫通的な最適資源配分を達成するのに十分であると想定するより市場主義的な議論の場合, その要点は比較的はっきりしている. すなわち市場取引の当事者活動が諸国横断的である度合いが増すのであるから, 市場が機能するためのルールも諸国貫通的なものにしないとさまざまな矛盾や軋轢が生起することを強調する. それぞれの国境内部で非市場的諸力で防衛的に調整し続けて資源配分の効率性を阻害し高コスト構造を温存させて社会的厚生を低下させたり, 供給超過的産業分野における供給者数の減少や供給者当たり供給量の減少を非市場的諸力で妨害したり, また需要超過的産業分野における新規参入供給者の増大や既存供給者の供給量拡大を非市場的諸力で制約したりすることは, 極力否定されるべきこととみなされる. それに対して, 市場取引の当事者活動が諸国横断的である度合いが増すとしても, 市場的調整を非市場的諸力で部分的に補完すべしとするか, 市場的調整は主ではなく副次的な役割にとどめるべしとする反市場主義か, グローバル論には相対立するような内容のものが混在する.

市場的調整が諸国横断的に貫徹する条件整備を模索してきた代表的なものは, おそらくOECDの規制改革プログラムである[1]. 2003年のWTO総会にお

---

[1] その延長で積極的グローバル論を展開した例として, OECD 1997の序文に収録されたOECD事務局長の次のようなメッセージがある.「われわれは<新しいグローバル時代>への入り口に立っている. すなわち, <新しいグローバル時代>においては, すべての社会は積極的に世界経済へ参加する可能性を有し, また自由化された世界貿易や投資からの便益がすべての人々に行きわたり, 発展途上国の大部分の国々における困窮と貧困はその悲しい歴史に幕を下ろし, もはや現在の状況は消え去っているであろう」.

いて読み上げられた OECD 事務局長と UNCTAD 事務局長それぞれのメッセージは，いずれも経済発展を妨げる貿易政策を各国が是正していくべきことについて論じており，先進国側での農業保護（農産物の高関税と輸出補助金）と一部製造業（繊維や衣服）の保護の問題，途上国が貿易をテコにした発展をするうえで物的・人的なインフラへの援助（「貿易のための援助」）が必要であること，などを重大な懸案事項として取り上げている点で共通している[2]. ただ，OECD 事務局長は先進国と途上国ともに構造調整と自由化を推し進めることとその前提となる私利（enlightened self-interest）の意義を強調し，UNCTAD 事務局長は先進国側の保護が是正されずまた対途上国支援が十分でなかったことへの危機感を切々と訴えた.

世界が多様性を失って均質化していくという認識にたつグローバル論のうち，諸国家間および諸利害集団間での力関係の非対称性が強まることを強調し，不平等や不均衡の増進を取り上げると，悲観的グローバル論の側面が強くなっていく. 第 10 回 UNCTAD 総会（2000 年 2 月）へ向けての事前会合である途上諸国「グループ 77」[3]の第 9 回閣僚会議（1999 年 10 月）で提示された「行動計画」や[4], 第 10 回総会を展望しつつ提示された UNCTAD 事務局長報告[5]などにその要素がみられる. そこでは食糧や繊維・衣服などに対する先進国側の輸入障壁が高いままであること，特定一次産品への依存が高い最貧途上

---

[2] "The Doha Development Agenda is a Clear Win-Win for all: Can We Make it Happen?", Speech by the H. D. J. Johnston (Secretary-General of the OECD). "MESSAGE TO THE FIFTH MINISTERIAL CONFERENCE OF THE WORLD TRADE ORGANIZATION", Delivered by R. Ricupero (Secretary-General of the UNCTAD).

[3] UNCTAD 第 1 回総会（1964 年）を契機に途上諸国が結成したもので，結成当初の 77 カ国から加盟国数が増加して 2003 年時点で 133 カ国に達している.

[4] Ninth Ministerial Meeting of the Group of 77 and China, "PLAN OF ACTION", October 1999.

[5] Rubens Ricupero (Secretary-General of UNCTAD), "BEYOND THE UNIFICATION OF MARKETS: A GLOBAL COMMUNITY OF COOPERATION AND SHARED KNOWLEDGE FOR SECURITY AND DEVELOPMENT. Some personal reflections", 1999.

諸国は自由化処置を受け入れてから当該一次産品依存がますます高まったこと，供給者が少数（しかもしばしば巨大多国籍企業がそれに含まれる）である途上諸国において政府介入を撤廃することは競争的市場を整備することに逆行すること，などが強調されている．2003年WTO総会へ向けたグループ77の宣言では，貿易それ自体は目標ではなく発展と安全保障のための手段であること，各加盟国はWTO協議の便益を等しく共有するが義務には格差があるという原則的理念が必要であること，などを強調している[6]．

悲観的グローバル論の要素は国際労働機関（ILO）事務局の報告書等にも目立つようになってきた．1999年の第87回ILO総会で提示された「Decent Work」と題された事務局長報告において，発足時の事情のためにILOはフォーマル部門企業の雇用者（その大多数は男である）のニーズにほとんどの注意を払ってきたが，しかし経済成長の過程がフォーマル経済へ過剰労働を吸収するうえで不十分であったことは今までの長い経験から明白になったこと，また一方では高度で複雑な技能に対する労働需要の増大があり，他方では低賃金で低保護の労働者も増大するというかたちで，インフォーマル化が技術的に洗練されたグローバル生産システムの成長と平行して展開してきたこと，などが指摘されている[7]．ちなみに，ILO報告書以上により悲観的な要素が強いと思われるものとして，相互扶助や介護など多様な次元の互恵原理（「ケア」）が希薄化していくことの危機を強調した国連開発計画の『人間開発報告』（UNDP 1999）があげられよう．

さらに，世界銀行と国際通貨基金（IMF）の側でも悲観的要素への考慮が表明されるようになった．長期的な開発プロジェクト資金を供与する世銀と短期

---

[6] "Declaration by the Group of 77 and China on the Fifth WTO Ministerial Conference".
[7] "Report of the Director-General: Decent Work", International Labour Conference, 87th Session, Geneva. 同報告第2章で示された定義によれば，Decent Workとは，適切な社会的保護のもとで諸権利が保証されつつ妥当な所得をもたらすような生産的な仕事を意味する．フォーマル部門雇用者を保護する労使関係制度の整備・国際標準化を勧告するという従来の姿勢から，インフォーマル部門をも射程に入れた就業機会と就業条件の保護・育成を達成するために勧告するという姿勢へ転換するために，ILOが設けた最低限の基準を表現するのがDecent Workといってよい．

の国際収支調整資金を貸し付ける IMF が，1980 年代に入ってから「構造調整プログラム」の名のもとに連携して，途上諸国に民営化とインフレ抑制と貿易・投資自由化という重点政策の採用を促してきたが，しかしその姿勢が部分的に変化してきたのである．それを象徴するものの1つとして，世銀とIMFが共同で組織した開発委員会による「途上国における貧困削減戦略の構築」という文書がある[8]．資金提供の条件として，途上国政府に実効性のある貧困削減政策を求めることがその主旨である．また，世銀総裁が組織構成員に向けて提示した 1999 年 1 月の内部文書において「包括的開発枠組（Comprehensive Development Framework）」という理念が明示されたが[9]，そこでは構造的・社会的・人的側面と切り離してマクロ経済政策のみを採用することはできないという決意表明がなされている．そして，世銀はその報告書『グローバル経済の展望と途上国』（World Bank 1999）で貧困に焦点をおいた．貧困削減について実効性のある政策を融資受入国政府に促すことを，世銀はその融資条件として最重要視していくようになる．

1.2 グローバル論の相対化

さて，グローバル化論議の他の類型の特徴に移ろう．懐疑論は，貿易の対GDP 比率は 19 世紀終盤から 20 世紀初頭にかけても高かったこと，国際投資の対 GDP 比率の高さも史上前例のないものではないこと，貿易や投資の密度は一部の諸国・地域に偏在していることを強調し，グローバル化を誇張することに警告を発する（Held et al. 2000，第 3 章）．この懐疑論の典型例と思われるのが，UNCTAD のディスカッションペーパーとして公表されたベイロックらの「グローバル化神話」という論文（Bairoch and Kozul-Wright 1996）で

---

[8] DEVELOPMENT COMMITTEE, "BUILDING POVERTY REDUCTION STRATEGIES IN DEVELOPING COUNTRIES ", DC/99-29, 1999. Joint Ministerial Committee of the Boards of Governors of the Bank and the Fund On the Transfer of Real Resources to Developing Countries.

[9] Wolfensohn, J. D., "A Proposal for a Comprehensive Development Framework (A Discussion Draft) ", World Bank, 1999.

ある.そこではつぎのようなことが強調されている.グローバル化と自由主義が相互補完的に進行したという歴史的事実はなく,貿易の対GDP比率などの基礎的なグローバル化指標でみて今日に匹敵するとされる1913年頃は開発世界では保護主義の大海のなかに自由主義の小島が,開発途上世界では自由主義の大海のなかに保護主義の小島が存在しているようなものだったこと,19世紀終盤から20世紀初頭の世界貿易においては（イギリスが例外だったとはいえ）ヨーロッパ域内貿易が大きな比重を占め,ヨーロッパ域内では製造品どうしの産業内貿易という性格がすでに顕著であったし,ヨーロッパとその他世界（ただしより豊かな部分）との間では直接投資と結びついた企業内貿易という性格が伴い,一次産品分野では国際生産もすでに展開していたこと,などである.その論文を発表する以前の著作（Bairoch 1993）でも強調していたことであるが,ベイロックは,グローバル化論議のなかで貿易成長を経済成長の条件とみなす例が多いことへの批判を込めて,貿易成長は経済成長の結果であったこと,その経済成長を可能にした主要な条件の1つが保護主義であったことを主張してきた.それをめぐって論争が起こるが,その件については第4章で取り上げよう.

ところで,グローバル論にしろ懐疑論にしろ,グローバル化状態の是非や程度をしばしば経験的指標をもとに論じるから,それらの議論の焦点はわりと分かりやすい.劇的な変化が生じているとする（グローバル論）か,それとも変化はまだ劇的ではないとする（懐疑論）か,劇的変化を是認する場合でも,そこに調和と発展を展望する（積極的グローバル論）か不平等や矛盾を見いだす（悲観的グローバル論）か,いずれにしろ立論の主旨や手続きを了解しやすい.特定の論者が複数のアプローチを混在させて折衷論を展開していても,その議論の組成内容を確認することはそう難しくはないであろう.

ところが,変容論と称されている論議は,グローバル化の度合いについての評価としてはグローバル論と懐疑論の折衷のようでもあるが,しかしグローバル化は存在証明の対象ではなくあくまで社会的変化過程にとっての変容圧力とみなすことに特徴があるようである.それゆえ,多様な焦点について多様な手法をとる議論が包摂されうるから,その類型的な特徴は分かりにくい.マッグ

ルーがその代表例としてあげたギデンズは，たしかに何らかのグローバル化指標を軸にグローバル化の有無や程度を問題にするという立論をとっていない．各社会の既存の制度や規範が随所で変容を余儀なくされている多面的な性格を指摘しているが(Giddens 1999)，諸国共通にグローバル化現象が問題になる同時代的時期の特定なしに事例があげられており，また1人当たり所得の上昇に付随して生起する変容（国によって時期が異なりうる）とそうでない共時的変容との識別もあいまいである．その意味でも分かりにくい．それでも，変容論は重要な視野であると思われる．一見分かりにくい変容論の基本的な特徴は，おそらく「グローバルな単位」の「劇的変化」を先験的に仮定せず個別局面の多様な変化の諸相を重視するということであり，それゆえまた変化前の世界と変化後の世界という2つの理念型を想定してその両者の間の状態移行（ないし転換）の有無や程度を詮索するという二元論的手法に対して慎重な姿勢をとることにあると考えられる．

　本書は，グローバルな劇的変化を先験的に仮定することを躊躇するという点においては変容論に，グローバル化の新規性を強調することに禁欲的である点においては懐疑論に，すでに一定の進展がみられたグローバル化についての位置づけとしては悲観的グローバル論に，より親近的である．

　ところで，グローバル化をめぐる議論は比較的新しい．エネルギー問題が浮上した1970年代からすでにその萌芽があったとはいえ，環境問題で地球大的な共存がより深刻に意識されたこと，貿易自由化や投資自由化が多くの途上諸国を巻き込んで進行してきたこと，計画経済を国策として掲げ国内外の経済関係を強く管理してきた諸国が対外開放体制に転じたことなどが複合し，とくに90年代に入って噴出してきた議論である．ただ，それらの議論とは別に，すでに世界経済論や世界経済分析が存在した．従来の世界経済論議にグローバル化論議が被さってきたといったほうがよいかもしれない．長きにわたる研究の蓄積があるのは，伝統的な世界経済論議のほうである．その従来の世界経済論議は大きくいって2つのタイプがあった．国際経済論の延長でなされるものと，帝国主義時代認識の一環としてなされるものである．

2 世界経済論議の2つの伝統

2.1 国際経済論の延長としての世界経済分析

　国際経済論は，国境をまたがる財・サービスの取引とその決済システム，および長期・短期の各種投資という国際経済関係の具体的な経路と明示的に関連づけることによって[10]，国民経済に対する対外関係の影響を分析する．為替相場の変動が物価水準や相対価格体系に与える影響とか，国内生産成長や産業構造変化に対しての需要面での輸出成長の影響や，供給面ないし生産力面での国際投資の影響とか，貿易と産業構造の相互関係のなかで要素価格がどのような方向へ変化するかとか．その基礎にあるのは，貿易パターン成立と貿易利益発生の双方を論証する比較優位論である．比較優位に対応した特化メカニズムに整合する国際経済関係の理念像と，それからの現実の偏差およびその是正策を追求する．政策的含意を導出することが重視され，主要国際機関の政策研究なども，程度の差はあれ，この分析枠組みを多くの場合踏襲している．

　国際経済論の延長で世界経済分析を構想する場合，核になるのは自由貿易状態からの距離を目安に世界が調和的共存のほうへ近づいたり近隣窮乏化のほうへ近づいたりする様を描くことである．経済成長論を取り込んで補強すれば，

---

[10] ちなみに，国際投資や対外投資はしばしば誤解されて言及されることがある．国際投資とは，銀行に預金するか国債に投資するかという選択のさいに問題になる投資と同類であって，貯蓄形態の選択の問題であり，設備投資のことではない．国際経済関係に即して語られる投資とは，国民経済計算でいう投資（＝固定資本形成）のことではなく，諸国の貯蓄が国境を横断して他国に流用される動きを表現したものである．それゆえたとえば，ある国で国有企業が民営化されるさいに政府保有株が放出され，それが外国の投資家（株式を含む証券類の購入者）の購入を許容するかたちで市場に売りに出されると，当該国への対外直接投資の大規模な流入が起こりうる．しかし，当該国で固定資本形成が活発になることを直接意味するわけではない．対外資本収支が黒字である（つまり国外貯蓄の流入がある）ことは，国内固定資本形成を国内貯蓄が下回っている（貯蓄-投資ギャップが負である）ことを意味するが，それは固定資本形成の拡大と結びついているとはかぎらず，消費支出の拡大と結びついているかもしれないからである．

発展段階の異なる諸国が共存しつつ，貿易や投資の拡大のなかで後発国側のキャッチアップで各種経済活動の再配置がどのように進行するかも展望できる．グローバル化現象を射程に入れると，グローバル化が諸国の経済成長を促進するかどうか，マクロ経済を安定化させるのか不安定化させるのか，所得分配の不平等を（先進国のみならず全般に）促進するかどうか，などが国際経済論の延長で展望される（Sachs 1998）．所得不平等との関連での論点としては，それぞれの国が規模の経済性を有する分野に特化して産業内貿易が成立する場合には貿易が所得不平等化の要因とはなりにくいが，要素集約度の異なる分野に特化して貿易が成立する場合には，貿易関係が先進国側での不平等化を促す要因となることが導かれる．つまり，相対的に高熟練分野と低熟練分野をそれぞれ有する先進国と途上国とで貿易が進行すると，高熟練分野に比較優位をもつ先進国では需要が増大する高熟練労働の賃金は上昇し，需要が減少する低熟練労働の賃金は低下して，両者の格差が拡大していく．じっさいには，低熟練分野の就業者のシェアがかなり小さいこと，また熟練労働者への需要は相対的要素賦存度に関わりなく各国で共通に拡大する特徴があると推定することが可能であることなどによって，所得分配についての貿易論的説明は限定された効力しかもたないという了解が近年では定着している（Lawrence 1996; Ghose 2000）．

とはいえ，おそらく比較優位論の原理的説明それ自体は否定できないし，その原理的説明の含意をもとに多様な国際経済論上の知見がもたらされてきたことも認めねばならないであろう．とくに貿易関係の存在が，供給量や供給者構成の調整作用としての市場メカニズム一般を刺激するのみならず，諸国・地域を非同質化する産業構造調整圧力をもたらすことは，比較優位メカニズムの存在を想定しないと立論できない．国際経済論は知的営為として長い経験があるがゆえに，グローバル化論議における懐疑論の一角を構成しうる．国際経済論で説明可能であるにもかかわらず，国際経済論の知見を無視ないし軽視してなされる一部のグローバル化論議に対しては，国際経済論者は強い拒否反応を示すのである．

しかしながら，国際経済論の延長で構想する世界経済分析には，貿易利益論

を核にしながら比較優位に対応した各国諸産業間の棲み分けメカニズムの証明を目的論的に追求する姿勢に由来する，ある重大な偏向がある．棲み分けが現実にはなかなか進行しないという事態に直面した場合，各種の経済外的規制が比較優位メカニズムの作用を歪曲しているものとして扱う傾向が強いことである．産業需給バランスの諸国横断的な調整が現実には困難なプロセスであること自体を分析課題にするよりも，理論的基準からの歪みを証明することが何よりも選好される．比較優位に応じた棲み分けメカニズムの貫徹がいわば真正状態として判定基準にされ，比較優位のメカニズムが現実に作用しない場合には是正されるべき歪みとして扱われるのであり，作用しない現実そのもののもつ社会的意義を構造解明する志向が稀薄であると思われる．

2.2 帝国主義論的脈絡での世界経済分析

　国際経済論の延長で展開される世界経済論議とは別に，伝統的な世界経済論議のもう一方の柱をなしてきた論調がある．19世紀終盤から20世紀初頭にかけて最初の「帝国主義」論議の開花があり，世界史的な時代認識として「帝国主義時代」ないし「帝国主義段階」という歴史段階概念が作りあげられた．そして，帝国主義段階という時代概念のもとで世界情勢を認識する一環として世界経済の語が使われたのであり，そのことからこの種の論調にはある屈折が生じた．第1は，世界経済は帝国主義段階以降に固有の現象であるという立論になってしまったことである．

　さらに，資本主義発達史に帝国主義段階が位置づけられたのみならず，社会主義体制を掲げる国が登場した戦間期，さらに社会主義国が増えていった第2次大戦後には，「資本主義の全般的危機」の時代という時代認識が加味された．それを反映して議論が屈折する第2の要素が現れた．世界経済分析は，帝国主義段階における全般的危機の時代の世界情勢を経済的側面から論じるというものになり，世界経済の構造やメカニズムの解明よりも，危機の兆候探しに偏向していったことである．

　帝国主義段階という概念を提示し定着させたレーニン『帝国主義論』において資本輸出とそれに伴う世界の再編が重視されていたことの影響であろうが，

帝国主義段階論と親和的な世界経済分析では，資本輸出や多国籍企業や国際金融の分析が多い．南北問題を重視する論者からその相対化と多面的な焦点の必要性が論じられたが（本多 1970; 森田 1972; 本山 1982），しかし世界経済分析の主要な焦点の1つはいぜんとして資本輸出に直接的に関連する事象（たとえば企業の多国籍化）についての研究である．国際投資研究を活性化させたということ自体は帝国主義時代論の積極的に評価すべき側面ではあるが，ただ世界経済分析としては一面的であることは否定できないであろう．

とはいえ，帝国主義論や全般的危機論型世界体制認識は，世界経済が単一の調整権力に掌握されることもなく，また平等な多数の調整権力で共同運営されることもなく，しばしば諸国間での政治的緊張を派生させながら，均衡と調和の落着点を見いだしえない不安定な性質をもつという基本認識をもっている．そのこと自体は必ずしも否定する必要はないであろう．本書では，危機還元的アプローチはたしかに否定するが，しかし世界経済像を資本主義的発展の長期史的な脈絡のなかで展望することを試み，その全般的状況そのものに潜む矛盾に注目するという意味では，従来の帝国主義論や全般的危機論を一定程度踏襲する．

ただし，単に「資本主義の全般的危機」に代えて「資本主義の全面開花」を持ち出し，それに今日的素材から組み立てられた悲観的グローバル論を加味するというボー（Beaud 1990）のような議論を意図しているのではない．世界経済そのものは歴史段階的概念ではないから，世界経済分析を帝国主義時代に固有のテーマとはみなさないことはもちろん，資本主義発達史や時代変遷史の補足テーマに矮小化することもしない．諸国・地域の相互依存関係における経済的側面に焦点をおいて世界経済を考えるが，その場合の「関係」というとき，国際経済論が想定するような経路（国際貿易や国際投資）を通じた直接的関係とともに，工業就業者シェアが上昇する諸国と減少する諸国との共存関係などの間接的な関係をも想定している．明示的な経路を特定できない共時的関係の分析が，世界経済分析としてどこまで可能かを追求することが本書の1つのねらいでもある．

本書は歴史的脈絡を重視しており，資本主義的発展の歴史的経緯と関連づけ

て世界経済を考察することを意図している．その場合，帝国主義論とそれが依拠している単線史観を相対化しつつ，世界経済の歴史的位相を考察することはいかにして可能かという課題に取り組まねばならない．歴史的経緯を整理するさい，通常は古代〜現代という時期区分や，また奴隷制や封建制や「資本主義」という基礎概念がつねにつきまとってきた．古代〜現代は連続的な時間継起を相対区分した目安であるから，タテに繋いで並べるしかないが，しかしそれ自体は無内容である．奴隷制や封建制は，継起的なものとしてタテに繋いで並べるべきものではなく，各社会の類型的特徴を浮き彫りにするための比較基準である．それに対して，資本主義的発展は社会的諸関係の構造化・再構造化を繰り返す累積的なプロセスであるから，タテに並べて区切りをつけながらその経緯を把握せねばならない．しかもそれは単なる目安としての時間幅の相対区分（古代〜現代）ではなく，現実の社会経済事象と整合的に類型化された段階継起の整序でなければならない．そのような段階整序を本格的に試みたのが宇野弘蔵であった．世界経済の歴史的位相を考えるうえで，宇野が提起した諸論点を無視することはできない．

3　段階論と世界経済論

3.1　資本主義的部門の段階的変化

　宇野は「段階論」を提示し，それをもとに世界経済分析についての試論も示した．まずその段階論であるが，それは『経済政策論（上）』（1936 年）およびその到達点としての『経済政策論（改訂版）』（1971 年）において，「個々の政策をその一般的基調によって規定する方法」をもとに，「資本主義の発達に適応したる一定の経済政策を……その中心となる資本の性質によって特徴付ける」（宇野 1974，⑦-266 ページ）ことで，「資本主義の世界史的段階」を類型化したものを指す．

　「経済政策」という場合，世界史的意義をもつものにかぎられるとして，重商主義と自由主義と帝国主義の 3 つが選ばれた．「中心となる資本の性質」については，原理論における資本形式を援用した商人資本・産業資本・金融資本とい

う3形式が想定された．工業分野における労働過程編成の2つの様式（問屋制工業および工場制工業）と，継起的に推移してきた中心的産業（羊毛工業→綿工業→重工業）と，政策を主導する特定国の移り変わりとを考慮して以上を合成すると，つぎのような3つの「資本主義の世界史的段階」が識別される．すなわち，イギリスにおける商人資本・問屋制家内工業・羊毛工業を典型とする「重商主義段階」と，イギリスにおける産業資本・工場制工業・綿工業を典型とする「自由主義段階」と，ドイツにおける金融資本・工場制工業・重工業を典型とする「帝国主義段階」という構図である．

ただし，以上の構図には多くの注釈と留保が必要となる．たとえば宇野によれば，3つの段階のうち国民経済にとっての資本主義的部門の部分性がもっとも顕著である重商主義段階においては，商人資本は資本主義的部門における主要な勢力ではあるとしても，単独勢力として国家的政策に決定的影響をもつほどの社会勢力ではないから，常に他の勢力と連帯して政策を実現するしかない（宇野1974，⑦-331ページ）．

帝国主義段階については，資本主義的部門における主要な勢力は金融資本であるが，その金融資本はドイツ型とイギリス型とアメリカ型という多様な「諸相」を展開したとされる（宇野1974，⑦-182，213ページ）．19世紀的現象としての自由主義政策を代表する国は1つ（イギリス）であり，政策の一般的基調における種差は問題にならなかった．重商主義政策を代表する国はおそらく複数あるであろうが，しかしその基盤をなす商人資本や問屋制工業には諸相はないといってよい．それゆえ政策の一般的基調に一定の種差があり，かつ支配的資本とその蓄積様式が諸相をもつというのは，帝国主義段階に固有の特徴だということになる．理念型として確定しきれない「金融資本の諸相」の解明は宇野以外の論者によって国ごとに具体的に追求されたが（戸原1960；石崎1962；柴垣1965；森1975），しかし個々の具体相はより豊富に解明されたとはいえ，必ずしもより明快な理念型が提示されたわけではない．

おそらく宇野理論の根底にありその全理論体系を支えている基本認識は，「資本主義の部分性」をつねに強調したことにみられるように，資本主義的部門と非資本主義的部門とが併存するという認識である．「資本主義」のみで現実の社

会や経済を包括的に規定することを，宇野は極力回避したといってよい．だからこそ，あえて資本主義と市場についての純粋理論＝「原理論」を隔離しようとしたと考えることができる．非資本主義的部分を含む各社会の特殊で個性的な構造や発展過程については，「現状分析」の課題であるとされた．その現状分析のために原理論を応用することを可能にするものとして，媒介論理としての段階論が構想された．

　資本主義的部門と非資本主義的部門とが併存し相互規定しつつ，現実の社会や経済に具体相をもたらす．非資本主義的部門の基礎にあるのは世帯であり，その世帯が労働力供給の源泉であるから，労働力商品化の社会的装置がどのように形成され維持されていくかが現状分析の最大の焦点の1つである．他方で，資本主義的部門から非資本主義的部門への影響は，抽象的で原理的な法則の現実への影響として短絡的に問題設定することはできず，資本主義的部門が歴史段階的に変容するという媒介環を想定する必要があった．それが段階論である．

　ただ，段階設定は帝国主義段階までで十分であり，「現代」もその段階の延長上にあることを宇野は主張した．「社会主義経済の出現を見た後になお資本主義の典型的段階を規定するということは，筋が通らないこと」（宇野1974, ⑦-8ページ）だからというのがその理由であった．「社会主義」が世界的に強い影響をもたらして各国の政策（福祉政策や完全雇用政策など）に投影されているかぎり，「資本」の利害を反映した政策的基調を軸に段階規定するという方法を適用できなくなったのである．現実には第1次大戦後も資本主義的経済の発展および変化があるが，それはもはや段階論の問題ではないとされる．支配的な資本の形態も資本主義的部門の利害を代表するのも金融資本であるが，それはもはや経済政策に必ずしも決定的影響力を及ぼしてはいないから，段階規定としては金融資本によって特質づけられる段階ではあるが，経済政策そのものは金融資本の利害の反映としては捉えられない．このいわば政策論アプローチの論理的ジレンマの解決として持ち出されたのが，「段階論」的に付加するものはないが，しかし「現状分析」的に把握すべき変化はあるという位置づけだったのであろう．政策論アプローチでは，段階規定は第1次大戦あたりで完結し，

その後の変化の考察はすべて現状分析の課題ということになる.

おそらく政策論アプローチにもとづく段階論は,第1次大戦以降を展望するときには全般的危機論との親和性が濃厚になりやすいのである.重商主義-自由主義-帝国主義という各段階は,宇野の主旨としてはいわば理念型の整序なのであるが,他方でそれは全般的危機へと至る継起的な世界史観と区別しにくいのであって,段階論は現代=全般的危機の時代の世界情勢を究明するための序論的性格へ転じやすい一面をもっている.後述の大内段階論ではそれが濃厚に現れる.

3.2 段階論の修正

宇野段階論に対する修正意見や疑問の提起はこれまで多々あったが (Albritton 1991; 今東 1992; 松本 1998),本書のテーマと関連するものをいくつか取り上げつつ,本書が段階論の何をどう踏襲しようとしているのか明確にしよう.

「資本主義」は部分性と世界性とを表裏一体の属性とし,各社会にとっては部分的な「資本主義」が世界的な連繋をもつことによって,「ひとつの有機的全体性をなす世界システムとしてのみ歴史的に過程する」(岩田 1964,序)ことを強調した岩田弘の世界資本主義論があった.岩田的な段階論は,世界システムの歴史的展開過程それ自体を描くことである(岩田 1964,第1章1節).資本主義的発展は市場を介した経済主体相互間の連関を前提とするのであり,それを国境単位で閉じたうえで議論を組み立てるべきでないという主張は,後述のフランクも含めて数多くあるが,岩田世界資本主義論もその一種であり,かつ比較的早期に提起されたタイプである.それは,帝国主義段階になってはじめて資本主義的発展と関連づけうる世界情勢認識が可能かつ必要になることを強調する議論とは激しく対立する.

ともに宇野を継承しつつも,岩田段階論と対照的なものとして大内力の段階論があった.大内は,段階論は「資本主義の世界史的な運動法則」の解明でなければならないと同時に,それは「特定の国々について説かれ」なければならないと強調した(大内 1980,259ページ).それが大内段階論の第1の特徴で

あり，宇野説における典型規定のあいまいさを克服するために，典型国の移り変わりの歴史的過程に注目しつつ積極的典型国と消極的典型国という二重の想定にもとづく複線移行型段階論として提示した．さらに，「資本主義の歴史的な発達の経路を段階論として辿り，自由主義段階の資本主義がどのようにして変質をとげ，帝国主義段階へと推転するかを明らかにしてかからなければならない」（大内 1985，3 ページ）と述べているように，帝国主義段階に対する前提・助走段階として重商主義期と自由主義期とを扱い，段階論をほぼ「帝国主義段階」論と同義の位置においたが，それが大内段階論の第 2 の特徴である．

そのうえで，「現状分析論と一般的基礎的規定たる帝国主義論との，いわば理論的な橋渡しをする」（大内 1970，10 ページ）ものとして，独自の国家独占資本主義（以下国独資）論を大内は加味した．帝国主義段階ではあるが，「帝国主義段階」論では十分解明できない独自の段階（ないし局面）＝国独資段階（局面）であるという論理構造といってよい．有効需要創出政策などは社会主義の側圧による受動的なものであり，支配的資本の利害の帰結である重商主義・自由主義・帝国主義という一般的政策体系と同等視できないが，しかし各国経済に共通の時代局面の特徴を表してはいる，そういう解釈が前提となって大内国独資論は成り立っていると思われる．国独資局面の想定によって段階論を封じ込めてしまっているから，第 1 次大戦期あたりまでの特質で段階規定が完結させられるという点は，宇野の段階論よりも大内段階論のほうがより徹底している．

帝国主義段階は第 1 次大戦あたりまでに確立しており，またその後各国に普及していく一般的政策体系は社会主義の側圧による影響が大きく「支配的資本」の利害を反映する度合いが後退しているから，第 1 次大戦以降には新たな段階を規定することはできないというのが宇野の政策論アプローチからの結論であった．大内段階論はそれをより徹底させた．そうなると段階規定はアメリカが典型国となる事態を組み込めなくなる．その点を批判しつつ，景気循環の世界性を考慮し，生産力的側面を捉える視点として不均等発展論の援用を試みることで，アメリカを組み込みかつ第 1 次大戦以降をも包摂するいわば段階規定の延長を模索したのが馬場宏二である（馬場 1986）．

馬場段階論は，不均等発展論の援用にみられるように生産力的側面での変遷をも重視しているが，政策論アプローチをも踏襲しようとしており，それゆえ「資本主義の段階」を歴史具体的カテゴリーで叙述するさいには「時期区分が二重基準になる」（馬場 1997, 185 ページ）．現代的局面における経済政策は社会主義の側圧による受動的なものだとする従来の理解を批判しつつ政策論アプローチを復権させ，経済政策の特質の変遷を戦間期以降の現代資本主義をも含めて跡づけることで，従来の段階論と現代資本主義論の双方の橋渡しを試みている．政策論アプローチを復権させる理由は，第 1 次大戦あたりで閉じることなく世界史的段階局面の推転を類型化するには，それぞれの段階局面において各国の上部構造次元で一般化している政策的基調を目安にする必要があるからであろう．そのような馬場段階論を踏襲すれば，たとえば 1970 年代半ば以降を「新自由主義」という政策体系と絡めて新たな段階として構想する（石見 1999）ことも可能となる．

3.3　段階規定の諸国横断性と世界経済

　段階論がどのように修正されるべきかは本書の射程を超えるが，しかし本書の範囲内でも強調しうることの 1 つは，ある国民経済における資本主義的部門の比重上昇という一回性の構造変化である「原蓄過程」の経験を分析するには，各国の資本主義的部門にまたがった歴史段階的な傾向特性と関連づける論理が必要であり，それを可能にするのが段階論であるという点である．そのさい，第 1 次大戦あたりまでの段階到達像をもとに確立された段階論を適用し続けることは，時代が進行すればするほどそぐわなくなるという点に問題の所在がある．おそらく宇野は，第 1 次大戦やロシア革命以降に原蓄過程を経験する国が出現することを予想していなかった．先進諸国以外の事例について，かつ第 2 次大戦後に関して，「資本主義の世界史的段階」ごとに異なる資本主義的部門の機構的特性と絡めて原蓄分析を適用しようとする発想は宇野にはなかった．しかしながら，原蓄過程論を応用すべき事象が第 2 次大戦後にも続々と登場してきたと想定すると，段階像の拡大再構成の試みは必要不可欠であると思われる．

諸国の資本主義的部門の世界史段階的特殊性は，賃金率上昇傾向という制約によって資本蓄積率が低迷する事態（宇野的にいえば「資本が資本として過剰になる」事態）に直面する既存の支配的（ないし代表的）資本蓄積様式に対して，新たな様式を整備しつつそのような制約を克服していく過程を先導する国（いわば生産力的基軸国）を中心にして形づくられていく．他の諸国の資本主義的部門は，基軸国の新たな蓄積様式を受容することになる．諸国の資本主義的部門にまたがって伝播する支配的資本蓄積様式が段階的に異なるがゆえに，既存の蓄積様式が支配的であった段階で原蓄過程を経験する国と，新たな様式が支配的となった段階で原蓄過程を経験する国とでは，その原蓄過程そのものが段階的特殊性に拘束されて異なった様相をもつ．それが宇野段階論の1つの重要な含意であった．その段階規定を第1次大戦あたりで閉じる必要はもはやないであろう．

　資本主義的部門の主要な担い手やその機構のあり方が世界史的な段階局面に応じて異なっていて，各国での資本蓄積過程や原蓄過程はそのような資本主義的部門の段階的特殊性を反映するとすれば，それは資本主義的部門がどのようなタイプの労働力をどの程度需要するかを考える目安ともなる．世界史的段階ごとに特殊であるから，異なった段階局面では労働力需要の特性も異なっている．しかし同じ段階局面にある場合には，各国にまたがった普遍的特性として現れる．そのような問題を緻密な実態分析をとおして，また日米比較も交えつつ，先進国側での労働力需給の特性を明らかにしたのが小池和男であった（小池 1966，1991）．そのような段階的特性は，程度の差はあれ途上諸国の資本主義的部門にもみられるはずで，第2次大戦後の途上国工業化における労働力構造を考察するさいの1つの着眼点になりうるだろう．

　ところで，宇野は世界経済論について1つの試論を残した．「世界経済論の方法と目標」というタイトルの小論であるが，その内容についての賛否に関わりなく，多くの研究者に参照されてきた．国際貿易や国際投資を分析の焦点にすることについては，その小論のなかではほとんど積極的な評価を与えていない．たしかに，宇野は比較生産費説の意義を認めていたようであるから（馬場 2004a），国際経済論的世界経済分析の有用性を否定したとはいえないであろ

う．ただ，国際経済論の延長で世界経済分析を構想することについてはかなり消極的であったとみなしてよい．かといって，資本輸出分析についても，それ自体に意義があるとは認めなかったから，帝国主義論的脈絡での世界経済像を主張したわけでもない．

「世界経済論の本来の任務は」，「世界的政治活動の物質的基礎を明らかにするという目的に役立つ分析」をすることにあり，その焦点は「世界農業問題にある」（宇野 1974, ⑨-351 ページ）というのが宇野の主張であった．農業は資本主義的経営になじまないから，工業を基盤とする資本主義的諸国は農業を資本主義化できないと同時に，輸入自由化に切り替えることもできず，それぞれの国に非資本主義的経営のままの農業を温存する．それが農産物輸出国に対する輸入障壁となって，農産物輸出への依存の大きい諸国が工業品輸入を抑制せざるをえない状況も誘発しつつ，「農産物は世界的に殆ど慢性的過剰状態に陥らざるを得ない」（同，352 ページ）結果をもたらす．主食の小麦を中心とする一部農産物が競合財としてアメリカからヨーロッパへ輸出され，当該財生産部門が比較劣位化するヨーロッパ側諸国で調整圧力が高まる状態が 19 世紀終盤に出現したが，比較優位メカニズムに対応する調整が進まなかったことに注目した議論といってよい．

それを比較優位メカニズムの歪曲であるとか，自由貿易理念からの逸脱であるとかという観点から問題にするのではなく，需給バランス調整の無理ないし困難さが持続的な影響を多方面に及ぼすという観点から問題にしているのである．農業を包摂できない「資本主義」には，農業問題を解決する内在的論理がなく，それぞれの国において非資本主義的な基準で政治的調整が模索されるが，「農業問題は世界経済的に問題になりながらいかなる国々がいかなる方法で解決すべきかが明らかになっていない」（同，355 ページ）がゆえに，それは「世界農業問題」と称された．

宇野の試論的な世界経済論は，世界経済分析の焦点についていぜんとして有益な示唆を含んでいるが，それは 2 つの内容からなる．ある産業の需給バランス調整の無理や困難が多方面に影響を及ぼす，というのがその第 1 の内容である．農業は「資本主義」に包摂されにくいから，非採算分野を切り捨ててより

採算性のある分野を取り込むという企業レベルの活動による供給側再編が進行せず，調整は非資本主義的および政治的になる，というのが第2の内容である．非農業をも含めたとき，それらがどのように再構成されうるかが本書の後の諸章の課題の1つである．

4 結　語

　20世紀終盤以降，グローバル化，世界市場，世界経済などの用語を多用する議論が論壇を席巻してきた．それ自体が1つの社会現象であるといってよい．世界経済は，従来は国際経済論の延長で問題にされるか，あるいは帝国主義時代認識の一環として問題にされたが，グローバル化論議が蔓延するなかで伝統的な脈絡を超えて多様な局面に使われるキーワードの1つとなった．単に国外の経済情勢の一面であったり，各証券市場で連動して起こる証券価格指数の変動であったり，GDP統計の諸国平均的な変化率の動きであったり，さまざまな個別的論点の解説に世界経済というキーワードが登場するようになったのである．

　世界経済認識の伝統的なより所の1つである国際経済論の観点からは，比較優位メカニズムについての理論的基準からの歪みを判定し，その可能な是正策を提起することが主たる関心となる．もう1つのより所である帝国主義時代論の観点からは，「現代」に固有の危機や矛盾の一面的な兆候探しが主たる関心となる．ところが，そのような文脈からはみ出すような用語法が目立つようになってきたのである．中国の需要はどの程度の速度で膨張するのか，その需要をめぐって各国供給勢力相互間の勢力関係はどう変化するか，東アジアの急成長に対してラテンアメリカやアフリカの諸国はどのような反応パターンを示すのか，EUやNFTAは世界経済を分断するのか補完するのか，等々．

　伝統的な問題領域をはみ出して世界経済の語が多用されるということは，それを促す何らかの今日的状況が現実に存在すると考えるしかない．ただ，それをもたらしたのがグローバル化であるといってしまうと漠然としているし，単に別の問題に置き換えただけにとどまる．なぜなら，グローバル化の語が多用

されるのと世界経済の語の使用頻度が飛躍的に高まるのとは同時並行的な現象であり，それらをともに促している何らかの状況が別にあるはずだからである．

　本書では，産業需給バランス調整の困難にさいして，資本主義的活動における一定の新規のパターンが出現したという観点からそれを解釈しようとしている．需給バランス調整の困難は「世界農業問題」としても現れたが，その場合は主として非資本主義的な調整に転化された．ところが，グローバル化論議が噴出した背景は非農業分野における需給バランス調整の困難であり，かつ資本主義的活動の当事者たちによる試行錯誤的な調整が進行したことの反映であると考えられる．資本主義的な調整と非資本主義的な調整とがせめぎ合う．国際機関での協議や地域協定などを軸にして，そのようなせめぎ合いの落着点を見いだそうとする営為が活発化する．

　ただ，どの側面がどの程度まで現代に固有の特徴なのかを考慮しないままでは，いたずらに「今日的特性」を誇張する結果になりかねない．その意味でも歴史的脈絡のなかで考察することは重要であり，とりわけ「段階論」の視野は不可欠であろう．

第2章　貿易関係の社会的位相

　　はじめに

　歴史的脈絡で現代世界経済分析を展望するさいに,「交易史」研究の意義と難点について検討することは避けて通れない．交易史研究は, 単に過去における個別的な交易関連事象の考証そのものである以上に, 世界史像を再構成する営みの一環として展開されており, 諸統治領域を横断する交換としての交易＝貿易に焦点をおいている点からいっても世界経済の歴史的変遷を考察するうえで大いに参考になる．

　交易史研究が世界史像の再構成をも担っているということの意味は, 概念的に構成された既存の世界史観を事実としての世界史(相互依存史)の発掘によって構成し直す営為でもあるということである．かつての帝国主義時代認識への固執は, 事実としての世界性がこの段階ではじめて問題になることを前提としていた．それは単線史観という特徴をもつ世界史観に接続されたのであるが, その単線史観のほうは概念的に構成された世界性についての歴史像であった．交易史研究は, 概念的に構成された世界性に代わって事実としての世界性を対峙することによって, 世界的連関を帝国主義時代に限定する時代認識を切り崩してきたのである．その意義と限界を, 現代世界経済分析との整合性という観点からどのように受け止めるか, それが本章の課題である．

1　単線史観の難点をめぐって

　ここで単線史観という場合, 古代＝奴隷制→中世＝封建制→近代市民社会と

いう社会発展段階論と,その近代への移行過程認識に資本主義発達史論が接合されたものを指して用いている．社会科学や歴史学の多くの分野に浸透してきたのはこのタイプであり,それが帝国主義時代認識と結びついて1つの世界史観を形づくってきたのである．その単線史観の影響は広範囲に及ぶが,同時にまたそれに対する批判や修正の試みも数多く提起されてきた．その批判や修正の主な要点の1つは,事実としての世界性を帝国主義時代以降に限定することなく,すでに19世紀以前から世界的な相互依存があったことを強調することである．岩田世界資本主義論,一群の経済史研究者たちによる世界資本主義研究（河野・飯沼編 1967）,フランクの「従属論」（Frank 1966）,ウォーラスティンの「世界システム論」（Wallerstein 1979）などは,単線史観に制約されて世界認識を帝国主義時代に固有のものと想定することへの批判という意味あいをもつ．さらに,モンゴル帝国興隆の影響から描かれる広域的な同時代的相互依存とか（岡田 1992; 杉山 2000）,歴史上の貿易ネットワークへの注目の高まりも単線史観への批判にもとづいている．

　概念的に構成された世界史像としての単線史観の不備や不合理については,第2次大戦後に膨大な議論が展開された（成瀬 1977）．近年の『岩波講座世界歴史』でも（樺山ほか 1998）,多くがその難点について言及している．しかしながら,同時代的相互依存（事実としての世界性）については知見が蓄積されてきたが,タテの継起的変遷については,時代史（モンゴル時代や大航海時代など）という象徴的表現での整序は試みられてきたとはいえ,新たに概念的に再構成された世界史像はなかなか提示されない．タテの継起的変遷を示すのはいぜんとして古代〜現代という相対的時期区分である．現時点では,相対的時期区分の便宜性に依拠しているほうがまだよいということなのかもしれない．

　『広辞苑』や『漢字源』などの辞書によれば,古代＝古き世,中世＝途中の世,近代＝近世＝近き世,現代＝現世＝今の世という語義をもつ．古代〜現代というのは,それ自体は単なる時間継起の相対区分であり,「今日」から回顧した過去の時間幅を大まかに割り振るにすぎないから,それぞれの画期は無概念的である．国ごとの国制史であれ,一定圏域の文化史や民族史であれ,各個別産業史であれ,便宜的に使用可能な相対区分である．それぞれの個別史に応じ

て使用される相対区分に統一の必要がなければ，それで問題はない．あとは時間幅の流動化に個別に対応すればよい．時間幅の流動化とは，「今日」から過去を振り返って区分するわけだから，「今日」が進行すればするほど相対区分そのものも流動的になるという問題である．

　論点の錯綜を避けるために図解を交えて考察しよう．図 2.1 にごく常識的意味あいでの文明史の古代〜現代を二次元平面上に均等分割し「基準」として示してある．問題は 2 つあって，1 つはそれが何の時期区分かということ，換言すればその相対区分を適用しようとして措定している社会的事象は何かという問題である．それは異なった社会的事象ごとに相対区分を適用すれば，それぞれの区分に一貫性・整合性がなくなるという問題でもある．もう 1 つの問題は，「今日」が進行すればするほど相対区分に何らかの拡張が生じることに関わる．もっとも単純には，各区分がそれぞれ「今日」の進行に比例して膨張する「拡張 1」の場合，たとえば 2000 年時点では近代とみなしていた 1800 年時点の事象は，「今日」が 2990 年に達したときには中世の事象とみなさねばならなくなるかもしれない．そのような相対区分の流動性を回避するには，各区分の画期を固定すればよい．たとえば「現代」の始点を世界共通の指標をもとに固定すると，「拡張 2」のようになり古代〜近代の流動性は回避できる．しかし，この場合には現代のみが不断に膨張を続けることになる．

　じっさい，現代の始点を固定することが世界史像の前提であった．世界史を

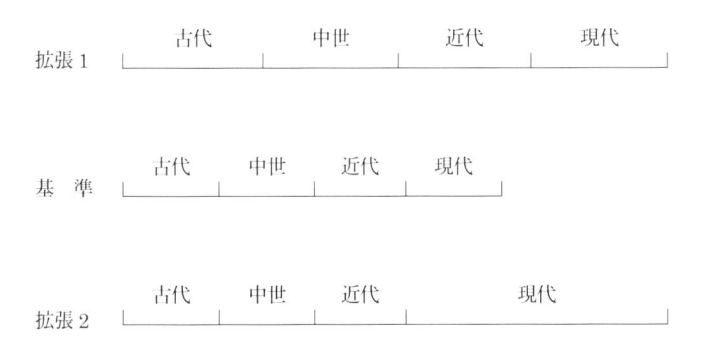

図 2.1　相対区分と長すぎる現代

展望するということは，時間継起の相対区分にも一定の統一を要求せざるをえなくなる．単線史観は，不備や不合理があるとしても，時期区分が世界認識としてまとまりをもっていた．その理由は，基準となる「現代の始点」を世界標準として特定しようとしたことにある．つまり，その画期を第1次世界大戦やロシア革命や世界大恐慌などに求めつつ，「帝国主義時代における資本主義の全般的危機」という世界的問題が生起する「現代」を特定しようとした．現代の開始点が世界性認識を根拠に固定されると，それ以前の古代〜近代はもはや単純な相対区分ではありえなくなる．つまり，「今日」の進行に関わりなく，固定された近代の終期（＝現代の始期）の範囲内で古代〜近代を割り振れば済むことになる．そしてこの場合には，古代〜近代の内実を特定する普遍的な目安が必要となるが，そこで持ち出されたのがマルクスが唯物史観のなかで提示したヨーロッパ中心的な継起段階図式であった．奴隷制に立脚する古代，封建制に立脚する中世，ブルジョア革命後の資本−賃労働関係に立脚する近代，という図式である．それ自体は本来は世界史の区分ではない．にもかかわらず，それが世界史観の基礎に位置づけられたのは，現代を特定するための帝国主義論的世界認識がまず先にあって，その補強として持ち出されたからであると考えたほうがよい．帝国主義時代は資本主義的発展の産物であり，資本主義的発展は封建制の発達した社会を軸に進展したという事実が，帝国主義論的世界認識と単線史観との合成を可能にしたのであろう．

　そのような単線史観と帝国主義論的世界認識は，2つの側面から綻びをみせた．第1は，「現代」がたえず伸長することに起因する．図2.1の「拡張2」にみられるように，長すぎる現代あるいは不断に膨張する現代が不可避となり，「今日」が進行すればするほど現代という時代概念はますます不確定的にならざるをえない．たとえば1950年代の事象を対象にしていた現代論は，2150年代や2550年代の事象をともに含んだ現代論に拡張されねばならなくなる．「現代資本主義論」という議論がその影響力を低下させてきたのは，その個々の理論的内容の問題というよりも，「今日」の進行によって「現代」を特定するための焦点が多様化し拡散することに伴う宿命のようなものといえよう．膨張する現代にはさまざまな新規の諸現象が生起していくわけであるが，それらを取り

込んで「X資本主義」における形容表現Xに追加的な含意をそのつど盛り込んできた．長すぎる現代は過剰な資本主義概念と結びつくといってよい．

　第2の綻びは，古代～現代は何の時期区分かという問題に関わっており，歴史研究の多くがナショナリスティックな関心のもとになされ，国ごとに中世や近代が描かれる場合が多いことに起因する．共時的なある時間幅（モンゴル時代や大航海時代など）のなかでのA国的状況とB国的状況との対比という同時代史的脈絡のなかでの比較分析が定着しつつあるとはいえ，他方でいぜんとしてA国のみに即した時間幅としての中世（A国の中世）とB国のみの時間幅としての中世（B国の中世）とが，それぞれ独立に中世として歴史研究の対象になったりする．国ごとに中世や近代を特定できるかのような歴史研究が一般化したのは，それぞれに照応する社会体制についての類型概念をマルクスの継起的図式に求めたからであり，多くの歴史研究が共通の概念としてそれを踏襲してきたからである．

　そのさいの問題は，奴隷制や封建制や資本－賃労働制を個々の国の古代・中世・近代の尺度にすることに伴う混乱であって，奴隷制や封建制という概念それ自体に難があるのではなかろう．つまり，それぞれの国ごとに奴隷制→封建制→資本－賃労働制という継起的展開が不可避になると前提することに問題があるのであって，それら個々の概念に問題があるわけではない．封建制の有無や程度は中世期の世界に所在する各種社会体制を比較する基準として，資本－賃労働制の有無や程度は近代期（さらに現代期も）の世界に所在する各種社会体制を比較する基準として，それぞれ有益だからである．

　要は，それら類型概念があくまで比較の基準であって，各社会の実在状態や変容過程が正常であるか歪んでいるかを判定する資格審査基準のごときものではありえないことにある．たとえば中世期に封建制の発達が希薄であるからといって，あるいは近代期に資本－賃労働制の定着がみられないからといって，それぞれの歴史に「歪み」や「遅れ」があるということにはならない．そのことについては大谷瑞郎が精力的に問題提起してきたし（大谷1986，1994），また中村哲を中心とする研究者層によって比較基準としての側面を明確化しながら再構成する試みもなされてきた（中村1991a，1993）．しかしながら比較基準

のみを継起的に繋いで個別国ごとの分析に適用する傾向は根強いものがあり，それらの類型的特質を構成する諸要素の有無や程度を詮索して「遅れ」を見いだそうとする姿勢になりやすい．そのような価値判断が強く混入した歴史解釈は，前近代性（非市民性＝非民主性）と近代性（市民性＝民主性）との対照図式を多用する論壇の風潮とも共鳴してきた．

しかしながら，近代性の有無や程度をめぐる議論は，関連づけうる話題がいかに豊富であろうとも，また事例研究的詮索のための傍証材料がいかに豊富であろうとも，歴史認識としても構造認識としてもきわめて単純な議論である．歴史認識として単純である理由は，近代性の有無や程度で 1 つの画期を特定するだけに終わりかねず，実質的に 2 段階史観に陥ることにある．しかもそれは，前近代と近代との間での劇的な変化を先験的に仮定しており，そのことが短絡的な構造認識と結びつく．構造認識として単純になるのは，近代性という基準による社会的諸関係のあり方の識別が，消費様式にも生産様式にも流通様式にも統治形態にも文化パターンにも適用され，要するに対象設定すべき表象が無限定的であるために社会的諸関係の分析次元が特定できなくなってしまい，近代的特徴と前近代的特徴との二元識別に陥ってしまうことにある．そして視野狭窄のもとでの兆候探しが蔓延する．

かつて，封建制的社会から資本主義的社会への「移行」の経路と要因をめぐる多様な論争があった（Holton 1985）．その中心的争点は，農業生産力が上昇して農奴制という生産関係的土台をつき崩していくなかで封建制的なものが衰退し近代ブルジョア的なものが生成・発展すると捉えるか（内因説），あるいは封建的類型の社会といえども農村の農奴制のみでなく都市とその商工業者も含まれるから，それを媒介とする市場機会の刺激が農奴制を変容させ封建制を衰退させることを重視するか（外因説），という対立であった．いわゆるドップ＝スウィージー論争を軸とする西欧移行論争である（Dobb et al. 1976）．それはイギリスの経験をどう分析するかという限定されたテーマを超えて，イギリス以外の経験に多様に応用されてきた．その応用において，しばしば単線史観的要素と近代主義イデオロギーとが混入してきた．

内因説の日本版としては，ウェーバー的人間類型論と農村工業企業家の系譜

的出自についての議論とを結合しさらに局地的市場圏論を加味した大塚史学が展開された．内因説が共通して依拠したのは，イギリス史を素材にして手工業者や農村家内工業従事者から工業企業家が発生・台頭することを「真の革命的な道」的移行と特徴づけたマルクス『資本論』の叙述である（第3巻第20章,347原文ページ）．戦前期の日本社会が半封建的で特殊であるとした山田盛太郎の『日本資本主義分析』もまた，「真の道」的移行パターンを認識基準においたものであった（山田 1934）．山田や大塚が日本社会を半封建的とか前近代的とか特徴づけたとき，問題としている時期の日本に農奴制や封建制が存在することを根拠にしているのではなく，「真の道」的移行とは異なる様相が展開していたからにすぎない．「真の道」を経た近代期のイギリスを判定基準にすると，それ以外の近現代期のほとんどの社会の移行過程は歪んだものとして描かれるということを象徴する議論であると思われる．

　イギリス的経験を基準にしたそのような資格審査まがいの判定は，必ずしも日本人研究者の日本分析に固有のものではなくて，むしろ一般的な偏向であったようである（Heers 1974）．産業革命の経験において「なぜイングランドが最初であったか」という産業革命研究の問題設定自体が，過度の思い込みに根ざしているというクラフツの痛烈な論壇批評もある．それによれば，もし最初の産業革命がイギリスの経験に特有のものでイギリス経済の過去からの趨勢に関連しているとすれば，イギリス経済の過去の経験は産業革命にとってより好ましいものであったに違いないとして処理されると同時に，そのことの裏返しとして，産業革命以前についての国際比較においてイギリスとは異なる社会経済上の特徴をもつ諸国は，産業革命に適合的条件をもっていたイギリスとは異なるがゆえに，それらの特徴は産業革命に不適合なものとして描かれることになる（Crafts 1977）．そのことの帰結として，イギリス社会の実体的属性を特権化したパラダイムが成立する．

　歴史的脈絡で「今日」の世界経済を考えるという場合，認識上の障害をもたらすことのほうが多いことはもはや明らかである単線史観からは離脱する必要があると思われる．また，「現代の始点」を硬直的に確定する必要もあまりないと思われる．ただ，概念的に構成された世界史としてはそれに取って代わるも

のはまだ展望しにくいから，より便宜的な相対区分としての古代～現代を使い続けるしかない．つまり図2.1における「拡張1」を想定することになり，柔軟ではあるがあいまいな時代観に依拠することになるが，現時点ではそれはやむをえない選択であろう．

2 交易（貿易）史の再解釈

2.1 競合財貿易と非競合財貿易

世界的規模の変化がある共通の要因によって生起するとき，事後的に個別史を合成して描かれる世界史ではなく，同時代的な相互依存現象の継起的推移という意味での世界史が，少なくともその特定の側面について叙述できる．そのような観点から注目されてきたのが貿易（交易）であった．

単線史観への反発もあって，近年来の歴史研究では交易史の研究が盛んであった．定期市が人口密度に比例して世界にまんべんなく成立していたこと，定期市はより局所的なものとより広域的なものとの階層構造をなしたこと，一部で常設市・常設店舗・取引所などへの転化があったこと，市場間の媒介はより遠距離になればなるほど固有の商人勢力が台頭することで陸の交易網や海域交易網が成立したこと，商業的な集積拠点が港市・港市国家・中継港・オアシス都市などとして形成されたこと，等々．

ヨーロッパがいわゆる「地理上の発見」をする以前に貿易ネットワークが存在したこと，18世紀までは中国やインドのほうが産業活動において先進的であったこと，ヨーロッパはアメリカ産の銀以外にアジア産品の輸入を賄う輸出品がほとんどなかったこと，中国が世界の銀の吸収地であったことなどは史実であろう（Frank 1998）．しかし，世界性の早期の存在とその長期持続性を強調することは，単線史観への反証例としては有益であるとはいえ，世界経済分析としては何が問題なのかがあいまいなままである．貿易史・交流史に注目する議論は，単線史観とは異なる側面を強調するあまり，素朴な積極的グローバル論（過去に投影された積極的グローバル論）になりがちであるように思われる．奴隷貿易に支えられた大西洋経済圏を扱っている場合は別だが，アジア・

アフリカの過去の貿易ネットワークに注目する場合には積極的グローバル論の投影がとくに目立つ．

たしかに，貿易ネットワークに連接していた諸勢力の共存・共栄の側面は重要であり，また早期のグローバル性の確認も重要である．だが，過去に投影されたグローバル化論議にも，もっと悲観論や懐疑論，さらには多様な諸変化の複合的過程を重視する変容論が提起される必要があろう．

過去のグローバル化についての懐疑論の例として，フィンドレーとオルークの指摘がある．彼らによれば，1500〜1780年期間の全般的な特徴は，ある大陸では需要が大きいが他では需要が小さいような「非競合財」の貿易が大勢であったことにある（Findlay and O'Rourke 2001）．非競合財であれば，貿易当事国・地域の諸産業は価格面での調整にも晒されないし，産業構造調整の側圧も受けない．ある地域で非競合財の輸入が拡大したとしても，当該地域の既存の供給構造への直接的な影響はないし，多様な社会的諸関係の変容を促す要因ともなりにくい．オルークとウィリアムソンの検証によれば，諸国・地域間での商品価格の収斂の有無や程度でグローバル化を測った場合，非競合財貿易が大勢であった18世紀までの貿易は何らグローバル化の兆候を示さないし，貿易当事国・地域間の商品価格差が解消したり当事国・地域それぞれの要素価格へ影響したりすることが顕著になりはじめるのは，小麦や繊維などの基礎的競合財の貿易が増大しまた輸送コストの劇的な低下が起こる19世紀になってからである（O'Rourke and Williamson 2002）．

もっとも，それらは大陸間貿易に注目した検証結果にもとづいている．しかし，いわゆる「重商主義」は，学説史上の特定の学派ではなく，ヨーロッパ内での競合財をめぐる摩擦から派生した諸論調のうち自国民経済の補強処置を追求したものについての総称という側面を有していた（前田2002; 竹本2002）．その重商主義を派生させたヨーロッパ域内競合財貿易をめぐる摩擦のなかで，諸国間の浮沈に影響を与えたのがヨーロッパ外との間での銀の流出入で，その銀流出入がフランクが強調するようにアジアとも関連していたとすれば，グローバル化といえるかどうかは別にしても，ヨーロッパ域内諸政治体制の浮沈と関連する共時的相互依存関係の世界性が成立していたことは間違いないと

いってよいであろう．

2.2 交換媒介的分業連関と再分配システムの交錯

交易史研究の成果を再検討するにあたっては，交換は共同体の内部では成立せず，共同体と共同体との間で成立するという命題（『資本論』第1巻第2章）を出発点にする必要がある．交換以外の関係原理を軸にして共同的共生単位を維持している社会システムを共同体と定義すると，その命題はトートロジーであるが，しかしそれが交換関係を理解するうえで重要な命題であることは宇野弘蔵やポランニーによって重視されたことにも現れている[1]．この命題の現実応用力に関して問題になるのは共同体ということの意味あいにあるが，ここではポランニーの識別基準を用いて2つのタイプの共同体を想定しよう．

社会にはその構成員の社会的諸関係を規制する多様なルールが成立しているが，社会的諸関係には財の移転が伴い，そして財の移転には「互酬」と「再分配」と「交換」という3つの原理があることをポランニーは強調した（Polanyi 1957，邦訳4-6章）．互酬のみで成立するものを狭義の共同体すなわち生活共同体とすると[2]，交換はそれら生活共同体相互の間でしか発生しえないことが先のトートロジーから直ちに導かれる．しかしながら，もし互酬とともに再分配の原理をも含むものとして共同体を捉えると，権力関係が成立しているこのいわば政治的共同体は，交換関係の位置づけが二重になる．一方では，多数の生活共同体を包摂しているがゆえに，生活共同体相互間の交換活動が政治的共同体の内部には成立しているはずである．他方で，権力の成立基盤は再分配にあるから，その再分配システムを凌駕する交換関係の発生に関しては抑制する力学が働くはずである．

---

[1] 宇野は「資本主義」の部分性にたえず留意しつつ「労働力商品化の無理」に注目したが，それはポランニーが社会における交換原理の部分性に留意しつつ「擬制商品」の特殊性を強調したこととほぼ同等の認識である．

[2] 実際には互酬のみに立脚する生活共同体というのはおそらく存在しない．生活共同体の究極の単位は家族から構成される世帯であろうが，そこには世帯員相互の間で再分配が存在するし，それに伴う世帯内での一定の権力・権威の構造がある．

各生活共同体はその内部で成員間の交換関係の成立を許容できないから，ある生活共同体成員にとっての交換の相手は，当該共同体に帰属しない者であり，その取引の舞台としていずれの生活共同体にも属さない領域が「見える市場」として創出される．実際には，人口密度に比例して分布する定期市である．各生活共同体と多数の「見える市場」とを包摂する政治的共同体は，再分配システムを脅かさない程度に場所や時期を限定して「市場」を容認し，市場相互を媒介する商人の活動も許容する．定期市のような小市場は，共通の生産・生活環境のもとにある諸生活共同体に近隣する狭間（非共同体的区域）に位置するから，おそらく競合財交換になりやすく，各生活共同体の活動が交換の力学に影響されて競合するのを防ぐには，規模と期間を限定する必要が生じるのであろう．

　もし非競合財の交換であれば，政治的に規制する必要は薄れる．山間部の生活共同体が生産する森林生産物と海岸部の生活共同体が生産する塩との交換は，補完的なものであり競合しないから，規制する理由はあまりない．その場合，遠隔地の生産物どうしの交換であり，媒介する遠隔地商人の介在を必要とする．取引の具体的場（立地場所）の限定があるとはいえ，非競合財の交換を媒介する遠隔地商業を政治的共同体は許容するであろう．規制するとすれば，多様な異邦人の来訪による混雑を最小化することであり，商業従事勢力の側でのルール形成を促すことである．

　市場が可視的な存在として社会的に封じ込められているかぎり，市場的時空と非市場的時空との識別は容易であり，市場の平和と自由を保障する政治権力側の負担も軽くなる．比較的短い周期で開かれる小規模小売取引の場である定期市には，市場役人や徴税請負人や度量衡検査官などを配置していればとりあえず済むのである（Polanyi 1966; Braudel 1979; 石原 1987; Hodges 1988）．村落の境界に散在する定期市の一部が都市に吸収されたり，あるいは特定の定期市の舞台が都市化することで出現する常設市（常設店舗が立地する）や，大商人相互間および大商人と中小商人との取引の場としての卸売市場である大市（数カ月や1年を周期とする）では，商人相互間で形成される各種規範が市場を管理するルール形成を政治的権力側と分担するであろう．

イスラム教は，通念に反して，キリスト教以上に商業や利殖活動を阻害する要素はもたなかったといわれるが (Rodinson 1966), それを反映して大小さまざまな市場の存在と商人によるそのネットワーク化は顕著であった (家島 1991). 陸路の貿易ネットワークのみならず，海域の貿易ネットワークもまた歴史的に早い段階から成立していた．海域貿易網を理解する手がかりは，統治権力から相対的な自立性を保証された遠隔地商人が出会う場としての「貿易港」の意義を強調したポランニーにある (Polanyi 1966, 邦訳第3部). その「貿易港」論はアジア史でも応用され，港市や港市国家として具体像が提示されてきた(生田 1969; 安野 1992). 港市というのは独立の国家権力をもたない貿易港に相当し，港市国家というのが貿易港に立脚する独立小国家に相当する．大市や港市などで取引される財の移動は，複数の権力統治体系をまたぐという意味で，貿易(foreign trade) である．

とはいえ，交換のための可視的市場が頻出したり，貿易の顕在化に反映される取引ネットワークが成立したからといって，そのことは単純に市場が拡大したとか交換のための統合的環境が形成されたことを意味しないし，いわゆる市場統合や統合的市場の成立を志向して発達したわけでもない．地理的に分散され，時間的に非同期化され，同一時期の同一地域においても不整合な多元的階層として分断されているというのが基本的状況であったといってよい．

遠隔地移動をするある財は，まず出荷地市場で取引され，つぎに第1次集荷地市場や第2次集荷地市場などで取引されるが，それぞれの市場取引を媒介する貨幣はしばしば異なっている (黒田 2003). アフリカ・ヨーロッパ・アジアにまたがって成立したモンゴル帝国が，公権力と結託した商業勢力を台頭させつつ，遠隔地取引とそのための地域間決済通貨（銀）の必要局面を促進したが (杉山 2000), 遠隔地取引の拡大には地域間決済を可能にする貨幣の増大はもちろん，出荷地市場や集荷地市場における貨幣もまた増大せねばならない．遠隔地取引のための財に対する需要拡大は，銀とともに諸市場ごとに共存する多様な貨幣（銅銭や紙幣）に対する需要も増大させる (黒田 2003). 可視的な市場は，卸売取引のための大市場から小売りのための小市場まで階層構造をなして共存したが，貨幣流通の統一・統合が制約されることによって，諸市場間に

は統一的交換システムは形成されなかったのである．

政治的共同体はその内部に交換取引の場＝市場を包含しつつ，再分配システムに立脚して成立する．再分配は権力統治体系の内部に成立するシステムであるから，貿易港や港市での関税の徴収はありうるが，統治体系相互間での財の移動を再分配ルートに包摂することはないといってよい．ただし，統治領域内の再分配ではないが，統治権力相互間の権威の正統化様式として朝貢関係があり，それに付随してある帝国中枢権力を軸とする朝貢貿易が成立した．アジア史研究が描いたように，港市や港市国家という拠点で連結する貿易関係と，帝国の総括権力がその「華夷秩序」を形成・維持するために組織した朝貢貿易体制とが交錯していた（荒野 1988; 濱下 1990）．朝貢制度それ自体は交換でも再分配でもないであろうが，財が移動するルートや機会がそれによって一定程度保証されるから，この制度から貿易の一部が派生したと考えられる．

再分配システムに立脚する政治的共同体のなかに，大市や港市などの貿易取引拠点が立地するのであるが，貿易活動の直接的な担い手は交易離散共同体（trade diasporas）を形づくった．この概念を提示したカーティンによれば，交易離散共同体とは，多くの貿易取引拠点（しばしば都市）でコミュニティを形成しつつ，諸都市に分散したコミュニティの相互連携のもとで全体としてまとまりのある共同性を有して貿易に関与している商業勢力のことである（Curtin 1984）．このカーティンによる交易離散共同体論はポランニーの貿易港論を踏襲したものであり，統治権力から相対的な自立性を容認された貿易港（ないし貿易都市）には多様な商業勢力がいるが，各商業勢力は当該貿易港（貿易都市）の他の勢力や後背地の勢力との共同性よりも，他の貿易港（貿易都市）にいる文化的・民族的な同類者との共同性を保持しつつ活動することを意味している．

貿易都市や港市や港市国家などを媒介拠点としつつ，多種多様な交易離散共同体に担われて，陸路の貿易や海路での貿易が成立していた．インドにおける商人や手工業者のギルド的単位での組織的区分はカースト制における区分と融合する側面をもっていたようであり，港市に存在するそれらギルド的勢力と同類視されえたことがポルトガル人勢力が商館を築くことを可能にした1つの条

件であった（Pearson 1976, 邦訳第5章）．しかしポルトガル勢力は既存の交易離散共同体どうしのルールを越えて，本国に必要な物産の貿易独占を志向した．かつてヴェネツィアやジェノヴァが例外的に実現させたことのある交易拠点帝国のモデルを持ち込むかたちで，ポルトガル勢力はアフリカやアジアに参入したのである（Curtin 1984, 邦訳197ページ）．やがてオランダやイギリスの勢力も類似のことをするようになっていく．

3　早期貿易の漸次的変容

3.1　単調ではない「市場の発達」

　前節で強調したように，広範な領域を覆う貿易ネットワークの存在は，それに連接する多様な市場や交換が同類であることを意味しない．それゆえ，貿易ネットワークとそのグローバル性の存在を，市場の発達とか交換の発達という観点から過大評価することは妥当性をもたない．たとえば中国では，一方では局地的市場が広範に分布し，他方ではそれ自体は交換ではない専制国家の租税徴収に付随する全国的な物流の成立があり，さらにまた周辺諸国家との朝貢関係に伴う朝貢貿易を発生させ，世界の地域間決済通貨（銀）を吸収した．しかしながら，そのことは中国で市場交換システムが発達したことを必ずしも意味しない．封建制が発達した社会に比して，封建制が発達せずに専制国家体制が長期持続した中国における交換取引は，その前提条件が大きく異なっていた．

　西欧や日本で成立した封建社会は，ムラや藩などの団体の階層性をもった支配関係を基礎とする「団体重積体系」であったといわれる（足立1998）．この場合の団体とは，藩のような領域統治体としての政治的共同体，その再分配システムを支える生産組織を安定的に維持するためのムラなどの村落共同組織，都市商工業の分野別棲み分けを秩序づけるギルドのような法人的団体などが含まれるものと考えられる．封建制の発達した社会とは，中間権力や中間団体が固有の内部秩序を形成しつつ，それら相互間の位階的関係をも制度化した社会であった．中間権力としての政治的共同体が成立せず，任意団体の台頭はあるが法人的団体や村落共同組織は未発達であった中国専制国家体制においては，

専制国家財政に伴う全国的な物流と小農層の局地的市場との間に断絶がある．中間次元の団体規制や再分配ルールへ包摂されない小農層は，生活共同体内部の互酬とそれら相互間での交換という 2 つの原理に大きく依存して財のやりとりを実現するしかない．専制国家財政による全国的物流の形成があったとはいえ，「専制国家機能の形骸化によってその（財政の：引用者）規定的な役割が弱まったとき，それに替わる流通組織化のメカニズムが形成されなかったことを，局所的な交換行為の水準と広域的な流通水準との分断は示している」（同, 181 ページ）．

換言すれば，封建社会における団体規制で培われた各種行動規範は，交換取引の複雑化に対応して整備されるルールや秩序としての信用や契約などが定着するための前提条件になるということである．迂回的・間接的な取引関係が発達するためにも，また交換当事者が個人ではなく企業という組織に転じるためにも，団体規制の伝統に由来する行動規範の効力がモラルハザードを抑え調整コストを低めるという一面を有する．交換が浸透し「市場経済」が出現するには，ポランニーのいう「擬制商品」の売買が蔓延すること，宇野のいう「労働力商品化」が蔓延することが条件となる．近隣定期市に行商して売買を繰り返す人々が織りなす交換関係の状況と，労働力を売買して得た所得で必要な消費財・サービスのほとんどを購入する人々が織りなす交換関係の状況とでは，社会関係のなかに交換原理が浸透している度合いに極度の違いがあるのである．いわゆる市場経済や資本主義的経済では，交換媒介的分業のみでなく組織内分業も同時に展開していることは，分業をめぐる諸論調がこれまで強調してきた．財・サービス供給の当事者が企業という組織となり，それに必要な労働力が労働市場を経て当該組織との雇用関係に入る状況は，農民的商品流通の発達の延長上に出現するわけではない．

ところで，もし交換媒介的分業が恒常化することによって，交換当事者の取引が特定の可視的市場に限定されなくなっていく場合には，実体的拠点を超越した市場という観念が社会成員間に浸透していくであろう．そしてその場合の市場とは，空間や時間の限定がない個別取引ごとの交換の総称であって，市場のプロセスやメカニズムも特定の場や特定の周期的時期に限定されて展開され

るものではなく，特定の財の需給調整を背後で規制している「見えざる手」のごとき不可視のメカニズムに転化していく．市場とは，もはや売り手と買い手とが出会う具体的な場ではなく，不特定の場所と時間に分布している潜在的買い手に対して，供給（可能）者どうしの競合的相互依存関係を意味するようになる．しかしながら，そのような状況は可視的市場が多数成立するという経験から直ちに派生してくるのではなく，中間権力や中間団体の発達という一見すると市場とは異質な経験が加味される必要があった．

とはいえ，封建制下の団体規制という前提条件からそのまま資本主義的事業活動の広範な蔓延・拡大がもたらされるわけではないことにも留意しておく必要があろう．利殖の可能性を追求する資本主義的活動にとって，各種団体規制は制約条件にもなるからである．商人ギルドや職人ギルドによって形成される共存共栄のための団体内・団体間秩序を部分的に打破し，農村家内工業を組織化する勢力によって，資本主義的生産の拡大が可能になったという事実はそのことを裏付ける（Unwin 1904）．貿易史との関連でいえば，ヨーロッパ勢力が自らも法人的団体や任意団体としての交易離散共同体の1つである状態から，交易拠点帝国を構築する団体に転化し，さらに領域支配へと至るとき，既存の交易離散共同体のレベルでの団体規制と統治権力の再分配システムの規範を突き崩しつつ資本主義的生産を組織化する前提条件を作りあげたことを意味する．その側面もまた重視しておかねばならない．

3.2 緩衝機能の切り崩し

ある勢力の活動が，散在する特定の場＝「見える市場」を媒介する流通次元の活動のみに専念する資本主義的事業にとどまるかぎり，交換関係は生活共同体における互酬の秩序も政治的共同体における再分配の秩序も脅かすことはない．それら秩序を脅かさないための緩衝装置が「見える市場」であったといってもよい．もし，農家副業的労働力を包摂する問屋制度が発達する「プロト工業化」が進行したり，交易拠点帝国から領域支配への転化過程で再分配システムの一部を改変しつつ生産組織化を拡大させたりすると，「見える市場」とそれを前提とする各種団体規制という緩衝機能は形骸化される．社会的諸関係が交

換の力学に左右されないようにするための緩衝機能が形骸化されると，各社会は交換の力学の影響を受けやすくなり，他の社会の諸生産単位との交換媒介的分業を構成する当該社会内の諸生産単位を組み込む度合いが増すことになる．単なる貿易ネットワークを超えて，資本主義的生産の拡大を伴う世界経済が顕在化する条件は，団体規制の流動化・再構築を伴いながら，多くの「見える市場」の緩衝機能が形骸化していくことにあると考えられる．

　かつての貿易ネットワークとは，交換関係の浸透を社会的に局部的なものにする緩衝装置（可視的市場）が広範に散在することによって，多数の統治領域を横断する財の移動が実現されていたことを意味する．ところが，商人的・商業的なそのようなネットワークに包摂された諸緩衝装置が漸次的に形骸化されていくことによって，既存の多様な生産様式の一部がしだいに資本主義的生産という性格を帯びていく．つまり，それぞれに多様な制度的条件をもつ多くの社会に資本主義的部門が付着していくが，この部門はまた流通ネットワークとの連携のもとでそれぞれの社会で発展する．そのさい，ある商業勢力によって組織される生産は，当該勢力が政治的に帰属する社会における既存の生産と競合する場合としない場合がある．

　競合する場合には，都市商業勢力による農村工業の組織化が都市の職人ギルドや手工業ギルドの利害と対立したように，政治的利害の調整という問題に対処せねばならない．貿易に関連する事象に限定すれば，競合財の生産を国外で組織してその成果を本国に輸入するケースにおいて，政治的利害の調整を余儀なくされるはずである．ただ，輸送コストが高くつく時代には，遠隔地で生産され輸入される財がかりに本国側に同種財がある場合でも，高輸送コストが障壁になるから本国側で競合が生じることはほとんどない．それゆえ，輸送コストの大幅な低下が生起するまでは大陸間での競合財貿易はほとんど問題にならないといってよい．しかも実際には，いわゆる「輸送革命」が進行する19世紀半ばまでは競合財貿易は特定圏域内にかぎられており，大陸間貿易ではヨーロッパには競合品がほとんどないようなものが輸入された．

　フィンドレーとオルークによれば，大陸間貿易の年平均成長率は1500〜1800年を通じて1.06%であったが，18世紀終盤までの全般的な特徴はその多

くが非競合財だったことにある (Findlay and O'Rourke 2001). たしかに, インド製綿織物の輸入はイギリス毛織物工業を脅かしたし, 砂糖はヨーロッパ側の甘味用作物生産を脅かしたであろう. しかしそのような一部の例を一般化して, 遠隔地貿易の影響を過大評価することはできない. また, ヨーロッパ諸国の貿易の大部分は域内相互貿易であって, ヨーロッパからの対途上諸国・地域向け輸出のヨーロッパGNPに占める比率でみても, 19世紀初頭 (1830年頃) に1%弱で20世紀初頭 (1910年頃) でも3%弱であったにすぎない (Bairoch 1974, p. 592). ヨーロッパ域内では競合財貿易が, 非ヨーロッパとの間では非競合財貿易がそれぞれ主流であったとみなしたほうがよいであろう. 非競合財が輸入されたのは, 国内競合品に比して価格・品質面でより選好されたからではありえず, 国内には存在しない財に対する需要がヨーロッパ側で発生したためである. たとえば18世紀までの非ヨーロッパからイギリスへの輸入の増大は, アメリカ産やアジア産の新規財に対するイギリス国内需要の増大によるものであり, イギリスからの再輸出の増大のかなりの部分もアメリカ産やアジア産の新規財に対する北欧・西欧・アメリカ植民地の側の需要に起因していた (Price 1989).

交換取引がより局地的であるほど競合財取引の割合が高く, より遠隔地間の取引であるほど非競合財の割合が高いと推測される. 少なくとも19世紀半ばまでのヨーロッパ諸国にとってそれは妥当な推測であろう. 19世紀半ばまでの大陸間貿易は, ヨーロッパ諸国の生産構造への影響はあまりなかったと考えねばならない. つまり, 産業構造の再編とは連動しないし, 比較優位メカニズムも作動しない. 比較優位は, 貿易当事国のいずれもが生産可能な財が貿易される場合に作用する. 比較優位メカニズムが作用しないから, 国際経済論の延長で展望される世界経済分析にとっては19世紀半ばまでの貿易史は基本的に射程外である. 貿易の長期的な動向については, 経済史研究で「成長のエンジンとしての貿易 (輸出)」という脈絡で問題にされるか, 「産業革命 (ないし工業化) の歴史的前提条件」として問題にされるかであった. それらは国際経済論の延長というよりも, むしろ成長論や発展論の脈絡での貿易分析である. その脈絡で視点を逆転させれば, 「衰退のエンジンとしての輸出」や「低開発の歴

史的前提条件」の問題が浮上しうるが，それについては第4章で検討しよう．

4 資本主義と世界市場の意味あい

4.1 運動概念と類型概念

時代状況を表す形容詞をXとすると，X資本主義という用法が蔓延してきた．現代資本主義，晩期資本主義，独占資本主義，国家資本主義，経営者資本主義，法人資本主義，カジノ資本主義，等々．また特定国の固有名称をXに代入して，日本資本主義とかイギリス資本主義などの用法も蔓延してきた．「資本主義」の脈絡を把握しようとする努力であったが，その場合の「資本主義」とは何らかの社会経済体制を想定していた．考察の対象に設定されたある社会経済体制を時間軸での歴史的脈絡と空間軸での国際比較的脈絡でその変化や差異を表現しようとするとき，Xという多様な形容表現が付されたのである．しかしながら，さまざまな形容詞を付されることで，過剰な含蓄が「資本主義」という語に放り込まれてきた．

「資本主義」論の最大の典拠とみなされてきたのは，単線史観が依拠している唯物史観の提唱者でもあったカール・マルクスの業績である．ケネーやスミスの影響を受けて社会的分業の広がりと循環構造を重視したマルクスは，分業を論じるうえでの諸範疇によって説明されねばならないと同時に，分業の諸契機を維持し創出していく運動主体として設定され諸範疇の関連づけを与えるものとして「資本」概念を位置づけた．「ブルジョア社会のいっさいを支配する経済力」[3]と称された資本を運動主体として設定すると，「資本が……する」という表現が多用されることになる．さらにこの表現は，より具体的・現実的対象を想定している場合には「資本主義的（資本家的）」という形容詞に転化する．

他方で，生産過程の複合的構造から展望される社会的諸関係の時代的特性に関する認識がマルクスにはある．それを象徴するのが「労働者と生産手段……の

---

[3] Marx, K., Grundrisse der Kritik der Politischen Ökonomie, (Rohentwurf) 1857-1858, Anhang 1850-1859, Dietz Verlag, 1953. 高木幸二郎監訳『経済学批判要綱 (I)』大月書店, 1958年, 29ページ．

結合が実現される特殊な仕方は，社会構造のいろいろな経済的時代を区別する」[4]という一文である．生産諸要素の具体的性質の結合が実現される労働過程や生産過程の様式化されたあり方は，労働過程編成の共通性がみられる事業所群の生産がそれ以外の事業所の生産とは区別しうる場合に問題にすることができる．ある特定の産業活動に従事している事業所群は，他の産業の事業所とは区別されうる何らかの生産の様式を共有するであろう．機械制工場群は職人の工房とは異なった生産の様式を共有しているであろうし，賃労働の直接雇用に立脚している事業所は内部請負制に立脚している事業所とは異なった生産の様式を共有している．労働対象の特性や労働手段の特性や労働管理方式の特性などの識別基準から抽出しうるそれら様式はいぜんとして多様性に満ちてはいるが，それは個別性を超えた種別的多様性であろう．労働対象や労働手段や労働管理方式などの特性から生産様式が識別されうるということは，産業の群生や技術革新や組織変化などの度合いが激しいほどある社会の生産様式はより多様性に満ち，逆に農業が基軸であり続ける社会のようにそれらの変化が遅々としているほどある特定産業（農業）の生産様式が当該社会の全般的な生産様式を代表するということになる．

　そのように労働・生産の社会的様式を区別するというのは，いわば類型概念の問題である．「資本主義的生産様式」という場合，それは「資本主義的（資本家的）」という運動概念と「生産様式」という類型概念とを結合したものであるが，類型のほうは多種多様でありうるのに対して，運動概念のほうは単一の意味あいをもつ普遍的な活動原理を指すと考えねばならない．資本主義的生産様式とは，多種多様な類型をもちうるが，増殖運動を余儀なくされる生産活動という共通点で括られるのである．問屋制工業生産を例に敷衍しよう．

　生産の直接的な場の状況に即して工業活動の類型をビューヒャーに依拠して整理するとつぎのようになる（Bücher 1922, 邦訳第4章）．①世帯内での非商品生産である「家内仕事」，②手間賃と引き換えの「賃仕事」（出職と居職），③独立的に顧客取引をする小商品生産としての「手工業」，④手工的技術のもと

---

[4] Marx, K., Das Kapital: Kritik der politischen Ökonomie. 『資本論（第1-3巻）』=『マルクス＝エンゲルス全集（第23-25巻）』大月書店, 1968年, 第24巻49ページ.

で他人労働力を活用する事業所としての「マニュファクチュア」，⑤動力機と作業機械に立脚して他人労働力を活用する事業所としての「工場」．問屋制工業とは，商業勢力によって直接的に②が専属的下請関係に包摂されることを原初的形態としつつ，より一般的には④や⑤の専属的下請関係に②が編成されることを特徴とし，また③が独立性を失って②に転ずる場合を含む．それは問屋（商人問屋であれ製造問屋であれ）が外注依存するにさいして，加工前の労働対象と加工後の製品の所有権を保持しているという生産機構を表現するのであり，農家副業的家内工業や都市世帯（非職人世帯）内職的家内工業や職人的家内工業などを賃仕事として包摂するし（中村 1991b；宮本 1971，続本論 3 章），準備・仕上工程の集中作業場としてのマニュや工場をしばしば含む（Pollard 1965；山之内 1966）．そして，「近代的」様相を呈しているか否かに関わりなく，また包摂している直接生産者層がギルド的秩序を保持している度合いの強弱に関わりなく，それらは多様な生産様式として存在しつつ資本主義的生産という 1 つの特性を共有している．

　問屋制的システムを含めて，資本主義的生産には多様な様式がある．のみならず資本主義的生産の諸様式のあいだに一定の段階性を見いだすことも可能である．中心的産業と支配的資本形態の識別から提起された宇野段階論もその試みの 1 つとみなすことができる．アルチュセールの影響のもとに登場した近年の例では，フォーディズム的様式とそれ以前の様式との差異を強調したアグリエッタのレギュラシオン・アプローチがある．そのアグリエッタが強調したのはつぎのようなことだった．「レギュラシオン・アプローチの基礎にある……仮説によれば，資本主義とはそれ自身の中にそれを調整する原理をもたない変化させる力である．資本主義の調整原理は資本蓄積を進歩の方向に誘導する社会的諸媒介の一貫性のうちにある」（Aglietta 1982，邦訳 27 ページ）．つまり，「資本主義」それ自体は運動原理であり，それがもたらす社会的変化の方向を左右するのは「資本主義」そのものではなく，「資本主義」以外の多様な調整原理である，という認識がその基礎にある．

　活動や過程などの類型面での多様性に対して，活動や過程を拘束している目的動機の基本原理を表現するのが「資本主義（的）」であり，多様な活動類型を

運動概念の次元で包括することを可能にする．資本主義的であるとして括りうるのは，諸活動を規制する目的動機の共通性としての増殖である．奴隷の労働であれ，職人の労働であれ，家内労働者の労働であれ，半熟練労働者の労働であれ，資本に直接ないし間接に包摂された労働過程は資本主義的生産の範疇を構成する．資本主義的であるという点では共通していても，その生産様式が種別的に多様であるかぎり，「資本主義的生産」とはある特定の生産様式にのみ与えられる特徴ではないと考えるべきであろう．そのことは，名詞形での「資本主義」という語をマルクスはけっして用いなかったし，用いるときはつねに「資本主義的（ないし資本家的）」という形容詞としてであった（望月 1970; 重田 1983）ことと関連していると思われる．その点を徹底的に追求してきた重田澄男の研究を参考にしつつ再確認しよう．

　重田は，「＜資本 capital ＞に接尾語＜主義-ism ＞を接合して作られる＜資本主義 capitalism ＞という言葉は，さしあたりは，＜資本＞そのものやあるいはその人格的担い手としての＜資本家＞の特徴や活動の状態やあるいは資本のもつ原理的性質等を表現する抽象名詞として使われるというかたちが，もっとも通常の言語使用法であり」（重田 2002, 88 ページ），マルクスの場合も経済構造や社会体制を示す語としては使用していなかったことを繰り返し証明してみせた．ただ，重田自身は「資本主義範疇」という語を多用しており，それは『資本論』以前の著作における「ブルジョア的生産形態」や「ブルジョア的生産諸関係」として把握され，『資本論』における「資本家的生産様式」としてマルクスによって確立されたものとみなしている[5]．体系や構造を指し示す概念として「資本主義」の語をマルクスはけっして使用しなかったと一方で証明しつつ，何ゆえ他方で構造や体系を含意する「資本主義」範疇がマルクスに存在したと強調するのか不可解ではある．要は，規定する側（資本主義的）と規定される側（生産様式）との合成によって，歴史的形態を帯びた構造についての範疇

---

[5]「マルクスの資本主義範疇を表現する＜資本家的生産様式＞といった用語は，規定される要因たる社会的経済構造についての＜生産様式＞や＜生産関係＞等と，そして，近代社会特有の歴史的形態規定性を示すものとしての＜資本家的＞といった形容詞的限定詞との結合によって，はじめて成立する概念であり用語である」（重田 2002, 133 ページ）．

（資本主義的生産様式）が成立するということであろう．

　とはいえ，生産様式が生産事業所の特性から把握されうるということは，それが窮屈で限定された射程しかもたないということでもある．同時代に併存する諸国の産業構成が多様であるかぎり，諸産業の労働力需給とその調整のあり方を反映する労使関係や労働市場も多様性をもち，資金需給とその調整のあり方を反映する金融システムも多様性をもつはずである．生産様式概念に固執するよりも，より柔軟で包容力のある概念で再構成したほうが現実的であろう．たとえば宇野弘蔵は「資本蓄積様式」という概念を提起し，それが時代段階的に異なると同時に，ある段階においては「諸相」として併存する場合がありうることを強調した（宇野 1974, ⑦）．レギュラシオン・アプローチは，産業組織や労使関係や労働過程などにおける社会的調整様式を強調した．また近年の「資本主義の多様性」をめぐる青木ら（青木・奥野 1996）やドーアら（Dore et al. 1999）の議論も多様性認識としてより豊かであると思われる．にもかかわらず，あえてここで生産様式について考察したのは，生産様式概念それ自体にこだわっているからではなく，資本主義的生産も資本主義的企業も資本主義的経済もともに運動原理（「資本主義」）を共有していることを再確認しつつ，その運動原理で形容される構造や体系のほうは多様な具体的類型をもつということを例証するためであった．

　なお，構造や体系を含意する「資本主義」は今日に至る学術知のなかで整備され定着してきたから，単にマルクス的用語法とのずれのみを理由にその意義を否定することは偏屈にすぎる．「資本主義」という運動原理が包摂している諸活動があくまで社会の一部であるという認識が排除されないという前提を満たすかぎりにおいて，「資本主義」の語を資本主義的経済という特徴を備えている社会の政治経済体制を総称する抽象名詞として使うことは可能であろう．というより，長きにわたる論壇の営為を用語法の問題を根拠に過小評価する姿勢は避けるべきであり，抽象名詞としての「資本主義」に込められた知的遺産を可能なかぎり尊重する必要がある．重田が「資本主義範疇」はマルクスにあったと解釈したのも，同様の配慮がなされたせいであると思われる．

4.2 観念にすぎない世界市場

ところで，生産様式は生産の過程に関わる類型概念の一種であり，「資本主義（的）」はその過程を遂行する目的動機に関わる運動概念であるが，生産過程の結果に関わるものとして「世界市場」というのがしばしば問題にされてきた．そして世界経済やグローバル化をめぐる論議で多用されてきたが，これは踏襲するに値しない陳腐な観念である．

生産諸要素を購入して労働過程で加工・変形した帰結としての産出物を販売する事業組織は，その産出物の販売局面を漠然と市場として意識する．市場というのは，メカニズムや社会的過程としては実在するが（塩沢1990，第2章），少なくとも現代においては一部の部面（青果物や魚介類や証券類など）を除いてその実体は存在しない．定期市などの可視的市場が衰退したあとの不可視の市場とは，当事者（供給者）たちの意識の次元では，不確実性を特徴とする販売可能性の場についての観念であるとみなしたほうがよい．生産諸要素の購入局面に対しても市場という観念が成立しうるが，しかし購入局面での不確実性は労働過程の革新や原材料供給者との長期安定的関係の構築や内部昇進制の整備などによって組織的調整の余地があるから，市場観念の強さは販売局面ほどではないと思われる．市場観念は競合他者の存在と関連づけた自己の位置づけであり，交換媒介的分業に連繫している各種の事業組織は，販売局面における競合的相互依存の場ないし過程を市場として観念するのである（White 1981）．意識すべき競合他者が国境を越えて広がっているとき，競合的相互依存の観念に世界という観念が付着する．

その場合の「世界」とはその実体的な広がりで定義しうるようなものではなく，やはり漠然としたものであって，競合的相互依存の場が国境超越的であるという意識が強まれば世界市場という観念が派生すると考えたほうがよい．世界市場とそうでない市場とを実体として区別することはできないし，何よりも市場そのものが実体として存在するわけではない．区別可能なのは，需給バランス調整に巻き込まれる供給者たちの相互依存関係の範囲であるが，その広がりの度合いは多様に識別することが可能であって，世界とそれ以外という二分法を用いる理由は何もない．「世界市場」というのは，実体としてはもちろん，

需給バランス調整の関係範囲としても措定することはできないのである．

　それゆえ，世界市場を実体視して，世界市場が実際に成立したのはいつ頃かという問題を設定することはできない．たとえば，「資本主義的世界体制という場合，世界市場に一定の序列のもとに編成されている，こうした諸社会の複合体」であり，「二十世紀初めに確立した世界市場体系は，貿易，資本市場など各面にわたって崩壊要因を内包し，資本主義国間の政治的軍事的抗争を生み出していった」[6]というとき，序列をもって成立している世界市場（体系）が世界経済や世界体制とは別様の体系として成立したことを証明せねばならないが，それは提示されたことがない．

　いずれにしろ，1国分析のさいには市場ではなく経済を論じるはずで，市場はあくまで調整メカニズムとして問題になるはずである．世界市場実体視は，調整メカニズムではない市場，体系や構造としての市場を想定しうると論じているに等しい．マルクスはたしかに世界市場という語を多用したし，とくに「資本の世界市場創造傾向」というフレーズは多くの論者に注目されてきた[7]．しかし，それは「資本が……する」という原理論的叙述スタイルにおいての用法であり，それをそのまま無媒介的に現状分析に応用すると世界市場実体視に陥ってしまう．本山美彦が強調したように（本山1976），マルクスの叙述で多用された世界市場とは，原理的叙述を進行させるために資本主義的生産の結果から派生する諸問題を留保する役割を果たすためのものであって，それが世界経済を具体的に論じるための前提となるわけではない．

　ここで「グローバル化」という表現についてあらためて振り返ってみよう．この語は，とくに企業サイドから発信される場合，競合的相互依存から派生す

---

[6] 藤瀬1980，序，および281-2ページ．ただし，藤瀬1999は，前著に比して世界市場実体視の叙述は控えめである．

[7] その影響はかなり広範である．たとえば教育課程の基準として文部科学大臣が公示する「学習指導要領」というのがあるが，そこで学校教育において学習すべき「目標」や「内容」が指定されている．1989年公示版の高等学校用指導要領では「世界史A」で扱うべき内容を指定した箇所に，1998年公示版では「世界史B」で扱うべき内容を指定した箇所に，それぞれ「世界市場の形成」という表現がある．いずれもイギリス産業革命後の影響という脈絡のもとで登場する表現である．

る観念を表しているという点において「世界市場」という観念と類似している．分析対象を措定しにくくしたり，グローバル経済やグローバル社会を擬制的に想定したりする危うさをグローバル化論議は秘めているが，それは世界市場実体視と共通の危うさであるといわねばならない．じっさい，積極的グローバル論にしろ悲観的グローバル論にしろ，グローバル化論議において「グローバル論」という性格が顕著な諸論調で世界市場という語が多用されているように思われる．

5　結　語

　貿易（交易）への注目が世界史像の再構成を促してきた．帝国主義時代以降にかぎらず，また資本主義的経済という特質を獲得する国の出現以降にかぎらず，諸国が共時的な相互依存関係にあったことを交易史研究は明らかにしてきた．それは世界経済の歴史的脈絡を，20世紀以降とか19世紀以降とかに限定することなく，より長期的なスパンで考察することを可能にしてきた．また，各国別に「近代」性の有無や程度を判定する単線史観の難点を浮き彫りにするうえでも，交易史研究は少なからぬ貢献をしてきた．

　ただ，ネットワークや交流や相互依存などのプラスイメージを演出する言辞を用いるなかで，交易史に関する論議には素朴な積極的グローバル論を過去に投影することがしばしば見受けられる．交易史研究にみられるそのような一面性は相対化して受け止める必要があろう．遠隔地交易の根拠を，交流志向をもちコスモポリタン的な心性を有する「交易民」の属性に帰着させることは，市場取引の蔓延を「経済人」の登場に帰着させるのと同様の虚構であるといわねばならない．遠隔地交易は，「非競合財」交換が規制対象にはならないという点にその主要な根拠を求めるべきであろう．

　かつての交易ネットワークは，たとえば諸貨幣の整合性・一貫性が保障されていたのでもなく，諸市場が同類である状況を前提していたのでもない．さらには，その延長上で信用制度や契約制度の整備を伴う「市場経済」が出現したわけでもない．市場経済あるいは資本主義的経済が出現するには，かつての交

易ネットワークがその存立の前提としていた可視的市場の緩衝機能が形骸化していく必要があった．その形骸化を追求した諸活動の動機を表現するのが，「資本主義」である．

　資本主義というのは運動概念であり，類型概念で把握される多様な構造や体系を「資本主義的（資本家的）」と形容するときに効力を有する．資本主義的生産や資本主義的経済は，その構造や体系には多様な類型的差異があるが，それらすべての多様な構造・体系に共通の1つの特質として「資本主義的」という性格が備わっていることを表現するのである．資本主義は構造や体系を形容するのであり，資本主義が形容されるのではない．

　換言すれば，構造や体系として措定できないものを「資本主義」の語で形容することはできない．たとえば世界市場は，漠然とした観念にすぎないから，資本主義的世界市場と称することはできない．ところが世界経済は観念ではなく，諸関係の構造として存在するとみなすことができると思われるから，それを資本主義で形容して資本主義的世界経済と称することは可能であるようにみえよう．しかし別の理由でその表現は使えない．その点についてはつぎの章で言及する．

第3章　諸構造変化と世界経済

　　はじめに

　『広辞苑』や『漢字源』によれば，「世界」とは「世」（過去・現在・未来の三世）と「界」（東西南北上下）を合成したもので，衆生が住む時間・空間のすべてを含蓄する熟語らしい．英語辞典を繙けば，world にも似たような語義がある．一定の識別可能な有限域ではあるが，その境界を画定しにくい時空の広がりを象徴的に表現する用語とみなすことができる．経験的事象に焦点をおいた実際の用語法でも，多くの場合，世界や world は漠然とした広がりをもつ何らかのまとまりに与えられる便宜的呼称であり，ある特定の指標を用いて一義的に設定できるようなカテゴリーではない．それゆえ逆説的ではあるが，世界経済分析において留意すべきことの1つは，究極の包容力を有する「世界」という語に振り回されないようにすることであると思われる．

　「世界」が境界を特定できない時空の広がりであり，したがってある特定の体系や構造として定義できない以上,「世界経済」そのものの定義を詮索することも実り少ないといわざるをえない．また，接頭語として「世界」を付した各種造語[1]を多用することも，焦点を特定できなくなる可能性のほうが高いから，その使用は必要最小限にとどめたほうが無難である．何よりも，社会関係や国際経済関係を把握するために用意された既存の多様な概念や用語でほとんどのことを語りうるから，いたずらに造語を乱発する必要もない．ここでは，世界性を多くの政治的権力統治体系を貫通する社会的諸関係の広域的広がりという

---

[1] 世界資本主義，世界システム，世界体制，世界市場，世界貿易，世界金融，世界都市など．

程度に理解し，世界性の相を帯びるかあるいはそれと関連する社会的諸関係の多層構造とその類型概念を整序しつつ，世界経済分析の焦点を考えたい．それはまた，この後に続く3つの章（第4〜第6章）で検証を試みる諸事項についての理論的な前提条件を整理する作業でもある．

1　資本主義と世界経済

1.1　経済原則充足要件

　ある社会システムにおける生産が当該社会システムの消費を可能にすると同時に，その消費がまた当該社会システムの次期生産を可能にするという関係を繰り返す再生産体系としての社会システムには，充足せねばならない絶対条件がある．宇野弘蔵に倣ってそれを「経済原則」と呼ぶことにする．つまり，自律的に存続可能な再生産体系であるためには，当該社会システムの消費はその生産を恒常的に上回ることができないという単純明快な根本原則のことである[2]．ただし，経済原則はある社会システムが再生産体系として存続可能であるための最低限の条件であるにすぎず，その原則を充足する具体的メカニズムや一時的な非充足にさいしての調整過程については，この概念自体は何も語らない[3]．しかし，資本主義的蓄積過程と世界経済との関連を考察する基本的視点を明確にするためにも，経済原則についての認識は重要であると思われる．

　まず，世帯の場合の経済原則充足要件は，世帯消費が世帯所得を上回らないことであると考えられる．より厳密に規定するには，所得が実物形態の場合と貨幣形態の場合とを区別すべきであろうが，ここではその両者が混在したまま

---

[2] 宇野1974，⑤-55ページ，②-233ページ．再生産体系において生産が消費を恒常的に上回ること，という表現そのものは宇野が用いたわけではないが，しかしそのような表現に置き換えたほうがより明快であるし，宇野の主張にも適っていると思われる．

[3] 宇野自身も，資本主義的経済では「経済法則」（価格や利潤率をめぐって展開する社会的調整法則）を媒介として社会全体の経済原則が充足され，社会主義社会や封建的社会では，経済法則の媒介の程度がごく弱いなかで当該社会の経済原則が充足される，と述べたにとどまる（宇野1974，④-18ページ，⑥-278-81ページ）．

消費との数量比較が可能であると想定しておこう．その比較において消費が所得を恒常的に上回ることがないという条件は，個々の世帯構成員がいかなる行動原理や心理性向をもつかに関わりなく，それぞれの世帯が存続可能であるための最低限の条件であろう．その世帯が労働力供給の源泉であるが，世帯の労働力供給戦略は経済原則充足をめぐって展開されると考えられる．

企業の場合の経済原則充足のためには，交換媒介的分業連関のもとで販売額が総費用を上回らねばならない．とくに雇用労働者に依存する企業の場合，雇用労働者たちの労働がその賃金を上回る付加価値を実現する必要がある．それは企業の組織構造がどのようなものであろうと，また企業の人的構成員である経営者や中間管理者や一般労働者がそれぞれいかなる心理性向をもとうとも，企業が存続可能であるための最低限の条件であろう．

世帯にも企業にも管理運営の担い手が存在し，経済原則を充足できない状態が続くと管理運営者の正統性が動揺する．管理運営の正統性を保持するためにも経済原則は充足されねばならないのである．個々の世帯や企業とは異なり，世帯群や企業群が多数併存して相互依存関係にある国民経済にも再分配システムを統括する管理運営勢力が存在し，その正統性もまた経済原則充足状況に依存すると考えられる．その意味で国民経済はより高次の再生産体系とみなすことができる．その国民経済の経済原則充足で問題になるのは，国民経済計算の分配局面の指標と関わる．というのは，おそらく国民経済が充足すべき経済原則とは「純生産可能条件」（ホーキンス＝サイモンの条件）であり，マクロ的な付加価値が労働分配分を上回って余剰を実現することであると考えられるからである（置塩 1957）．現実のマクロ経済的指標でいえば，国民所得が雇用者所得を上回って営業余剰を実現していることを意味する．それは，個々の企業がどのような運営方針に立脚しようとも，国民経済が持続的に存続するうえでマクロ的に充足せねばならない最低限の条件である．

国民経済とは異なり，特定の管理運営勢力に統括されることのない世界経済には固有の経済原則はおそらく存在せず，それゆえ経済原則充足問題も存在しない．世界経済は，それぞれの国民経済のもとで諸種の産業に従事する企業群とそれに労働力を供給する世帯群とが，直接・間接に交換媒介的分業連関を形

成している姿態であり，世帯群と企業群と諸国民経済を前提としつつそれら異種次元の再生産体系の力学が交錯する．世界経済として問題にされるべきは，諸産業の諸国横断的な需給の動向であり，それと関連する産業構造や労働力構造の変化であると思われる．

ただ，世界経済それ自体は経済原則充足体系ではないとはいえ，世界経済分析としては経済原則充足体系を考慮することなしには成り立たないであろう．交換関係と関わりつつ能動的活動をしたり受動的活動をするのは，各種の経済原則充足体系だからである．いわゆる世界資本主義論は，経済活動の各種担い手が経済原則充足要件に拘束されることへの考慮が弱い．ウォーラスティンの世界システム論も同様であり，生産手段生産部門と消費財生産部門との不均等発展という実現恐慌論を，世界システムの不安定性の論拠の1つとして持ち出したりする（Wallerstein et al. 1977）．国民経済における不完全雇用均衡についての論理を世界システム単位に援用する例もみられる（Kohler 1999）．しかし，恐慌はおそらく経済原則充足上の危機に伴うマヒ症状であろうから，経済原則充足要件に拘束されない世界経済には実現恐慌論を援用する条件がない．宇野の賃金上昇説型恐慌論も同様であり，じっさい宇野自身は世界経済分析に恐慌論を応用するという姿勢をみせなかった．それが正当な姿勢であると思われる．

ちなみに，「資本主義」は増殖運動のなかで経済原則充足要件を満たす活動原理であるから，「資本主義」の語で形容される側は経済原則充足体系でなければならない．それゆえ，資本主義的企業や資本主義的経済という表現は可能であるが，経済原則充足体系ではない世界経済に対して資本主義的世界経済という表現は成立しない．また資本主義的企業や資本主義的経済というのは，非資本主義的な企業や経済との対比においてその表現上の意味がある．世界経済の場合にはそのような対比表現を使う理由がない．

1.2 チャヤノフ仮説

事業収益をさらに追加投資することで増殖運動を展開する活動原理が支配的となっている企業は資本主義的企業であり，資本主義的企業の活動が中軸と

なって経済原則が充足される場合の国民経済が資本主義的経済である．しかし，ある国民経済に存在する事業組織はすべて資本主義的企業で構成されるわけではない．非営利事業のみならず，親方職人の居住する小工房や，土地所有権や耕作権を有する小農や，小規模小売商なども非資本主義的な事業組織である．ここでは行政組織や非営利組織を捨象し，資本主義的企業によって営まれる事業群を総称して資本主義的部門，世帯の延長上で活動する事業群を総称して非資本主義的部門とみなそう．

交換媒介的分業連関に連接しつつ自律的に経済原則を充足せねばならない活動単位で，かつ同時にその活動が「資本主義」という運動原理にもとづいていない非資本主義的事業組織の特性については，かつてチャヤノフの小農論（Tschajanow 1923）が有益な議論を提起した．

小農世帯の労働力支出とその労働対象の数量的可変性が，家族員の人口学的変動と結びつく世帯ライフサイクルに対応するという前提のもとに，世帯員を労働者という側面と消費者という側面との両面から捉え，それぞれ成年男子を基準にして年齢や性別に応じて単位化したうえで，世帯内における消費者単位数を労働者単位数で除した比率をチャヤノフは重視した．日本では「家族扶養負担率」という語が当てられているようなので（磯部1990），ここでもそれを踏襲しよう．チャヤノフ仮説とは，世帯のライフサイクルに対応してこの家族扶養負担率が上下動し，さらにそれに比例して世帯員の労働力支出およびその労働対象が増減する，すなわち小農世帯は家族扶養負担率の適正化をめざして活動するということにある（高良1994c）．

小農の場合，家族扶養負担率の変化に対応して経営規模を変化させる調整過程が展開し，小農世帯の家族扶養負担率は世帯規模や農場経営規模に関わりなく一定になる傾向をもつことがこの仮説には含意されている．実証研究で具体的に踏襲される場合，農家世帯員の一部が離村（出稼ぎ）したり在村非農業活動に従事したりすることも含めて，家族扶養負担率を最小限にするべく世帯内の労働者と消費者との配分が模索される調整過程を農業・農民分析の焦点に据えることを意味する[4]．小農世帯の労働需要が当該世帯の規模や構成の関数で

---

[4] この含意を1930年代末の日本農村分析に応用し，世帯規模（住込奉公人を含む）は経営階

あるとか，成年男子を基準にした労働単位への換算で労働力供給量を測るとかは，今日でも農村労働力の需給分析で用いられているが[5]，それらはチャヤノフ仮説の延長上で構想されたものということができる．

ただ，世帯が共住する消費集団であると同時に同一労働対象をもつ労働（協働）集団でもあるという状況は，必ずしも小農世帯に限定されない．そこで，「これまで述べて来た家族経済の主要原則は，ただ農民経済のみに関するものではない．……この原則は手工業者や家内工業経営者の経済，その他自ら労働する（賃労働を使用しない）家族の何れの経済活動にも適用できる」(Tschajanow 1923, 邦訳 56 ページ) と述べて，いくつかの仮定を取り払っても仮説の本質的含意は変わらないことをチャヤノフは強調した．彼がこだわったことは，資本主義的経営とは異なって世帯的事業経営は家族扶養負担率を最小限にすることができればそれ以上の収入増大を志向する積極的動機をもたない，つまり世帯的事業経営は利潤動機による拡張志向をもたないということにあるといってよい．要は，資本主義的企業は何らかの利潤率を目安とした利潤志向の行動をするのに対して，世帯の場合は家族扶養負担率の適正化をめぐって動くことにある．そして家族経済的部門＝非資本主義的部門を構成する世帯的事業経営の生産活動上の志向は，世帯と同様に家族扶養負担率の適正化が軸になっていると考えられる．

世帯的事業経営単位においては，当該世帯の世帯員のうち自家営業のための労働に従事する者が増えるにつれて労働生産性（生産従事世帯員1人当たり生産）は低下するであろうが，しかし世帯所得水準も世帯員1人当たり所得も上昇して，当該世帯の家族扶養負担率は低下する．それゆえ，そのような世帯的特性に立脚する非資本主義的部門においては，生産性上昇そのものは第一義的な目的動機にはならないであろうし，資本の増大や資本構成高度化も志向されない．

層別の上層ほど大きく下層ほど小さいが，家族扶養負担率は各階層の間でほとんど差異がなくほぼ一定であったことを示したものとして，野尻 1942, 第6編1章1・2節（とくに第222表および第223表）がある．

[5] たとえば次の論文で先行研究として整理されている．Bowlus and Sicular 2003.

そのことを明確にしたのは，大川一司がチャヤノフを一部踏襲しつつ提起した「偽装均衡」論であった．ある産業活動（いずれの集計次元で定義してもよい）が資本主義的部門でも非資本主義的部門でもともに営まれている国民経済を想定し，労働生産性 $Y/L = (Y/K)(K/L)$，という関係に注目したものである．Y は付加価値で K と L はそれぞれ資本投入量と労働投入量であるが，もし左辺の労働生産性が低い（高い）とすれば，右辺第1項か第2項の少なくともいずれか一方が低い（高い）ことの反映であるという関係を表す．当該産業を営む部門のうち，資本主義的部門の生産性（Y_c/L_c）よりも非資本主義的部門の生産性（Y_n/L_n）のほうが低位にあるとすれば，それは資本生産性と資本構成の少なくともいずれか一方が非資本主義的部門において低いことの反映である．農業や小零細企業についての実証分析を踏襲すれば，資本生産性は非資本主義的部門のほうが高いのが一般的だから，その資本生産性の相対的高さを相殺してなお余る資本構成の相対的低さが，非資本主義的部門における労働生産性の相対的低さを特徴づけるということになる（大川1967）．小農からなる農村部でしばしば「過剰就業」が顕在化するのは，個々の小農世帯にとって非労働力状態の世帯員が労働力化することが家族扶養負担率の引き下げのためには有効だからである．

農業のみで家族扶養負担率を調整することが困難な場合には，農家副業的家内工業へ世帯内労働力をシフトすることによって調整されるが，それを問屋制的に組織することで台頭したのが「家族経済と商業資本とが共生関係にあった」（Medick 1976，邦訳38ページ）西欧プロト工業化であった．

ところで，チャヤノフ仮説は彼が実証的根拠としたロシア農村の現実を十分には反映していない可能性があり（青柳1994），ロシア農村・農業史の研究そのものとしてはその成果を過大評価すべきではないかもしれない．ただ，チャヤノフ仮説にはその難点を超えた重要な意義がある．家族扶養負担率の適正化のための手段として商品生産や労働力商品化の機会が存在し，かつそれが政治的規制によって抑制されないときには，小農層はそれらの機会に積極的に反応するであろうことが含意されているからである．村落共同体や何らかの中間団体の長期にわたる発達・定着があったところでは，経済外強制の制度化がより

確固としたものになるであろうから，小農層の商品生産者化や労働力商品化およびそれに伴う都市化現象には一定の歯止めがかかるであろう．そしてそのような歯止めを形骸化させるには，既存タイプの経済外強制に対抗的な別の新たなタイプの経済外強制による強制処置で土地からの労働力の分離が必要となろう．

　換言すれば，既存の経済外強制による制約がないか弱い場合には，商品交換や労働市場への小農層の関与は政治的には抑制されない．そのことは，おそらく世帯次元の力学を制約する中間権力や中間団体の規範が早期（13世紀）に崩れはじめていたイギリスはむしろ例外であろうとはいえ（MacFarlane 1978），都市化や労働力商品化は封建制の発達した西欧や日本においてこそ遅滞したであろうことを意味する．都市化や労働力商品化が一定の度合いにまで進行するには，かつての西欧や日本ではかなり長期間を要したはずである．中間権力や中間団体の発達の影響による各種社会規制や社会規範が存在しないか弱く，局地的権力や権威を軸に構築された社会規範という中間媒介なしに，世帯の力学がストレートに貫徹する場合にこそ，資本主義的発展がその機会を開いたときには商品化の拍車はより急激・急速であろうと考えられる．アジア・アフリカからの一次産品輸出が小農層の内発的な活動の結果であったという史実はその1つの例証とみなしうる（Latham 1981; 室井 1992; 杉原 1996）．封建制の発達を経験しなかった中国において，たしかに社会主義体制下での集団農業システムという農村的中間団体の組織化の影響で農村労働力の商品化は1990年代においてもなお遅々としているという一面があるとはいえ（Bowlus and Sicular 2003），20世紀終盤になってからミクロ・レベルの市場志向が都市部を軸に急激に蔓延しつつあるという対照的な他の一面もあり，それもまた1つの例証になると思われる．何よりも，封建制の発達がないばかりでなく，先住民文明を殲滅したうえで再分配システムに包摂されない広大な大地に私有財産の観念をもったヨーロッパの小農が押し寄せたアメリカで過剰商品化の投機社会が形成されたことは（馬場 2004b），その最たる例であるといってよい．

　労働力商品化という側面に関していえば，もし封建制の発達した社会において労働力商品化が急進展したとすれば，それは資本主義的部門の雇用吸収の拡

大と同時に，既存の経済外強制を無効にするか弱化させる社会情勢の劇的な変化があったに違いない．他方で，封建制の発達が欠落していた社会において，工業化過程が急進展するにもかかわらず労働力商品化が遅滞するとすれば，それは一部の途上国研究において先験的に仮定されているような伝統的部門や生存維持部門の残存のゆえでもその社会規範の名残の強さのゆえでもなく，新種の（現代的な）中間権力・中間団体が形成されてその規範が強く作用しているか，あるいは労働力を需要する資本主義的部門の側の雇用吸収力の相対的低迷にその要因を求めねばならないであろう．

2　集積度不均等：スミスを手がかりに

　国際経済分析の核をなすのは比較優位論であり，その原型はリカードの『経済学および課税の原理』第7章で提示された比較生産費説である．リカード以前にも比較生産費説に相当する論述が存在し，スミスもその1つに数えられるが（馬場 2004a），ここではスミス『諸国民の富』において世界経済分析の着眼点の1つである集積の問題が提示されていたことに注目する．
　『諸国民の富』における「序論およびこの著作の輪郭」によれば，各国民経済の富裕の度合い（以下富裕度）を比較する指標は国民1人当たりの消費水準である．自然条件を所与とした場合，その富裕度を左右するものとして，分業の効果としての熟練・技巧・判断の向上による労働生産性の上昇と，有用労働（就業人口）の非有用労働（非就業人口）に対する割合の上昇という2つの基本要因をスミスはあげている[6]．ある国である年に生産されたすべての消費財の価

---

[6] 有用労働と非有用労働は「序論」で提示されている区分であるが，文脈から判断するかぎり有用労働は就業人口ないし労働力人口と読み替えて差し支えないと思われるので，そのように読み替えて踏襲する．なお，第2編第3章では，生産的労働と不生産的労働という区分が多用されているが，生産的労働とは物的財を商品として生産する労働のことで，サービス労働や非商品生産労働は不生産的労働とみなされているようである．本書では，生産的労働に関してはそのようなスミスの用語法を踏襲しておらず，宇野が提起した「経済原則」と絡めて別様に定義して用いている．すなわち，ある再生産体系の経済原則充足要件を満たす労働が，当該再生産体系にとっての生産的労働である．

値をC，当該国人口をPとすると，スミスのいう富裕度指標はC/Pに相当する．その年の全生産を付加価値総計（Y）とみなし，就業人口と非就業人口をそれぞれLとNで表すと，スミスが富裕度を左右するとみなした2つの要因とはY/L（労働生産性）と，L/N（就業・非就業比率）ということになる．Yには投資支出に対応する部分が含まれない（すなわち$Y=C$）という仮定と，非就業人口のみを消費者とみなす（すなわち$P=N$）とすれば，$C/P=Y/N=(Y/L)(L/N)$，というのが同書「序論」におけるスミス自身の説明とみなしうる．

しかし，$Y=C$や$P=N$はかなり無理な仮定であるといわねばならない．スミスの含意を失うことなくすっきりさせるためには，富裕度指標（C/P）の代わりに1人当たり所得（Y/P）を，また就業・非就業比率（L/N）の代わりに就業者比率（L/P）を用いたほうがよかろう．失業者をとりあえず度外視すると，L/Pは労働力率といってもよい．そうすると，$Y/P=(Y/L)(L/P)$となってすっきりする．そのうえで，右辺の2要因（労働生産性と労働力率）それぞれに関連する『諸国民の富』の本編の叙述を整理しよう[7]．

まず，ある社会において物的生産に携わる産業活動は食糧生産業と製造業と製造用原材料生産業の3つから成ると想定する必要がある．食糧生産業の労働生産性が上昇すると余剰がこの産業で形成されると同時に，より少ない労働者で全社会の食糧需要を満たしうるから，この産業から労働力の一部が解放される．交換の不確実性が制約条件とはならないかぎり，食糧生産業の就業者の相対的縮小に伴って，食糧を交換で入手して生計を立てる製造業と製造用原材料生産業の就業者は増大する．就業者が増大した製造業では，製造事業所内での労働過程分業と，そしておそらく近隣立地する諸事業所間での分業の効果によって[8]，生産性が上昇すると同時に，製造用原材料生産業の生産物に対する需

---

[7] ここでのスミス『諸国民の富』についての整理は，高良1988を土台にしている．

[8] 近隣立地する諸事業所間分業についてスミス自身が明示的に述べているわけではない．しかし，工場内分業と社会的分業との識別が著しく不十分であることがスミスの難点の1つとしてしばしば指摘されてきた．そのことは裏返せば，スミスが強調した分業の生産力効果とは，工場内分業によってもたらされる生産力効果以上のものを含意していたと解釈することも可能である．それゆえ，本章ではあえて拡大解釈して，近隣立地する諸事業所間分業がもたらす外部効果を加味している．

要も増大させる．要するに，余剰の増大と交換関係の拡大による相乗効果の波及経路が，食糧生産業→製造業→製造用原材料生産業であることをスミスは示そうとしたのである．

それを1国主義的に想定するかより広域の交換媒介的分業連関を想定するかで，スミス解釈には幅がみられたが，スミス自身の現状認識は後者の想定に根ざしていたと思われる．交換媒介的分業は運輸上の利点を有する場所をそれぞれの地域的拠点としながら形成され，製造業にとっては食糧生産業が近隣に所在する必要はないと同時に，製造業における分業の進展と生産性上昇による原材料生産業に対する需要拡大効果も，近隣に限定されない各地域へと広範に波及することを強調したからである（Smith 1776, 邦訳（上）24ページ）．製造業が所在する地域における生産力上昇による「中心」の形成と，それと放射状に連繋する食糧生産業や原材料生産業の所在地域である「周辺」という広域配置的構図が，実質的には描かれているといってよい．

他方でスミスは，投下資本の土着性の程度と投下資本当たり雇用吸収力の程度との関連を問題にした．「投下資本の自然的順序論」として経済学説史研究の分野においてよく知られてきたもので，生産性と雇用吸収との関連づけに矛盾があることや，不均整成長論の先例としても取り上げられてきた（野沢 1991, 後篇第2章第4節; 大森 1996, 第7章）．

スミスが資本の投下部面としてあげたのは農業，製造業，卸売業，小売業の4つである．農業や小売業への投下資本はその立地域の土地に束縛されると同時にそこの社会成員に属しているが，製造業への投下資本はそれが立脚する土地に束縛されるとはいえ当該社会の成員に属するとはかぎらず，さらに卸売業への投下資本は何ら固定的で必然的な滞留地をもっていないことを強調した（Smith 1776, 邦訳（上）309ページ）．小売業を除いて考えると，卸売業，製造業，農業の順にその充用資本は浮動的性格を強くもっており，ある特定の社会の就業者との恒常的な結びつきの度合いもその順に応じて弱いというのがスミスの特徴づけである．『諸国民の富』には「全編を通じて，ひどい資本不足の環境が暗々裏にみられる」（Blaug 1978, 邦訳92ページ）といわれるように，ある国で充用可能な資本は以上3つの産業部面のすべてを満たすのに不十分であ

るとみなしていたスミスにとって，まず何よりも農業に充用される資本の割合が大になるのに応じてその国内で活動させられる物的商品生産業の就業者（スミスの直接的表現では「生産的労働の量」）は多くなるであろうし，そのつぎには製造業に充用される資本の当該就業者拡大効果が大きく，卸売業に充用される資本の就業者拡大効果はもっとも弱いということになる．

ただ，浮動的性格が強いということは投資先がより自由に選択されるということでもあろう．そして一定の好条件が満たされれば，浮動的なものほど特定の拠点に集積しやすいことを意味するはずである．それゆえ，地理的な集積現象は卸売業がもっとも顕著で製造業がそれに続き，農業はもっぱら広範に散在することを特徴とするということになる．さらに，スミスは分業の生産力効果が製造業に顕著な特徴であるとみなしていたから，集積現象が生じやすいと同時に分業の生産力効果も生起するという条件を満たしているのは，製造業だということになる．

そして商人資本が媒介する諸国横断的な分業連関の広域的広がりのなかで，集積の外部効果と労働過程分業の生産性効果によって製造業の生産性上昇が顕在化する諸地域が一方に成立し，食糧生産業や製造用原材料生産業で就業者が増大する諸地域が他方に成立する．前者の諸地域では Y/L の上昇が主因となって，後者の諸地域では L/P の上昇が主因となって，富裕度（Y/P）が上昇する国民経済が台頭しうる．それが『諸国民の富』における「序論およびこの著作の輪郭」でスミスが要約して提示したことの実質的内容であると考えられる．

製造業を軸とした資本主義的部門の蓄積のもとで集積の利益が顕在化するということは，技術革新からも規模の経済からも独立した生産性上昇効果を意味している（Kaldor 1996, 4th Lecture）．リカードとは異なって収穫逓減的産業分野の想定はスミスの論述のなかには見いだしにくい（それゆえ周辺部の衰退という含意はない）が，収穫逓増の含意はスミスの叙述に伏在している（つまり中心部の成長加速の含意はある）のであり，収穫逓増を取り込んだ近年の「新貿易論」の潮流の元祖としてスミス『諸国民の富』が再評価されてもいる（Kibritcioglu 1997）．スミスを元祖とみなしているかどうかは別にしても，収穫逓増と中心－周辺構図についての注目度は高まってきている（Krugman

1991, 1998; 大東 2001). 交換媒介的分業連関のもとで，集積利益が発生する中心とそれに連鎖する周辺という構図が成立していくというスミス的な説明は，世界経済論にとっても古典中の古典といってよい．それはリカードの比較生産費説が国際経済論の古典中の古典であるのと対照的であるように思われる．

　スミス的な説明の意義を再確認するために 2 つの点について補足しよう．1 つは，卸売商業（ないし遠隔地商業）で集積が容易であることは，商業都市や交易拠点が古くから存在した事実に照らしても正当な認識であるという点である．補足すべきもう 1 点は，諸活動が集積すると混雑を縮減するためのルールが形成され，多様な団体規制の発達が促されるということである．この点についてはスミス自身が都市における同業組合の発達と絡めて明記している（Smith 1776, 邦訳（上）113 ページ）．諸勢力の平和共存のための団体規制は，同業者内部での不均等成長による優勝劣敗過程を封じ込めるためのものであり，集積の生産力効果を抑制する作用を果たす．スミスが同業組合を取り上げたのも，そのような抑制作用を激しく非難するためであった．集積効果は団体規制に取り込まれやすいという認識がスミスにはあったのである．

　そのような団体規制による抑制作用を除去できるならば，集積効果によって一定の企業群の財の供給能力や処理能力が増大しうる．スミスによれば，そのような反応は卸売商業がもっとも容易で，つぎに製造業が容易で，農業では困難であることになる．集積拠点のシフトが容易な活動ほど「資本主義」という行動原理が付着しやすいことをたえず強調したのはブローデルであったが（Braudel 1977），スミスの説明はそれとつながる．さらにそれを前提とすると，集積・再集積が生起しにくい農業には「資本主義」が付着しにくいことを意味するが，それはまた資本主義にとって農業は苦手な活動分野であることをたえず強調した宇野弘蔵につながる（宇野 1974, ⑧）．

　商業の集積拠点という性格をもっているであろう定期市や大市や港市などの「見える市場」を前提とする交易ネットワークは，おそらく「生産の集積拠点」を形成することなく成立する．農業は集積利益を享受しにくいから別としても，集積利益を享受しうる製造業でも，何らかの団体規制（たとえばギルド秩

序）によって当該団体の構成員資格とそのもとでの活動規模が統制されたに違いない．大小さまざまな売買活動の特定拠点への集積があり，それを前提に流通ネットワークが形成されることで，生産活動のほうは流通ネットワークに連接して散在することが保証される．ともに団体（法人的団体であれ任意団体であれ）的秩序を有する商と工の共存である．資本主義的活動を追求する一部の商業的勢力が，その平和共存的秩序を切り崩しつつ製造業の既存の集積パターンを改変していくことが資本主義的工業化の発端であろう．マニュや工場を含まず家内工業者のみを組織する原初的な問屋制は別だが，マニュや工場を含む問屋制工業は，規模の経済の追求であると同時に，準備工程や仕上げ工程を同一地所に配置しかつ必要な中間財や資本財の供給業者の近隣立地を要求するから，新たな再集積が進行する工業活動の端緒となる．資本主義的工業化の歴史的発端が問屋制工業にあるゆえんである．

　以上，スミスが強調した集積の問題を資本主義的工業化の端緒と関連づけた．ただ，スミスの説明の出発点にある想定には大いに疑問がある．その点を修正しておこう．農業就業者が絶対数でも相対シェアでも減少することを脱農業化と称すると，農業生産性の上昇が脱農業化をもたらすことをスミスは想定している．しかし，前述のチャヤノフ仮説を踏まえれば，小農層は生産性上昇を志向するのではなく，家族扶養負担率の適正化を志向する．とすれば，農業社会において生産性上昇を追求する小農層が一般化することで農業全体の生産性も上昇するという想定には無理があり，スミスが想定した因果関係を逆転させて理解せねばならないであろう．つまり，非農業での就業機会が存在する場合に，家族扶養負担率を適正化するための選択肢の1つとして世帯員の脱農化が進行し，そのことが結果として農業生産性を上昇させる．農業生産性の上昇が脱農業化をもたらすのではなく，逆に非農業就業機会の拡大による脱農業化の進行が農業生産性の上昇をもたらす．

　ところで，脱農業化とは非農業への労働力のシフトであり，各国で生起する構造変化の一種である．それが他の諸構造変化とどのように関連するか，スミスを離れてあらためて考えよう．

3 諸構造変化

3.1 一回性の構造変化

資本主義的部門の比重がまだ十分大きくない国民経済において，資本主義的事業活動の拡大によって資本主義的部門の比重が上昇していき，非農業就業機会の拡大がもたらされることを体系的に論じたのはマルクスであった．本源的蓄積（原蓄）過程論である．その含意を再構成しよう．ある国民経済における資本主義的部門（添字 c で表す）の資本ストックの価値を K_c，就業者数を L_c，平均貨幣賃金率を ω とする．賃金支払額 $W = \omega L_c$，資本構成 $\kappa = K_c/L_c$，である．

「資本主義的生産の幼年期」には資本構成の変化があまりみられず κ がほぼ一定のもとで資本蓄積が進行するため，資本蓄積による K_c の増大には L_c の対応する増大が必要であるが，世帯群の側からの労働力供給はあまり拡大しなかったから，L_c の供給制約を解消するために強制手段による土地からの農民の追い出しが行われたというのがマルクスの説明だった[9]．強制手段か否かを別にしたとしても，何らかの契機で農村民が偽装失業や過剰就業の状態にあると労働力供給の潜在性は高まる．原因が土地喪失にあろうとなかろうと，不完全雇用労働力が豊富にあるかぎり L_c の供給制約は緩和され，L_c 需要増大に起因する ω 上昇傾向は抑制され上限が課される．

逆に，世帯群からの労働力供給先が非資本主義的部門から資本主義的部門へと急激にシフトしていけば，ω が下落する可能性が生じる．しかしそのさい，賃労働市場から撤退して労働力供給先を非資本主義的部門に逆シフトする余地が一定程度残されているならば，ω の下落には歯止めがかかる[10]．つまりマル

---

[9] 「資本の蓄積の進展は，現代に比べれば緩慢だったが，それでも，搾取可能な労働者人口の自然的な限界にぶつかり，この限度は……強制手段によらなければ除かれないものだった」（マルクス『資本論（第 1 巻）』＝『マルクス＝エンゲルス全集（第 23 巻）』大月書店，1968 年，824 ページ）．

[10] これはケインジアン系の議論においてかつて注目されたことである．Steindl 1952，邦訳 174 ページ，および Robinson 1969，邦訳 170 ページ．

クスの想定していた原蓄過程の基本的事態とは，潜在的労働力供給圧力に由来する ω の引き下げ傾向のみでなく，非資本主義的部門（賃労働雇用に依拠しない部門）の残存のゆえに ω の下支え傾向もあるから，結局は ω が硬直的であるような事態であると考えられる．いわゆる「無制限労働供給」のもとでの一定の生存維持賃金という考え方（Lewis 1954）は，マルクス的な原蓄過程論をかなり踏襲しているといってよい．それは新古典派的な脈絡で進展させられ，不熟練労働力市場における需給バランスの趨勢変化を，脱農業化が進行するなかで製造業雇用者の賃金上昇を伴わない局面からそれを伴う局面への「転換点」（無制限労働供給の解消局面の画期）を特定するかたちで特徴づける実証研究を派生させた（南 1970）．

　ただ，原蓄過程は単に製造業雇用者の賃金が上昇趨勢に転じるプロセスという限定された局面の構造変化問題にとどまらず，資本主義的部門の比重上昇に付随するより広範な構造変化である．その1つの側面は就業人口に占める資本主義的部門就業者の割合の上昇であるが，都市や工業地帯に集積する資本主義的活動に就業者がシフトするには，脱農業化や脱農村化が必要であると同時に，一定の雇用者化も不可避になる．脱農労働力がどのような分野の雇用者にどの程度シフトするのか，脱農業化を左右する要因と雇用者化を左右する要因はどのような対応関係にあるのか，それらが原蓄過程における主要な焦点の1つになる．

　もっとも，個々の国民経済で原蓄過程が進行する時期すなわち原蓄期という場合，その時期設定そのものは世界史的な規定を含んでいない．資本主義的部門の比重が上昇するさいの各個別国に固有の構造変化局面の時期を指すものであり，それが生起する時期は国ごとにバラバラである．ただ世界経済は，原蓄過程を経験する一部の諸国民経済がそのつど出現しつつ，その関係構造としての歴史を歩んできた．各国民経済にとっては一回性の構造変化である原蓄過程は，世界経済にとっては時期的に分散しながら繰り返し登場してきたのである．世界経済関係は，各国次元の原蓄過程を含む局所的な諸構造変化を包摂して，その全体的な変化をそのつど示してきたと考えることができる．

　1国の構造変化は多様な次元で生起するが，資本主義的発展との関連では原

蓄過程が最大の構造変化となる．そのような1国単位の原蓄過程への注目が世界経済分析にとって有意義であるためには，特定国の原蓄過程の経験を相対化せねばならない．まず，イギリス的経験を相対化するために，前述の ω にまつわる事態を他の要因との相互関係のなかで再構成してみよう．リヴァインの定式 (Levine 1975) を借用する．資本主義的部門における資本ストックの拡大率を資本蓄積率 $\alpha = \Delta K_c/K_c$，利潤 (R) のうち蓄積に回される部分の割合を再投資率 $\beta = \Delta K_c/R$，とする．さらに，付加価値を Y_c，労働生産性を $\gamma = Y_c/L_c$，貨幣賃金率に対する労働生産性の比率を粗マージン $\varepsilon = \gamma/\omega$ とする．以上の関係を整理すると，

$$\alpha = \beta\omega\frac{\varepsilon - 1}{\kappa}$$

となり，資本主義的部門の資本蓄積率が4つの変数と関連することを示すことができる．

　イギリス的原蓄過程から析出できることは，労働力供給の純増と産業間シフトの潜在的可能性をもつある国民経済において，技術変化をそれほど伴わずに資本主義的部門が拡大する場合，当該部門の蓄積率（α）にとって粗マージン（ε）や資本構成（κ）はあまり重要な変数ではなく，また貨幣賃金率（ω）も硬直的であるから，蓄積率を左右するのは主として利潤の再投資率（β）の上昇であるということにある．その場合，再投資する利潤は先行期において実現されたものであるが，先行期におけるその実現がどのような活動のもとでのものかは特定できない．手形割引から得た利益かもしれないし，植民地支配に関連した商業利潤であるかもしれないであろうが，いかなる起源に由来するものであれ，それらが資本主義的生産に投資され当該国の資本主義的部門全体としての再投資率を上昇させ，資本主義的部門の就業者を拡大させることが重要である．

　資本主義的部門の利潤の多くがまだ当該国での資本主義的生産の成果ではない場合，資本主義的部門にとってはその再投資率が内生的要因よりも外生的要因に大きく左右されることを意味する．本源的蓄積という呼称は何よりもま

ずそのことに由来する．β が当該国資本主義的部門の内生的要因である状況が顕在化すると，それは本来の資本主義的蓄積過程であって「本源的」という形容詞は必要なくなる．国内勢力による商業利潤の実現という経験が希薄な国，あるいは商業利潤を蓄積した勢力が国外逃避した国においては，β を上昇させる外生的要因はもっぱら国債発行や，非資本主義的部門への課税や，輸入品への関税などで可能になる国家の再分配機能ということになる．それらのケースでは，プレオブラジェンスキーが「社会主義的原蓄」と称したことも含めて，国家の再分配機能を外生的要因として資本主義的部門（プレオブラジェンスキーの場合は社会主義的部門）の再投資率（β）が上昇するのが原蓄期の特徴となる．ただし，イギリス的経験以降の他の諸国における原蓄過程にとっては，必ずしも β のみが蓄積率を左右するとはいえなくなる．

資本主義的企業で営まれる諸産業活動のうちの特定のある i 産業において，技術進歩を伴って資本構成（κ_i）が上昇すると同時に企業の最低効率規模も大きくなり，技術変化が製品価格低下と賃金率上昇よりもより急速に生産性上昇を可能にするかぎり，当該産業の粗マージン（ε_i）を上昇させる．そして ε_i の上昇が κ_i の上昇で相殺されないかぎり，当該産業活動における蓄積率（α_i）が上昇する．つまり，α_i の上昇はもはや β_i の上昇によってではなく，あるいは β_i の上昇とともに，ε_i に規定される局面を迎える．

たしかに資本構成高度化は全産業で一様に生起するのではなく，特定の i 産業において生起する過程であって，当該国における全産業平均的資本構成が上昇するか下落するかは一義的には決まらない．資本構成 κ の分子が価値額タームであったことを想起すれば，新技術の導入による技術的構成の上昇が最終消費財産業で生じる場合，その影響で κ が上昇するのは当該産業だけであり，他の産業の κ は影響を受けない．しかし，他の多くの諸産業の投入財となっている基礎的産業で技術的構成の上昇が生じる場合（当該産業の製品価格は低下する）には，当該産業自体での κ の変化の方向は不明であるが，他の産業の κ は（投入財価格の低下の影響で）低下する．全産業的資本構成は，各産業の κ の動きと諸産業の配分構成の変化に左右される（Rowthorn 1994; 馬場 1997, 第 6 章）．

ただし，以上のような資本構成高度化の不確定性はより短期の循環的構造を問題にする場合であって，技術革新の累積的展開を伴う中長期的な過程の傾向としては，資本主義的部門における資本構成高度化の「自然的な傾向」（Freeman 1988, 125 ページ）を想定してよいであろう．つまり，各国・地域には資本主義的部門と非資本主義的部門とが共存するが，その資本主義的部門に関しては諸国・地域を貫通して中長期的な資本構成高度化傾向が存在すると想定できる．もっとも，そのことから直ちに「相対的過剰人口」すなわち資本主義的部門における雇用吸収力の相対的低下が結論できるわけではない．労働集約度を低下させていく方向をもつ工程革新（プロセス・イノベーション）とは異なって，製品革新（プロダクト・イノベーション）は雇用を拡大する要因となるであろうから，後者の拡大効果が大きければ資本主義的部門の雇用は拡大する．資本構成高度化は，あくまで資本主義的部門雇用を制約する1つの要因であって，それがすべてを規定するわけではない．ただ，資本構成高度化が諸国の資本主義的部門を貫通して作用している1つの傾向であるとすれば，原蓄過程の経験が後発であればあるほど，当該国の原蓄過程は資本構成高度化の影響に晒されるといってよいであろう．

ところで，資本構成高度化から直接的に導かれるわけではないが，強く関連するものとして雇用の生産弾力性の低迷という問題がある．資本主義的部門においては生産の増大に比して雇用の増大が相対的に小さく，雇用の生産弾力性（η）が $[0 < \eta < 1]$ となることの意味あいをめぐる問題である．それは別の観点から，資本主義的部門では収穫逓増が一般的であるという問題としても扱われた．とくに「カルドアの法則」として注目されてきたものである．

カルドアの法則とは，①製造業生産の増大が GDP 成長の主要因の1つであること，②製造業生産の増大が製造業生産性の上昇をもたらすこと（製造業が収穫逓増的部門であること），③非製造業から製造業への雇用のシフトが経済全体の生産性を上昇させること，という関連する3つの要素から成る（Mamgain 1999; Wells and Thirlwall 2003）．①と③を合成すれば，非製造業から製造業への就業者のシフトが1人当たり GDP の上昇をもたらすということを意味する．つまり，技術変化や要素賦存比率や要素集約度の変化がなく

ても，より低生産性の分野からより高生産性の分野へ労働力がシフトすれば，その両分野を内包する高次分野では就業者1人当たり生産が高まる．1975～93年期間の途上諸国全般に関する検証でも，低生産性の分野から高生産性の分野(工業)への労働力のシフトが経済全体の生産性上昇をもたらしたことが確認された(Pieper 2000)．

　カルドア法則の②については，それを明示的に論じた先行者の名にちなんでカルドア自身がVerdoornの法則と称したものであるが，[0 < η < 1]の検証というかたちで扱われてきた．製造業の雇用弾力性が1より小であることは，途上諸国30カ国の1970年代半ばから90年代初頭までのデータによる検証でも確認され（Pieper 2003)，アフリカ45カ国の1980～96年期間に関する検証でも確認され（Wells and Thirlwall 2003)，新興工業化国6カ国（韓国・シンガポール・マレーシア・インドネシア・モーリシャス・タイ）の1960～97年期間に関する検証でも確認された（Mamgain 1999)．総じて，国民経済のなかでより生産性が高く収穫逓増が顕現しやすい製造業の比重が上昇すれば，構造変化の生産性効果によって1人当たりGDPは上昇するが，製造業の雇用はその付加価値成長に見合うほどには拡大しないという基本的なパターンが存在するといってよい．

3.2 需要の側面の加味

　より非集計的な生産の側面での構造変化は，世界経済分析としては2つの問題に分かれる．1つは，ある国民経済における事業所群の産業構成の変化，すなわち各国の産業構造変化の問題である．ある国民経済の産業構造を付加価値の産業間配分構成として捉えた場合，付加価値成長率が諸産業間で異なるのに応じて産業構造は変化する．付加価値成長率は生産性上昇率と投入生産要素増加率との合成であるから，生産性上昇率の産業間不均等性や就業者配分構成の変化などが，産業構造の変化の度合いや方向を左右する．もう1つの生産構造変化の問題は，ある特定産業の国別配分構成の変化がどう展開するかということである．ある特定産業の付加価値成長率が各国で異なるとき，当該産業活動の諸国間シフトが生じる．それは当該産業の生産性上昇率の諸国間不均等性と

当該産業就業者の諸国間分布の変化などに左右される．

　需要の側面での構造変化も，同様に2つの問題に分かれる．1つは国内における需要成長の産業間格差である．エンゲルの法則やペティ＝クラークの法則として知られているように，ある国の産業構造は大まかには当該国の需要構造の変動を反映する．また赤松要の雁行形態仮説が強調したように，ある国の産業構造高度化も当該国の需要構造変化を反映する．それは国内需要構造の変化に対応して国内供給構造の変化が生起することを想定している．各国の生産・供給構造がそれぞれの国の需要構造を反映するという想定は比較優位論からは遊離しているが，生産構造変化をもたらす現実的な要因の1つとして無視できない．

　ある特定産業に対する需要の諸国間配分構成の変化というもう1つの需要構造変化については，おそらくある特定産業の製品に対する需要の世界総計の増加率がその生産物に対して高い需要の所得弾力性を示す諸国の経済成長に牽引され，需要がそれら諸国に相対的に集中することと関連しているはずである．1人当たり所得の水準が異なった諸国が併存しているとき，かりに各国の経済成長率がすべて等しい場合でも，需要が成長する産業分野は各国で異なっている．

　ある産業について，その生産性上昇率の高い国とその需要の所得弾力性が高い国とが同一でないとすれば，前者の生産超過国から後者の需要超過国へ当該産業製品が輸出されることで需給バランスは安定しうる．また所得水準に差異がある諸国が併存する世界経済においては，標準化財に対する需要は所得水準の高い国で低迷し所得水準の低い国で増大するであろうから，当該産業の生産能力が高所得国で減退し低所得国で拡大するのであれば，やはり需給バランスは安定しうる．貿易で需給バランスが調整されるか，生産拠点のシフトで需給バランスが調整される．前者の場合はより比較優位の分野の比重上昇とより比較劣位の分野の比重低下による各国内構造変化，およびそれを反映するそれぞれの特定分野ごとの諸国間配分構成の変化が生起し，後者の場合は企業レベルの立地戦略に対応した再集積過程に伴う諸構造変化が進行する，と原理的には予想しうる．

しかし，問題は諸種の構造変化が整合的に連動して進行することが現実的に可能かどうかということにある．たとえば高所得国にある標準化財生産企業といえども，輸出や在外生産の拡大はもちろん，本国内での「近代化」投資による生産力増強をこそ志向するはずである．とすれば，高所得国側での当該産業の生産・供給能力の削減はなかなか進展しない．他方で，拡大する国内需要を国内供給で充たすべく低所得国側で一定の保護のもとで同種産業の移植・定着が実現されるならば，世界的な生産能力が増大しつつ高所得国における当該産業の雇用吸収力は（高生産性のゆえに）低迷していく．それゆえ，世界的な需給調整の困難と先進諸国内での雇用調整の困難という二重の難題がいくつかの特定産業分野で顕在化するあろう．さらに，特定の労働集約的工程のみのものであり続ける場合を別として，途上国に移植される産業の生産様式が先進国側の生産様式とそれほど格段の違いがないかぎり，その雇用吸収力も制約される．同時代の先進国ほどではないにしても，過去の途上国はもちろん過去の先進国の様式よりも雇用吸収力は限られていると考えるべきであろう．それゆえ，資本主義的生産が途上諸国に普及していく過程は同時にまた，途上国の資本主義的部門における諸産業の急速な産出成長（またそれを可能にする国内外の需要増大）か，あるいは非資本主義的部門の拡大かの少なくともいずれかによって，雇用問題が処理されていく過程でもあろう．

たしかに，各国の資本主義的部門内では相対的供給超過を迎えた産業分野から相対的需要超過の産業分野への資本や労働力のシフトがありうるし，また諸国間での諸産業分野の棲み分けが一定程度進行していくことがありうるであろう．ただ，それは比較優位メカニズムに照応する過程であるとはかぎらない．ある国にとっての比較優位分野が，当該国で相対的需要超過を迎えている分野であるとはかぎらないからである．個々の産業の需給バランスが相対的供給超過の方向をとるか相対的需要超過の方向をとるかは不確定であり，また比較優位メカニズムが相対的供給超過の産業を縮小させ相対的需要超過の産業を拡大させることを期待することもできない．ただいえることは，相対的供給超過が回避されるには，国外需要の高い成長，新製品や新産業の創出・拡大，新旧諸産業分野間での諸資源の速やかなシフトなど，変化の激しさが常態化する社会

の到来を必要とするということである．そして，人為的に増産・減産することが基本的に不可能な労働力や土地，長期の寿命をもつ巨大固定資本を抱える産業など，速やかな調整になじまない要因の存在のゆえに「無理」が多様なかたちで噴出するに違いない．

宇野が「世界農業問題」と称したのは，競合財貿易としての性格が顕在化した農業における需給バランス調整問題であった．特殊な好条件が成立している場合にしか農業を包摂しない「資本主義」には農業問題を解決する内在的論理が希薄であること，それゆえ農業問題は諸国間での政治的調整の問題に転化されて「世界農業問題」になるというのが宇野の強調点であった．

しかし，20世紀後半以降，競合財貿易は農産物以外でも顕在化してきた．需給バランス調整問題が諸国の製造業にまたがって発生してきたのである．それを「世界工業問題」ということもできる．ただし，世界農業問題の場合とは根本的に異なる点がある．「資本主義」は農業は苦手とするが，製造業は比較的得意であり，資本主義的発展の歴史のなかでつねに製造業を包摂し続けてきた．ということは，世界工業問題に対応する調整メカニズムが「資本主義」の側にあることを示唆する．つまり，単に政治的調整の問題に転化されるだけではなく，「資本主義」の側の内在的な調整メカニズムが作用すると考えられる．そして，おそらく「グローバル化」と称されている諸現象の一部は，世界工業問題に対応する「資本主義」の側の内在的な調整的反応の結果である．あるいはより誇張していえば，グローバル化とは，運輸・通信の発達および途上諸国での製造業需要の拡大という現代的状況のなかで，資本主義という活用原理が貫徹していくさいのミクロ次元の調整過程をその基本的な内容としている．

4 局所的な諸構造変化の複合的展開

製造業の集積を伴う資本主義的蓄積過程の進行における先行国をA国，そのような過程の進行における後発国をB国として，共時的相互依存の関係にある諸国・地域で何が生起するか図式化してみよう．

A国では，上限と下限との間の一定幅の硬直的な貨幣賃金率（ω）と，資本

主義的部門の資本構成（κ）がほぼ一定という状況のもとで，国家権力の発動にも支援されつつ再投資率（β）が上昇し，労働力人口に占める資本主義的部門就業者の割合（L_c/L）の急上昇局面を経験する．その後さらに製造業を軸とした資本蓄積の進行によって，A 国資本主義的部門全体として κ 上昇傾向と粗マージン（ε）上昇傾向とが一定程度現れる．それは，イギリスで原蓄期を経過したあと「自由競争的資本主義」が成立しやがて「独占資本主義」への転換の兆しを示したとして従来語られたことを念頭においている．その間，製造業を軸とする資本主義的部門の比重が上昇して非資本主義的部門の比重が低下するから，他の諸国に比してより高い1人当たり所得の上昇を経験する．また A 国産業構造において製造業の比重が上昇するだけでなく，製造業の諸国間分布における A 国の比重も上昇する．

　先行する A 国での以上のような過程の進展をすでに所与の前提として，資本主義的蓄積過程の進行度においてより後発的な B 国での資本蓄積過程はどうなるかがつぎの問題である．これまでの世界経済史の研究成果を念頭におくと，B 国を3つのタイプに分けねばならない．A 国の資本主義的部門は製造業を中心にして生産力（それゆえまた供給力）を上昇させており，かつ A 国資本主義的部門が供給できない産物に対する需要を A 国内で増大させている．そこで B 国側の1つの反応のタイプとしては，A 国資本主義的部門の供給力が自国に波及するのを抑制するために，それに対抗的な同様の資本主義的生産を育成・強化する．そのようなタイプの反応をする諸国を B_1 国としよう．第2の反応タイプは，A 国資本主義的部門の供給力の波及を享受しながら，A 国や B_1 国の資本主義的部門が供給できない（ただし非資本主義的部門が供給している場合がある）A 国内および B_1 国内の需要に対して，それを充たす産物の生産を強化することである．そのようなタイプの反応をする諸国・地域を B_2 国とし，生産される財は一次産品であるとしよう．第3の反応タイプは，B_1 国と B_2 国の双方の特徴を兼ね備え，A 国や B_1 国への一次産品輸出を拡大しつつ，工業分野での資本主義的生産を国内で育成・強化する．それを B_3 国としよう．このタイプはしばしば B_2 国への工業品輸出も行ったし，A 国や B_1 国で生産可能な農産物の輸出も行った．もちろん，B_1 国はドイツやフランスを，B_2 国は今日途上

国と称されているかつての一次産品輸出国・地域を，B_3国はアメリカ合衆国などの温帯入植国を想定している．A国やB_1国で生産可能な農産物の輸出という点は欠けているが，日本もB_3国タイプに含めてよいであろう．

20世紀初頭までの貿易関係の特徴でいえば，A国とB_1国との間の貿易には「競合財」が無視しえない比重を占め，B_2国からA国とB_1国へは主として「非競合財」が輸出された．B_3国からはA国とB_1国へ主に「競合財」が輸出された．A国はすべてのタイプのB国に対して「競合財」（綿製品）を輸出した，と一応特徴づけることができよう．もっとも，ここで競合財や非競合財という場合，ごく大まかな代替可能性で二元識別しているだけであることを断っておかねばならない．そのような大括りからはずれる例は多々ある．たとえば中南米からヨーロッパに輸出された砂糖はヨーロッパの既存の甘蔗作物にとって競合財であったろうし，イギリスの綿糸・綿布は太糸嗜好のアジアでは非競合財という性格を有していたであろう．

ともあれ，資本主義的部門の資本構成（κ）は，それぞれの国内の貨幣賃金率（ω）の動きに対する反応もあるとはいえ，A国内の競争優位的製造業の供給力に対抗するために，B_1国とB_3国ではA国同種産業並みのκの実現が模索されるであろう．いわゆる後発性利益のゆえにB_1国やB_3国の資本構成のほうがA国のそれよりも高い状態になるかもしれないが，その側面は度外視しよう．A国の競争優位的産業にキャッチアップした産業の比重がB_1国やB_3国の資本主義的部門においてある程度の高さになれば，それぞれの国の資本主義的部門全体としてのκもそれに規定される．この間の資本構成の上昇によって，雇用の生産弾力性がA国の原蓄期のケースよりも低いのであるから，A国における経験よりも資本主義的部門の資本蓄積が急速でないかぎり，B_1国やB_3国では労働力人口に占める資本主義的部門就業者の割合（L_c/L）の上昇は緩慢となる．A国並みのL_c/Lの上昇率を達成するには資本主義的部門の産出物に対する需要がより増大しなければならない．需要増大は国民所得増大に誘発されるかあるいは国外需要増で補足されることを考慮すると，資本蓄積による生産能力の増大と雇用拡大を可能にするだけの内需成長や輸出成長が必要となる（Domar 1957; Thirlwall 1986）．A国とB_1国との間では製造品どうしの競合

財貿易がより顕在化し，また一方のA国とB₁国そして他方のB₃国の相互間では農産物をめぐる競合財貿易が顕在化する．

なお，同一時期で比較すると，非資本主義的部門の縮小が限界に近づきつつあるA国よりも，低生産性の非資本主義的部門から生産性がより高い資本主義的部門へのシフトという一回性の構造変化が進行しているB₁国やB₃国のほうが，経済成長率が高くなる条件を有しているといってよい．またB₁国やB₃国の産業構造に占める製造業の比重は上昇し，製造業の諸国間分布ではA国の比重が低下してB₁国やB₃国の比重が上昇することになる．

一次産品輸出に特化したB₂国の場合，最終消費用の農産物か製造用原材料の生産において資本主義的生産が定着・発達する．一次産品生産を軸とする資本主義的部門の比重上昇過程で経済全体の生産性も上昇するであろう．しかしながら，それは資源集約的財の生産であるから，個々の生産単位おけるスミス的な労働過程分業も進展しにくいし，事業所間分業も成立しないから集積利益も享受しにくい．B₂国タイプの諸国の多くは，A国やB₁国やB₃国タイプの諸国に比して1人当たり所得の相対的な低さにやがて直面する．その場合，B₂国の1人当たり所得が他のタイプの諸国のそれとの格差を広げていくのは，輸出向け一次産品の生産における収穫逓減や生産性低下によって1人当たり所得が低下することにあるというよりも，B₂国側での資本主義的部門の生産性上昇が相対的に低いということにある．

そして，生産性上昇率においてB₂国一次産品生産業のほうが相対的に低いならば，B₂国一次産品にとっての対工業品交易条件が好転するかもしれない．しかし，他のタイプの諸国の資本主義的部門の工業生産活動において寡占的産業組織が成立し工業品の価格がコスト規定的な管理価格となるならば，一次産品の価格上昇の影響は工業品価格にある程度吸収され，それゆえ一次産品にとっての交易条件の好転状態というのは長くは続かない（Kaldor 1976）．A国工業化に対応してのB₂国タイプの反応は，ここに至って不利な位置にいることがより鮮明になる．B₂国はやがて工業品の輸入代替による産業構造調整を志向する．それはB₁国やB₃国よりもさらに後発の経験であるから，L_c/Lの上昇もより緩慢な原蓄過程となる可能性が高い．換言すれば，輸入工業品の競争

圧力に対応しうるだけの資本蓄積と生産力上昇が，L_c/L の一定の上昇をも伴いながら B_2 国工業において実現されるためには，経済成長や工業品輸出成長が B_1 国のケースよりもさらに顕著であることが必要となる．そのような過程が進行すれば，すべてのタイプの諸国の間で製造品をめぐる競合財貿易が顕在化せざるをえない．さらに，B_2 国の経済成長率は，他のタイプの諸国ではすでに経験された製造業を軸とする非資本主義的部門から資本主義的部門へのシフトという一回性の構造変化の可能性が残っているから，一時的な高成長が実現される可能性を秘めている．

5 結　語

　世帯も企業も国民経済も，それぞれに特有の経済原則充足要件に拘束され，その存続のためにそれぞれの経済原則を充足する方向で各種活動が展開される．経済原則充足活動には管理運営者のもとで労働力が支出されるが，経済原則を充足するかぎりにおいてそれぞれの労働は当該社会システムの観点からみて「生産的労働」となり，管理運営者の有用性・正統性も保証される．もし経済原則を充足することができない状況に遭遇すると，管理運営者の正統性は動揺するのである．管理運営者およびそれを軸に形成される各種規範がその正統性を維持するためには，経済原則は持続的に充足される必要がある．

　世界経済には，経済原則を充足して権力・権威・規範を正統化する必要に迫られる管理運営者は存在しない．経済原則充足要件が世界経済を拘束することはないといってよい．覇権的国家がその世界戦略の正統性を保持する必要に迫られることはあろうが，それはおそらく経済原則充足要件とは別物である．世界経済は，それ自体を経済原則充足活動として分析することはできないのである．それゆえ，経済原則充足要件に拘束される異種次元の再生産体系の力学が交錯する関係構造として分析するしかない．

　資本主義的活動は，諸国横断的な分業連関の広域的広がりのなかで，集積の外部効果と労働過程分業の生産性効果とをより享受しやすい分野を指向する．資本主義的活動が生産性上昇を追求していくということは，資本主義的活動の

経験が長い産業分野ほど雇用の生産弾力性が低下していく可能性が高いことを意味するであろう．それゆえ就業者数の配分構成としてみるならば，資本主義的活動の経験が長い産業分野はその比重が上昇したあとは頭打ちになりやがてシェアを低下させていくはずである．とくに国内需要が低迷する局面を迎えている産業分野であれば，その可能性はより高くなるであろう．諸国でその経験の長短に差があるから，就業者シェアに占める当該産業分野が上昇している諸国と低迷している諸国などが同時代に共存することになる．

　そのような諸国共存構造を需給両面から捉えることが，世界経済分析の主要な焦点の1つであると思われる．世界経済分析にとっては，1国内での生産や需要がそれぞれ諸産業間で不均等に成長し，特定産業の生産や需要も諸国間で不均等に成長することを複合的に把握する必要があるのである．さらに，資本主義的部門の質的な特質も量的な比重も諸国で一様ではないという問題が加わる．

　国民経済には，利潤率を基準に活動する資本主義的部門と，家族扶養負担率を基準に活動する非資本主義的部門とがあり，その両者の比重のあり方によって資本主義的経済として顕在化するかどうか，どのような特質の資本主義的経済として現出するかが左右される．ある国で資本主義的部門の比重が上昇して非資本主義的部門の比重が低下するということは，1つの構造変化，しかもこの場合おそらく「劇的な変化」の部類に属する構造変化を意味するが，それは当該国全体の生産性を上昇させ，経済成長や1人当たり所得の上昇をもたらす．それは特定国にとっては一回性の不可逆的な構造変化であるが，多様な資本主義的経済が断続的に登場してきた世界経済においては時期的に分散しながら繰り返し経験されてきた．

　一方で産業諸分野の各国内比重の変化や諸国間分布の変化という不均等発展過程とそれに付随する諸構造変化，他方では国ごとに生起する資本主義的部門の比重上昇過程である「一回性の構造変化」，それらを複合的に捉えると現代世界経済のどのような特質が浮き彫りになるか．以下の諸章ではその具体的な検証を試みる．

第4章　貿易パターンの変化

はじめに

貿易は，国民国家システムが一般化する以前は遠隔地交易や対外交易（foreign trade）であったが，現在は各国民国家の国境を通過する段階で捕捉される国際貿易（international trade）である．国際経済関係の主要な経路の1つである国際貿易は，経済活動の一面を表すとはいえ交換媒介的分業連関の表層にすぎず，貿易分析をもって世界経済分析が満たされるわけではない．ただ，その表層の次元でも世界経済の特徴がかなり反映されており，貿易パターン分析にはそれなりに意義がある．本章では，各国・地域の輸出入にみられる商品別構成（貿易特化構造）と貿易相手先構成（貿易方向）のパターンの変化の考察を軸に，世界経済の大まかな歴史的変遷と現代的特質をいわばその表層の次元で考察する．

1　特化構造と貿易方向

1.1　主要貿易諸国の貿易構造

貿易拡大のテンポという点では19世紀が大きな節目になる．ハンソンの推計によれば，19世紀における「世界貿易参入国」数は1860年代まで急速に増加してほぼ出揃い，その後は頭打ちになった（Hanson 1980, Table 2.2）[1]．じっさい，19世紀前半および中盤の貿易成長率は高く，1820〜70年期間

---

[1] その場合の世界貿易参入国とは，輸出額が200万USドル以上の国として定義されている．

の輸出数量の年平均成長率は推計可能な OECD9 カ国平均で 4.2% であり，1870〜1913 年期間の同 9 カ国平均 3.5% より高かった（Maddison 1991, Table 3.15）．それを踏まえて，国別の貿易構造の特徴から世界貿易のパターンを考える．

まず何よりも 19 世紀世界貿易の基軸的位置を占めたイギリスから取り上げよう．19 世紀のイギリスの貿易構造は，おそらく 18 世紀との連続性と不連続性という両面をもっている．生産と流通を担当する事業組織としては，毛織物や麻織物などは問屋制工業という産業組織のもとでの生産であり，それを羊毛マーチャントのような委託代理商が輸出した．そのような卸売商業のネットワークの存在を所与の前提として，主要な国産輸出品が綿製品へとシフトしていったが，イギリス綿工業においても多くの場合は綿製品専門輸出商が輸出業務を担当した（中川 1986, 第 3, 5 章）．卸売商業のネットワークはいぜんとしてイギリス貿易を支える重要な要素であったわけであるが，それらの担い手がすべてイギリス国籍であったのではなく，1850 年代までランカシャーとヨークシャーでの輸出業務の 8 分の 7 から 4 分の 3 は外国商社によってなされたといわれる（Chapman 1984, 邦訳 19 ページ）．ナポレオン戦争によって大陸側の多くの商人や金融業者がイギリスに活動拠点をおくようになったが，そのかなりの部分が貿易業務を兼営したのである（Cottrell 1975, 邦訳 14 ページ）．

貿易相手先分布という観点からイギリス貿易構造の特徴を浮き彫りにするために，表 4.1 を掲示してある．18 世紀においてフランス貿易の地域別構成は変動が激しく一貫しなかったが（服部 1992, 表 2-2, 2-3, 3-4, 3-5），イギリスの貿易方向の場合は，アメリカ合衆国独立に伴う国際政治上の摩擦があったにもかかわらずかなり一貫した変化を示したことが分かる．ヨーロッパの比重が低下して，それ以外の地域の比重が上昇したのである．大陸ヨーロッパとその他に集中し続けている再輸出を除いて，最右欄の変動係数（平均に対する標準偏差の比）で偏向度をみると，輸出入ともに係数がかなりの低水準まで低下している．つまり偏りが小さくなり，各地域と満遍なく貿易関係を成立させていくというのが 18 世紀半ば以降のイギリスの特徴なのである．産業革命以前にす

でに展開していたその傾向は，表4.2にみられるように，少なくとも輸出に関するかぎり19世紀に入っても進行し続け同世紀後半以降は係数が低位安定的になる．世界貿易における基軸としての地位が確立したといってよいわけであるが，それは既存の卸売商業のネットワークの存在，19世紀に入ってから顕在化する綿工業の競争優位，および公式・非公式の植民地主義的拡張などの複合的帰結であったと思われる．

表4.2にはまた，イギリスの対ヨーロッパ向け輸出のシェアが1860年頃まで低下して全輸出の約3分の1の状態が長く持続したあと第2次大戦後に再上昇すること，および対アジア向け輸出のシェアはそれとほぼ逆のパターンであったことが示されている．イギリスからの対ヨーロッパ向け輸出と対アジア向け輸出とが，長期史的にみれば代替的であった観がある．フランスを含む大

表4.1　18〜19世紀におけるイギリスの貿易相手先構成（％）

	ヨーロッパ	北米	西インド	東インド	その他	変動係数
輸　出						
1730-31	76.5	6.7	7.2	2.2	7.3	142
50-51	69.4	10.6	4.9	6.4	8.6	124
72-73	39.2	26.0	12.0	8.1	14.7	56
89-90	37.5	23.0	11.8	14.6	13.2	48
再輸出						
1730-31	70.1	6.9	6.1	1.1	15.8	128
50-51	62.1	11.2	4.1	2.0	20.7	110
72-73	65.4	8.7	2.5	1.0	22.3	120
89-90	61.2	8.7	3.8	1.4	24.9	111
輸　入						
1730-31	51.8	8.9	21.5	12.8	5.1	84
50-51	46.4	11.2	18.9	14.0	9.5	68
72-73	34.2	14.5	23.7	16.2	11.4	41
89-90	37.8	7.3	21.9	17.6	15.4	50

データ出所）Deane and Cole 1967, Table 22.

表 4.2 19 〜 20 世紀におけるヨーロッパの貿易相手先構成（%）

	ヨーロッパ	北米	南米	アジア	アフリカ	オセアニア	変動係数
イギリス／輸出先							
1830	46.7	25.5	11.5	12.8	2.5	1.0	94
1860	34.3	16.6	12.0	25.7	3.2	8.2	63
1880	35.6	15.9	10.2	25.4	4.3	8.4	65
1910	35.2	11.6	12.6	24.5	7.4	8.6	60
1938	35.2	9.3	9.7	17.4	15.9	12.5	53
1970	49.4	15.4	5.5	13.7	10.2	5.9	90
イギリス／輸入元							
1860	31.0	26.7	10.1	23.2	4.5	4.5	64
1880	41.4	30.9	6.1	12.0	3.7	5.9	86
1910	45.1	23.8	9.1	10.3	4.8	6.9	85
1938	43.1	21.8	11.6	12.8	6.8	12.9	66
大陸ヨーロッパ／輸出先							
1830	82.0	6.6	6.3	3.8	1.3		176
1860	82.0	5.8	5.8	3.1	3.2	0.1	176
1880	85.0	5.8	4.5	2.8	1.8	0.1	184
1910	78.0	6.4	5.9	5.2	3.9	0.5	165
1938	72.2	5.5	6.3	8.0	7.3	0.6	150
1970	77.1	6.8	4.2	6.1	5.2	0.6	163
大陸ヨーロッパ／輸入元							
1860	77.5	7.4	6.6	6.0	2.5	0.1	164
1880	75.5	9.5	6.0	6.3	2.2	0.4	159
1910	65.2	10.5	8.0	9.8	4.4	2.1	131
1938	61.5	11.7	8.5	9.3	7.4	1.7	122

データ出所）Bairoch 1974, Table 4, 9.

陸ヨーロッパの場合，対ヨーロッパ向け輸出（つまりイギリス向け輸出と大陸ヨーロッパ諸国間相互貿易）のシェアが20世紀前半期に低下し同世紀後半期に再上昇すること，および対アフリカおよび対アジア向け輸出のシェアはそれと

ほぼ逆のパターンであったことが示されている．この場合にも対ヨーロッパ向け輸出と対アフリカ・アジア向け輸出とが代替的であった観がある．

そのような貿易方向におけるシェアの浮沈についてはベイロックによって明快に整理されており (Bairoch 1974)，1800～1972 年期間におけるヨーロッパからの輸出に占める対途上地域向け輸出の割合はつぎの 4 つの時期にわたって上下動してきた．すなわち，アジア植民地化の影響によって 1860 年頃までは上昇し，そのあとヨーロッパ内自由貿易政策の影響によって 1880 年頃までは低下し，さらにその後はアフリカ植民地化の影響などもあって再び上昇したが，先進諸国相互貿易が進展した 1950 年代以降は低下した．貿易方向にみられるそのような大まかな経緯は，ヨーロッパと途上諸国・地域との間の農工分業的パターンが 19 世紀に入って 1860 年頃まで漸次的に進行し，一定の小休止の期間を経て，ふたたび 19 世紀終盤から 20 世紀前半までの時期に進行したが，20 世紀後半には崩れていったということを示唆している．

1.2　貿易特化構造の基本類型

以上は貿易方向に即した特徴点の整理であるが，つぎに各国貿易の特化構造のパターンから比較類型分析を試みよう．まず，輸出に占める製造品輸出の割合 (m) と輸入に占める一次産品輸入の割合 (p) という大ざっぱな指標から，次の 4 つの類型に区別する．製造品を輸出して一次産品を輸入するタイプ (m も p も大) を A 型，一次産品を輸出して製造品を輸入するタイプ (m も p も小) を B 型，一次産品を輸出して一次産品を輸入するタイプ (m が小で p は大) を C 型，製造品を輸出して製造品を輸入するタイプ (m が大で p は小) を D 型とする．

諸国・地域が A 型と B 型のみで構成されている場合の世界貿易は，典型的な農工分業的パターンであり，貿易特化構造という観点からみた国際貿易の世界的パターンが二元的構造を成しているとみなすことができる．そのこと自体は必ずしも競合財貿易と非競合財貿易の比重を正確に反映するわけではないが，第 1 次接近としてはとりあえず有効な構図である．つまり，A－B 二元的構造は非競合財貿易の比重の高さを反映し，C や D のタイプが多くなれば競合

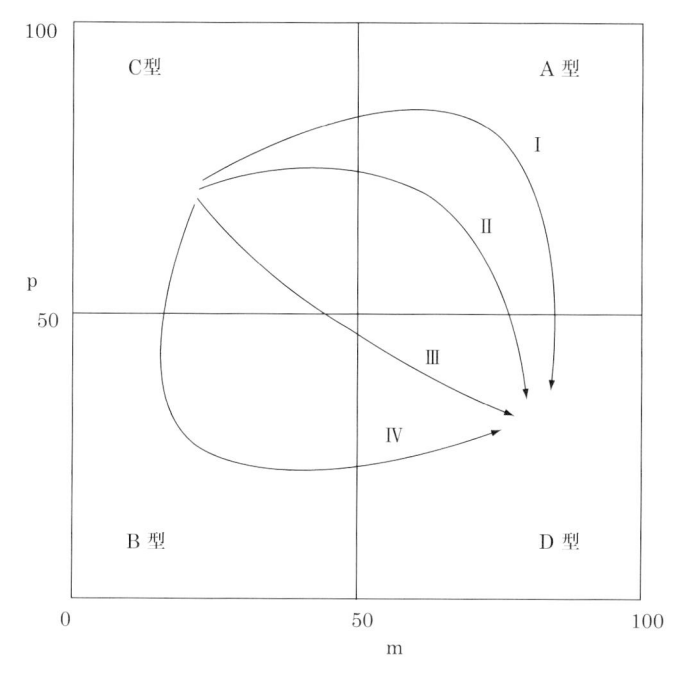

図 4.1 貿易特化構造の 4 つの類型と軌跡

財貿易の比重が高まることを反映する，ととりあえず解釈しうる．

　m と p についての長期データをもとに各国・地域の特化構造の軌跡を描くことができれば便利であるが，それは困難である．イギリスについては 18 世紀初頭から軌跡を描くことが一応可能ではあるが，それでもカバーしている範囲がイングランドであったりグレートブリテンであったり連合王国であったりして，必ずしも整合的な長期系列ではない．他の先進諸国に関しては利用可能なデータはせいぜい 19 世紀終盤以降についてのものであり，途上諸国に関しても多くは 20 世紀後半のデータしか利用できない．しかし，そのような制約があるとはいえ，各国・地域の特化構造がたどる軌跡の一部は描出可能である[2]．また，本書第 2 章での交易史の考察を踏まえれば，かつてはすべての社会が C 型であったという推測が可能である．すべての諸国が C 型である原初的状況

---

[2] 不十分ではあるが，高良 1994a，図 1 で作図を試みている．

とは，競合財貿易が顕在化する可能性がある状況であり，その競合財貿易が現出する潜在的可能性を封じ込めていたのが可視的市場の緩衝機能であった．

それゆえ，すべての出発点がC型であるという想定と，実際に描出可能な軌跡の諸部分とを合成すれば，特化構造の変化の軌跡についていくつかのパターンを識別することができる．それを図4.1として掲げてある．前章（第3章）第4節で示した諸国タイプに対応させれば，A国とB$_1$国（つまり西欧諸国）は，A型特化構造にほぼ2世紀間留まったイギリスを含めて，軌跡IIのパターンに該当する．B$_3$国（つまり温帯入植国）は軌跡IIIのパターンに，日本は例外的ケースとしての軌跡Iに相当する．また，輸出用一次産品生産が発達した途上諸国(B$_2$国)がたどる軌跡はIVのパターンであると考えられる．

C型からA型やB型への分岐が進行して，先進諸国の多くがA型特化構造を示していたと同時に多くの途上諸国がB型を示していた時期には，世界貿易は二元的構造の観を呈していたといってよい．ただし留意すべきことが2つあ

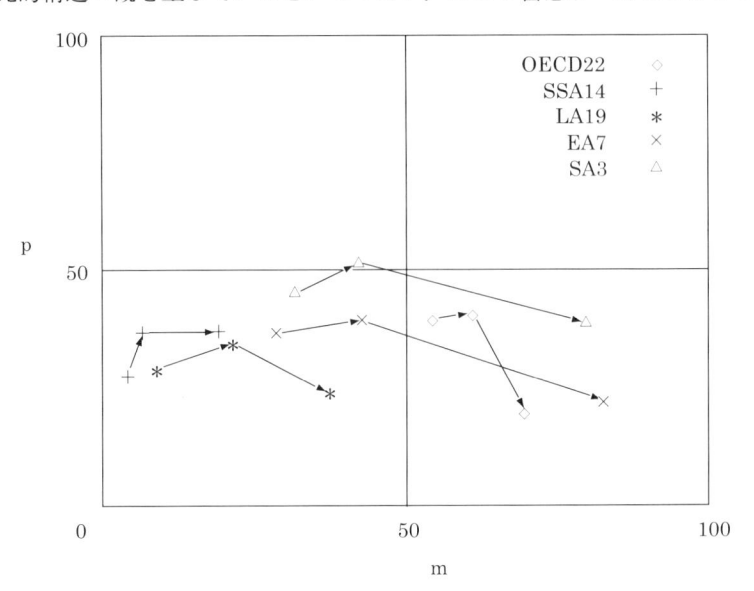

図4.2　貿易特化構造の軌跡 1966～99年

データ出所）World Bank, World Development Indicators 2002.
注1）一次産品は農産原料，食料，燃料，原鉱石・金属の合計とした．
注2）1966, 80, 99（アフリカは98）年を矢印線で結んである．

る．1つは，そのような二元的構造は19世紀終盤から20世紀前半という限定された時期の特質であったことである．その時期をはずれて農工分業の存在を誇張すべきでない．世界貿易の二元的構造について留意すべき第2の点は，その構造が顕著であった時期に貿易額の大きいA型のイギリスが西欧諸国平均に強い影響を与えているが，イギリスを除けば軽度のA型にとどまり，むしろイギリス以外のヨーロッパ諸国は製造品相互貿易の比重が高いD型の近傍に位置していたと考えられることである．先進諸国のすべてが典型的なA型であったわけではないことに留意しつつ二元的構造をみる必要がある．

その世界貿易の二元的構造は第2次大戦後には解消傾向をみせてきた．それを確認するために，地域ごとの諸国平均値を1966年と80年と99年の3時点の軌跡として図4.2に示した．OECD加盟22カ国で先進国を代表させ(OECD22)，途上諸国については東アジア7カ国（EA7），南アジア3カ国（SA3），ラテンアメリカ19カ国（LA19），サハラ以南アフリカ14カ国（SSA14）の諸地域に分けて表示してある[3]．この図は，先の図4.1を描くうえでの根拠の1つでもある．

図に明らかなように，OECD22はD型の度合いを強くし，途上諸国のうち東アジアと南アジアもD型の特徴を獲得している．ラテンアメリカとサハラ以南アフリカはまだB型の位置にとどまっており，とりわけ後者ではmの伸びが遅々としているが，大まかにはD型へ向かう傾向を示してきたといってよい．現代の途上諸国の大まかな特徴としては，先進諸国が経験した軌跡とは異

---

[3] OECD22はオーストラリア，オーストリア，ベルギー，カナダ，デンマーク，フィンランド，フランス，ドイツ，ギリシャ，アイスランド，アイルランド，イタリア，日本，オランダ，ニュージーランド，ノルウェー，ポルトガル，スペイン，スウェーデン，スイス，イギリス，USA．SSA14はベニン，カメルーン，コートジボアール，ガーナ，ケニア，マダガスカル，モーリシャス，ニジェール，ナイジェリア，セネガル，スーダン，タンザニア，トーゴ，ウガンダ．LA19は，アルゼンチン，バルバドス，ボリビア，ブラジル，チリ，コロンビア，コスタリカ，エクアドル，エルサルバドル，グアテマラ，ホンジュラス，ジャマイカ，メキシコ，ニカラグア，パラグアイ，ペルー，トリニダドトバゴ，ウルグアイ，ベネズエラ．EA7は香港，インドネシア，韓国，マレーシア，フィリピン，シンガポール，タイ．SA3は，インド，パキスタン，スリランカ．

なり，A 型を経由することなく B 型から D 型へ向かう軌跡Ⅳのパターンをたどりつつあるとみなしてよいと思われる．地域や国ごとの違いは質的なものというよりも，主として D 型へたどりつく速度という量的な違いである．

19 世紀終盤から二元的構造の崩壊過程が進行する 20 世紀半ばまで，一次産品の需給をめぐる問題は，工業化諸国が農産物輸入を自由化できずむしろ国内農業保護をする内部事情をもつことと複合されて，「世界農業問題」として注目されてきた．それは世界貿易の二元的構造のなかで，大陸間貿易においても競合財輸入という特徴が顕在化し，比較優位メカニズムの作用を想定しうる条件が現れたことを意味する．ヨーロッパの農業生産にとって大きな調整圧力となるほど，競合財としての農産物がヨーロッパ外から輸入されるようになったのである．そのような調整圧力に対して，ヨーロッパ諸国は自国農業の縮小調整を回避する反応を示した．19 世紀終盤以降の世界経済にはこの解決困難な問題，すなわち農産物を軸とする一次産品の供給超過状態を解消できないという問題がビルト・インされたのである．比較優位メカニズムの作用は政治的調整過程のなかで抑制された．

もっとも，世界農業問題と称されてきたのは主としてヨーロッパ諸国といわゆる温帯入植諸国との間で生起した問題である．一次産品貿易をめぐる全般的な趨勢としては，世界大恐慌の衝撃が続いた期間は別として，工業生産と一定の安定的比率で対応しつつ一次産品貿易が成長してきた．世界の一次産品貿易成長率の世界工業生産成長率に対する比率で弾力性（α）をみると，1881〜1929 年期間において $\alpha = 0.87$ となることをルイスが示した（Lewis 1952）．1953〜77 年期間においては $\alpha = 0.83$ になるという分析結果もある（Riedel 1984）．つまり工業生産が 1％成長すると一次産品貿易が 0.87％ないし 0.83％成長するという対応関係が，19 世紀終盤以降続いていたのである．世界貿易が顕著な二元的構造を示していた時期においては，B 型特化構造をもつ国およびそこに所在する諸生産単位は，α が 1 より小であるという状況のもとで，貿易関係を媒介にして世界経済に巻き込まれていたことになる．つまり，諸国横断的な産業需給バランスをめぐる力学に巻き込まれていた．そしてある一定の条件を満たしたときに，その巻き込まれかたは「従属的」になる．その「従属」

の意味あいについて次節で考察しよう．

2 貿易構造の硬直性とその含意

2.1 貿易方向の硬直性

　貿易パターンは，貿易品目構成のあり方から把握される貿易特化構造と，貿易相手国・地域の構成のあり方から把握される貿易方向との両面から特徴づけられる．前節はその2つの側面に焦点をあてて貿易パターンの長期史的変遷を描く試みであった．その延長上で貿易構造の硬直性について考えることができる．つまり，特定品目への貿易特化の持続性と，特定相手国・地域への貿易方向の持続性という両面から貿易構造の硬直性を問題にすることができる．貿易構造の硬直性について分析した例として，貿易方向の側面についての「国際貿易における大国の小国選好度」と「小国の貿易相手の集中度」，そして貿易特化構造の側面についての「世界貿易の商品構造」という3つの視角を明示してなされたハーシュマンの実証的研究がある（矢野 2004，第3章）．それは世界貿易が混乱した戦間期についての分析であったが，本章で扱うのはより長期的な脈絡での世界貿易パターンの推転の一環として捉えうる貿易構造の硬直性の問題である．

　まず貿易方向の側面での硬直性から検討しよう．貿易方向の硬直性が問題になるのは，貿易関係が当該国経済の不安定要因となる場合である．輸出の対GDP比（輸出率）がある程度の高さであれば，その国からの輸出先が地域的に偏向していればいるほど，当該国のGDPの動きは特定の輸出先国の景気動向に左右されるであろう．世界大恐慌の影響はアジアよりもラテンアメリカにおいて深刻であったが，その1つの要因は後者からの輸出先の大きな割合を占めるアメリカがより深刻な危機にあったからである（Maddison 1985）．ただ，かつてのラテンアメリカ諸国のように輸出率が高くかつ輸出先が偏向しているほどその輸出先の景気に左右されるとしても，輸出先の選択肢が弾力的であれば当該国経済への影響はある程度回避できよう．輸出先の弾力的な選択が困難なときにこそ，貿易方向の硬直性は輸出側にとって問題になる．そこで輸出先

の選択可能性について考えよう.

1913年時点のラテンアメリカ諸国を輸出先シェアの集中状況に即して分類すると,全般にアメリカのシェアが高いとはいえ,しかしイギリスのシェアが高い諸国やドイツあるいはフランスのシェアの高い諸国などもあり,経済外的要因が少なからず作用していたことを示唆している (Bulmer-Thomas 1994, Table 3.6, 3.7). しかも筆頭輸出先国は安定的なものではなく,とくに戦間期には欧米列強の確執なども背景としつつ,たとえばブラジルやアルゼンチンの貿易相手はイギリスやアメリカさらにドイツのシェアがかなり流動的に変化した (James 2001, 第3章). アジアとアフリカについては,ミッチェルによる歴史統計から10カ国[4]の1860年から1980年までの筆頭輸出先国のシェアを求めることができる(Mitchell 1995, Table E1-E3). 筆頭輸出先国のシェアが8割を超える経験をした国と5割に満たない国まで多少のばらつきがあり,必ずしもそれらの経験を一般化できない. またそのシェアがピークに達した時期も国ごとにバラバラであり,1960年や80年は東西冷戦を反映してアメリカや旧ソ連が筆頭輸出先である場合も少なくない. 輸出先分布に何らかの傾向的特性があるというよりも,特殊個別的な政治状況にもっぱら関連していると考えるしかない. 総じていえば,多くの途上諸国が経済外的要因による特定相手国への貿易方向の偏向を経験したが,その程度や進行時期は多様で特殊的であるといってよいであろう.

問題は,もし貿易方向の偏向が経済的要因にもとづく傾向的特性に起因するのではなく,経済外的要因によって生じているならば,経済外的要因による拘束が解消するかあるいは緩むと貿易方向の硬直性も解消する可能性をもつということにある. そのことに関連して,植民地や政治的従属国としての経験およびそのような状態からの脱却の経験が貿易方向のあり方にどのように反映されてきたかについて,英仏両国とその旧植民地・従属諸国との貿易構造に焦点をあてたクライマンの研究があるので,それを参照しよう. この場合に従属国と

---

[4] アルジェリア,エジプト,ガーナ,ナイジェリア,スーダン,タンザニア,ザイール,インド,インドネシア,スリランカ.

いうのは，国際法上の国家主権が認知されていない政治的従属国（ないし地域）のことである．1941～43年に独立した旧植民地（G_1群）と，その後47～48年までに独立した旧植民地（G_2群），55～58年までに独立した旧植民地（G_3群），60年時点の従属国（G_4群）につき，その対宗主国（ないし旧宗主国）貿易の当該国貿易全体に占める60～62年時点のシェアをみると，ほぼG_4群＞G_3群＞G_2群＞G_1群の順で高い（Kleiman 1976）．つまり，植民地状態とそれから脱却した状態とでは明らかに貿易方向の偏りのあり方に違いがあるし，脱植民地の効果は貿易方向の変化にはかなり急速に現れるといってよい．

　植民地支配の経験や政治的従属国の経験は，貿易方向の側面においては顕著な偏向とその硬直性を特徴としていたことは間違いないといってよいが，しかし宗主国の変化（交代）や政治的独立などの政治的システムの変化によって貿易方向（とくに輸出方向）は可変的になりやすい．換言すれば，現代まで尾を引いている一次産品輸出国・地域の「従属」経験の問題を貿易構造の硬直性という側面から捉えるには，貿易方向にみられる偏向に反映されたものとして考えるよりも，特化構造の硬直性に即して考えねばならないことを意味するはずである．

2.2　貿易特化構造の硬直性

　そこでつぎに，貿易品目構成の特化のあり方の側面から貿易構造の硬直性を考察するが，ここではとくにフランクの従属論が示唆した識別基準に関連づけながら考察する．フランク従属論の骨格は，交換媒介的分業を構成する諸生産単位を含みもつ各国・地域経済相互の間には＜中枢－衛星＞という非対称的構造が不可避的に形成され，衛星の側で「低開発の発展」が進行することを強調したことにある（Frank 1966）．輸出用一次産品生産が発達し，その輸出用生産体制を存続させる政治システムが当該地域で台頭することによって，それは衛星的輸出経済となる．その衛星的輸出経済の従属的性格はその貿易構造上の特徴に反映される．

　フランク自身の特徴づけを超えて再規定するために，ある製品の産出額（量）に対する輸出額（量）の比率である輸出生産比率と，輸出入品構成における特

定品目の割合すなわち貿易構造上の特化の程度とに注目しよう．輸出依存的経済は，主力輸出品の輸出生産比率が高く（条件1），かつ貿易構造上の特化が著しいという状況（条件2）を，長期持続的に定着させるとき（条件3），従属的経済となる（高良 1994b）．フランクの従属テーゼをそのように貿易特化構造上の条件で捉え直したうえで，該当可能なケースについて先の特化構造の4類型（A型〜D型）を用いて検討しよう．特化の著しいケースの最も大ざっぱな目安としてA型とB型とに注目すればよいから，18世紀から20世紀半ばまでA型を長期持続したイギリスと20世紀後半に頑強なA型を示した日本，B型としてはかつてのアメリカやオーストラリアなどの温帯入植国と途上諸国のうち一次産品輸出の拡大を経験した諸国とに目を向ければよいことになろう．

まず，イギリスの輸出入構成を表4.3で確認すると，18世紀には毛織物が19世紀には綿製品が主力輸出品であったことが明白である．ただ，18世紀の輸出における毛織物への特化は著しいとはいえ，「国民的産業」と称されたものであるから内需の比重が高かった（つまり輸出生産比率は低かった）であろう．ところが19世紀の場合は，輸出に占める綿製品の比重は世紀後半以降しだいに低下していくとはいえ主力輸出品であり続けたと同時に，輸出生産比率のほうも1820年に53％，1850年には61％，1890年には71％ときわめて高くかつ上昇趨勢を示した．つまり，主力輸出品の輸出生産比率が高くかつ特化が著しい状態を，自由貿易主義を掲げる政治システムが長期持続させたケースとして19世紀イギリスを考えることができる．

他の欧米諸国が関税障壁のもとでいくつかの主要製造品の輸入代替を実現するにつれ，それら諸国市場へのイギリス製品の参入が困難になるが，新工業品への多角化ではなく，イギリスは旧工業品（綿製品の他に鉄工業製品や鉱業品＝石炭も含まれる）に特化したままアジアやラテンアメリカ市場へと輸出先構成の転換・多様化を選択し，はては輸出先が帝国圏へのシフトを強めていく．それがイギリス工業の相対的活力を低下させたというのは，ホブスボーム（Hobsbawm 1968）やギャンブル（Gamble 1985）などによっても指摘されてきた．輸出面での旧工業品への特化の持続は「衰退のエンジンとしての輸出」としてすら論議されたりもしたようである（Harley and

McCloskey 1981, p. 62).

たしかに，19世紀イギリスの経験を従属性を考える参考材料に持ち出すのはいささか極論にみえるかもしれない．しかし，特化している主力輸出品の需要が中長期的には頭打ちになるという特徴と，貿易特化構造が硬直的であるという点において，イギリスの例は周辺部輸出経済の従属性を捉えるうえで1つの参考になると思われる．それはまた従属というキーワードを援用する論調において少なからず蔓延してきた思い込み，すなわち中枢は常に利益を得るとい

表4.3 イギリス貿易の商品別構成（単位：%）

輸出品構成	綿製品	毛織物	鉄・鋼	他重工業	その他
1700-09	0.3	70.3	1.8	5.9	21.7
1760-69	2.3	44.3	5.9	5.8	41.7
1820-29	62.0[53]	11.9[23]	4.4[21]	2.4[1]	19.3
1850-59	35.6[61]	―	17.9[39]	4.7[7]	41.9
1890-99	28.3[71]	―	13.7[39]	14.6[21]	43.3
1930-38	14.3	―		12.3	23.8	49.8

輸入品構成	穀物	他飲食品	繊維原料	他原料	その他
1700-09	―	25.3	17.8	5.9	51.0
1760-69	2.1	35.9	15.6	5.7	40.7
1820-29	3.3	32.8	32.7	9.7	21.4
1850-59	11.6	17.5	29.7	15.5	25.7
1890-99	12.6	21.6	20.6	11.7	33.5
1930-38	7.6	29.9	11.1	16.1	35.4

データ出所）Mathias 1983, 邦訳付表 13～16. Dean and Cole 1967, Table 43, 47, 54, 56.

注1) 1760年代までイングランドとウェールズ，1820年はブリテン，50年以降は連合王国．輸出には再輸出が含まれる．なお，「他重工業」は非鉄金属，機械類，石炭，輸送手段の合計である．

注2) 輸出品構成の欄の[ ]内は当該時期頃の輸出生産比率．ただし，他重工業の場合は石炭のみの比率である．

う素朴な議論が現実的根拠をもたないことも示唆していよう．世界経済への従属の問題は，強国の側の一方的利益と政治的に支配され従属させられた側の一方的不利益の問題として処理するよりも，より一般的に問題設定すべきものといわねばならない．すなわち，自由貿易主義にもとづく政治力学とマクロ経済的生産力上昇との間の整合性の問題であり，自由貿易主義が理念を超えてある国の貿易構造を実際に長期間拘束する場合には，当該国の自由貿易主義的政策の強度と工業生産成長率やGDP成長率とが逆相関の関係を示すかもしれないという問題である（Bairoch 1993, chap. 4, 6）．それは，自由貿易主義が弊害をもたらすという命題を原理的に証明可能かどうかの問題ではなく，また20世紀後半にもそのまま類推適用できるという問題でもない．ただ，過去の歴史的経験としては基本的なパターンであった可能性があり，そしてイギリスがその代表的事例の1つであったかもしれないということである．

　そのことは，保護主義的であることがGDP成長の要因となったか否かという経済史研究における論争点と関連する．この論点は，保護関税を1つの主要な基盤にして台頭するドイツ「資本主義」をめぐって帝国主義論議のなかで論じられてきたことであり，その意味では既知のものである．あらためてその論点が脚光を浴びたのは，数量データによる国際比較をもとにベイロックによってより鮮明にされたからであった．さらにオルークによって，保護主義的傾向がまず農業関連で強まりやがて工業関連でも保護主義的になっていった19世紀終盤から20世紀初頭において，欧米10カ国の関税水準と経済成長とのあいだには正の相関があったという実証研究が提起された（O'Rourke 2000）．さらにクレメンスとウィリアムソンが，1865～1939年期間は順相関で1950～98年期間は逆相関であるが，前者の順相関の期間においてヨーロッパ入植国・地域でより順相関の程度が高く，中核諸国や途上諸国の場合の順相関はごく軽微であったことを示した（Clemens and Williamson 2001）．順相関がヨーロッパ入植国（アルゼンチンとカナダとアメリカ合衆国）に主として限定されることに注目して反証を提起したのはアーウィンで，それら3カ国で成長と相関する輸入関税は政府収入増大のための財政関税であって保護関税ではなかったこと，またアルゼンチンとカナダは主要輸出農産物の生産や輸出に必要な資

本財・中間財の輸入に対しては無関税ないし低関税であり，その貿易政策は輸入代替工業化を促進するように設計されてはいなかったこと，などを強調した（Irwin 2002a, 2002b）．

関税が輸入代替工業の保護を意図して設計されたものであったかどうかは，今後のこの論争の進展によってより明らかになっていくであろう．ただ，ベイロックが強調したのは，関税設計の意図がどうであれ，今日途上諸国と称されている国や地域の関税が軽微であったのに対して，今日先進諸国（開発諸国）と称されている諸国では関税が高かったという対照的特徴にあった．農産物分野でも製造品分野でも競合財輸入への防衛的・調整的反応が先進諸国でみられたのに対して，途上諸国の側ではそれがあまりみられず，競合製造品の輸入を受容する体制が一般化していた．歴史的にみれば，独立して併存している権力統治体系にとっては競合財輸入は抑制されるのが一般的であり，その抑制を棚上げするのは競合財を輸出している側が輸入競合財の受容を相殺する輸出利害を有している場合（アルゼンチンやカナダ）か，輸入競合財の受容を余儀なくされるような政治的強制を被っている場合（植民地支配下の一次産品輸出国・地域）であろう．この後者のケースにおいて，従属の3つの条件が成立しやすいと考えられる．

ところで，1930年代まで輸出生産比率の高かった主要輸出品の例としてアメリカの綿花と日本の生糸がある．商品輸出総額に占める比重でみると，アメリカの原綿は1820年代から70年代まで5割前後であるが（南北戦争の影響のある年は除く），1880年代以降は3割前後に落ち，1920年代にはさらに1割程度に低下した（USDC 1975, 表U187-200, U274-294）．つまり，アメリカのかつての主力輸出品（原綿）が全輸出に占める比重も輸出生産比率もともに同時に高かったのは1870年代あたりまでであったのであり，その2つの条件の同時充足という貿易構造は19世紀後半（少なくとも終盤）には解消したといってよい．また南部綿作地帯の勢力の強さがあったとはいえ，アメリカは保護主義的であったことで知られるから，従属性の条件を満たしていないケースとみなすべきであろう．

日本からの輸出額に占める生糸の比重は1870年代はじめ頃こそ45％であっ

たが，1880年代以降1930年頃まで3割前後を維持したあと急減した（総務庁統計局 1987, 表 10-3-a, 10-3-b）．つまり生糸の輸出生産比率がきわめて高かったときには，輸出面での生糸への特化もある程度（全輸出の3割前後）著しかったのである．しかしながら，輸出入両面でみた貿易特化構造としてはかつての日本は必ずしも明確なB型を持続したわけではなく，むしろBC折衷型ないしAC折衷型だったから，貿易構造が硬直的であったとはみなしがたい．第2次大戦後にはたしかに世界的にみて例外的といってよいほどの極端なA型を示したのではあるが，しかし雁行形態仮説に立脚する議論が強調してきたように，継起的な輸出代替が進行することによって特定の主要輸出品の輸出生産比率が高い状態を長期持続することはなかった．欧米諸国に対して従属していた状態から脱従属状態への転換を実現した例外的ケースという想定のもとに，日本はフランク従属仮説に対する代表的な反証事例とされることがあるが，しかしながらそもそも従属性の目安となる3つの条件の同時充足という貿易構造を日本は経験したことがないであろうから，それはもともと従属状態を経験しておらずそれゆえ反証事例にもなりえないのである．

　途上諸国の主力輸出品のシェアに関しては，19世紀についてのハンソンの実証研究（Hanson 1980）と，19世紀半ばから1980年頃までのミッチェルの歴史統計を参照することができる（Mitchell 1995, Table E1-E3）．輸出シェアにおいて筆頭の商品が同一であり続けたケースと変化していったケースとがあるとはいえ，第2位や第3位の一次産品を含めると一次産品のシェアはより高位安定的な数字になるから，通常理解されてきたように需要の所得弾力性が高くない商品への特化が著しいと考えてよいように思う．またそれら諸産品は輸出生産比率も高かったと推測しうるし，さらに自由貿易を旗印にしながらの植民地主義的な政治的強制に拘束されたであろうから，3つの条件を満たすケースが途上諸国のなかに少なからず存在したとみなして大過ないと思われる．それゆえ，従属論がラテンアメリカ世界の特殊性を反映した汎用性に乏しい仮説であるとみなす議論は安易な速断であり，従属論に対する正当な評価とはいえないであろう．該当ケースがラテンアメリカに多いことはたしかであろうが，しかし問題はラテンアメリカであるかどうかということよりも，むしろ3つの

条件を充足したケースであるかどうかということなのである．

2.3 従属仮説の意義

「従属性」の含意を明確にすることの意義は，3つの条件を同時充足している状態は国民経済レベルの経済原則を充足するうえでリスクが大きく，リスク回避的反応が惹起されるであろうことを展望できることにある．そのリスク回避的反応は，主力輸出品の輸出生産比率の高さを抑制することに重点がおかれるか，輸出および輸入面での特定商品への特化を解消することに重点がおかれるか，さまざまであろうと推測される．国民経済次元でのそのようなリスク回避的反応が惹起されると想定することなしには，第2次大戦後における世界貿易の二元的構造の解体傾向も理解しにくい．

たしかに，従属アプローチについては多くの批判があった．第1に，従属学派が注目した主要な現象の1つは輸出モノカルチュア化の歴史と一次産品の対製造品交易条件の傾向的悪化であったから，それに対する批判としてそのような交易条件の傾向的悪化はそもそも存在しないという反証がある．たとえばキンドルバーガーやベイロックなどは，交易条件の長期的悪化傾向の存在について否定的であった（Sarkar 1986）．第2に，輸出向け一次産品を生産したのは必ずしも大農園ではなく小農層であった事例が少なくないという反証である．小農の市場反応的合理性を強調するレイサムのみならず（Latham 1981），いわゆる「接合」論議の強調点の1つもまた小農層の内発的力学であった（室井1992; 杉原1996, 第3章）．第3は，輸出向け一次産品生産への依存の経験が工業化を伴う1人当たり GDP の成長をもたらした事例があることを示すことであり，ステイプル仮説として知られる（Vickery 1974）．第4は輸出部門の相対的ウェイトの問題に関するものであり，たとえば途上諸国の19世紀の輸出データを整理・分析したハンソンは，対外貿易が経済発展と結びつきうる条件として，①GDPに占める輸出部門の比重が大きいこと，②輸出（とくに1人当たり輸出）の成長率が高いこと，③成長促進的な（少なくとも成長抑制的でない）生産関数のもとでの比較優位財であることをあげ，①と②の条件を満たすケースすらほとんどなかったから，③の条件である成長促進的であったか否

かあるいはそれを逆転させて成長抑制的であったか否かという点を過大視して問題にすべきでないと主張している（Hanson 1980, chap. 3）．

　第1の批判に関しては実証上の問題であり、ここでは保留しよう．第3の批判については，要素交易条件を持ち出してルイスが強調したように（Lewis 1978)，たしかに温帯入植国のケースはステイプル仮説に適合する条件があるのかもしれない．しかしながら，従属性の3条件を満たした途上諸国の経験には妥当しないであろう．第4の批判については，1900年までのデータに依拠して提示されたものであってそれ以後の時期についてまで一般化できるかという問題もあるが，それ以上に輸出部門の位置づけが平板でありすぎると思われる．たとえば政治的従属国の多くが独立を経験する前後まもない時期（1960年）についてのデータをもとにクライマンが提示したものを参照すると，宗主国の政治的従属国との貿易（輸出＋輸入）が宗主国GDPに占める割合は宗主国の投資率をかなり下回るが，従属国の宗主国との貿易が従属国GDPに占める割合は従属国の投資率を上回るケースが多かった（Kleiman 1976, Table 5）．

　またベルトッチとカノヴァが，その歴史的経験（政治的地位）が植民地（38カ国）と従属国（6カ国）と独立国（2カ国）だったアフリカ46カ国の1960～88年期間について，政治的地位と宗主国タイプと GNP/GDP 比率という3つの説明変数で成長率との関連を検証した結果がある．それによれば，政治的地位はあまり関連がないが，GNP/GDP 比率が高いほど（つまり経済活動成果の国外流出が小さいほど）その成長率は高かった（Bertocchi and Canova 2002）．形式上の地位が植民地であれ独立国であれ，輸出用一次産品生産およびその関連事業(加工事業や輸送事業)の中枢部分を国外勢力が握っているという経験は，やはり当該国成長という観点からは負の遺産であったといってよい．原蓄過程という側面からみれば，資本主義的部門の蓄積率は利潤の再投資率に規定されるが，その利潤の再投資率が当該国資本主義的部門にとっては外生的要因に大きく左右されるのが原蓄期の特徴である（本書第3章参照）．GNP/GDP 比率が低いということは，外生的要因の貢献が小さく，原蓄過程がなかなか進展しないことを意味する．

最後に第2のタイプの批判であるが，それはフランク従属論からはみえない一次産品輸出経済のあり方を捉える重要な側面を指摘したものであると思われる．つまり，一次産品輸出が奴隷制やそれに類似の強制労働に立脚したプランテーションによってのみ担われていたわけではないこと，より一般的には資本主義的生産によってのみ担われたわけではないことを明らかにするうえで不可欠な観点である．そしてそれは小農層のあり方への関心に由来する．接合論自体が，19世紀終盤から20世紀初頭の小農問題論議を再興させたという一面をもっている．その点については第6章であらためて言及しよう．

　いずれにしろ，貿易パターンからみるかぎり従属性は貿易方向とはあまり関係なく，つまり貿易方向が集中的であるか分散的であるかとはあまり関係がなく，特化構造にもっぱら関係があると思われる．そしてある社会の経済が従属的になるうえで主力輸出品の輸出生産比率が高く，特化が著しいという状態を，長期持続的に充足していることが関連しているとすれば，従属から脱却するもっとも劇的な過程は自給自足的孤立経済への転換である．そのような劇的な転換を別にすれば，特化の著しさや主力輸出品の高い輸出生産比率が解消するということは輸入代替や輸出代替が進行するということに他ならない．しかし，競合財輸入を抑制する輸入代替はナショナリズム醸成の経済政策的目玉になりうるから少なくとも当該国内部では政治的合意が成立しやすい戦略であるとしても，輸出代替のほうは国内の利害勢力間の代替・対抗関係がより顕著であるから，輸入代替過程に比べて遅滞しやすい．先の「従属」性の3つの条件を充足した諸国ほどそうであろう．

3　二元的構造の解体

　18世紀にすでにA型の特化構造をもっていたイギリスの貿易方向における地域的偏向度の低下過程は，より多くの国・地域を巻き込むことによって世界貿易の二元的構造を成立させる過程でもあった．つまり製造品を輸出して一次産品を輸入する傾向を強める諸国と，一次産品を輸出して製造品を輸入する傾向を強める諸国・地域とが分化しつつ，相互に貿易関係を成立させていく過程

の軸にイギリスが位置していた．その二元的構造はあくまで大枠でみた世界貿易の構造であり，A 型諸国グループと B 型諸国・地域グループとの差異が鮮明であるという分類上のものにすぎないが，大まかな特徴としてはそのような二元性は否定できないであろう．それは欧米諸国相互間での競合財貿易の拡大と，熱帯地域が欧米にとって非競合財としての一次産品の欧米向け輸出用生産を拡大させたことで成立した．

　19 世紀後半から，産業革命を経たイギリスから綿製品が輸出され，また蒸気船や鉄道の普及に伴って温帯入植諸国から小麦が輸出されるにつれて，競合財貿易という特徴が大陸間貿易においても顕在化してくる．その意味では，比較優位メカニズムが作用する条件が大陸をまたがって成立したということもできる．もっとも，イギリス綿製品のアジア向け輸出の場合は，インドにおける東インド会社による領域支配や王室直轄植民地化や中国に対する強圧的外交などの政治的要因が強く関与したし，また何よりもアジアで需要される綿製品（太糸系）とイギリス製品（細糸系）との間にずれがあったので，対アジア貿易については比較優位メカニズムの作用は限定されていたであろう．イギリス綿製品輸出が競合財貿易としての特徴を顕在化させたのは，対ヨーロッパ諸国貿易であり，また対温帯入植国貿易である．ヨーロッパにおいて「プロト工業化がすでにかなり進展していたところはいずこでも，工業化の先導国からの挑戦が，それだけにいっそう強烈なものとならざるをえなかったのである．しかも，プロト工業化にとって，先導的諸地域の場合と同様，資本蓄積，市場での取引関係，企業家的技能，農業進歩が生じていた場合には，この挑戦に対する応戦も，最も素早かった」(Mendels 1972, 邦訳 5 ページ)．イギリス綿製品輸出がもたらした再編圧力に対応していくプロセスがヨーロッパでは進行する．しかし製造業の比較劣位化を受容するのではなく，輸入障壁を強化して同種産業を育成するという対応が主要諸国でなされた．

　綿製品や製鉄製品などのイギリスからの輸出に対して，比較優位メカニズムの受容か制限かという選択に温帯入植国も直面した．アメリカ合衆国ではその選択をめぐって内戦（南北戦争）も生起したが，結局は製造品輸入制限による国内工業育成が選択された．カナダやアルゼンチンでは製造品輸入を

容認しつつ，比較優位の農産物輸出を追求することを選択した．他方のヨーロッパ側も，それら温帯入植諸国からの農産物輸出に対して，比較優位メカニズムの受容か制限かという選択に直面した．農産物の大陸間貿易が競合財貿易の様相を帯びることで，それぞれの貿易当事国は当該財の生産において比較優位にあるか比較劣位にあるかという比較優位のメカニズムの作用に晒される．ヨーロッパでは農業危機が起こり，農産物輸入制限による国内小農層の保護が選択された．

　世界貿易の二元的構造が定着する途上で競合財貿易という特徴が顕在化し，欧米各国ではそれに対する防衛的反応が一般化していった．そして20世紀に入って，アメリカがその貿易方向の偏向度を低下させていき，とりわけ20世紀後半に世界各国・地域と万遍なく貿易関係を成立させていく（USDC 1975, 表U317-334, U335-352）．ただこの場合には，まず欧米諸国の特化構造がD型へ収束していく過程を伴った．また際立って頑強なA型を示していた日本もその後D型へ転じ，さらにB型であった途上国の少なからぬ部分もD型へ転じつつある．世界貿易でアメリカが軸になった20世紀という時代は，二元的構造が解体する過程が進行する時代であったことを意味する．それは競合財貿易への各国の迎合がもたらしたというよりも，むしろ防衛的反応が一般的であったことが関連している．GATT（関税と貿易に関する一般協定）を舞台とする度重なる協議を経るなかで諸国の関税率引き下げ傾向が定着していくのは，二元的構造の解体がすでに進行した後のことである．

　世界貿易の二元的構造の解体とは，貿易財に占める一次産品の比重が低下して製造品の比重が上昇するという世界的傾向に他ならない．より具体的なデータでそのことを確認しておこう．まず，1980年代前半（81〜85年）と90年代前半（91〜95年）それぞれの農産物の産出量と輸出量のデータ（いずれも単位は重量トン）から，輸出生産比率を先進諸国計の場合と途上諸国計の場合とについて求める．先進諸国計の場合は1980年代前半に6.3%，1990年代前半に6.4%であり，途上諸国計の場合はいずれも3.5%であった[5]．つまり両時

---

[5] FAO（国連食糧農業機関）がWebサイトに公開しているデータ（FAOSTAT agriculture database）より，一次農産物（crops primary）と加工農産物（crops processed）と家畜（livestock primary）とを合わせたものを農産物とみなして算出した．

期のあいだで輸出生産比率はほとんど変化せず, 1980年代以降の農産物の輸出数量の成長はその産出量の成長に単純に比例していた.

　製造業の状況については, UNIDO (国連工業開発機関) の工業需給バランス・データベース (Industrial Demand-Supply Balance Database) を用いよう. 同データベースには国際標準産業分類 (ISIC) の4桁次元の製造業内諸分野につき, 産出額, 輸出額, 輸入額, 国内需要額のデータが収録されている. それを国ごとに2桁次元 (38群に関しては3桁) の産業分野にグルーピングしたうえで, 各分野の1980年代前半 (81～85) と1990年代前半 (91～95) における貿易関連指標を求めて国際比較することができる. ただし, 同データベースには4桁次元の諸分野すべてについて産出額と輸出入額が収録されているわけではない. 産出データはあるが輸出入データが欠けている分野や, 逆に輸出入データのみの分野, さらにはいずれのデータも記載されていない分野などがある. それゆえ, 2桁 (ないし3桁) へ単純に部分集計して貿易関連指標を求めると実質的な内容を伴わない値になる可能性がある. たとえば極端にいえば, 31群 (食品・飲料等) はコード3111から3140までの16の4桁分野から成るが, 産出データがあるのが3111から3119までの9分野 (311群：食品) のみで, 輸出入データは3131から3134までの4分野 (313群：飲料) のみである場合, 単純部分集計による31群の輸出生産比率は食品産出額に対する飲料輸出額の比率ということになってしまう. そのような比率を求めても意味がないから, 輸出生産比率と輸入浸透度に関しては産出額と輸出入額とがともに揃っている4桁分野のみを部分集計して2桁 (ないし3桁) にしたうえで算出した. なお, 対象としている期間における産出データと輸出入データのいずれかの記載のある4桁分野の延べ数と, 産出データと輸出入データの双方の記載のある4桁分野の延べ数とを比較すると, もちろん後者のほうが少ないのであるが, その減少率は8カ国 (USA, カナダ, 韓国, トルコ, スペイン, コロンビア, ペルー, ベネズエラ) で1桁台, 7カ国 (ポルトガル, インドネシア, フィリピン, ノルウェー, スウェーデン, エクアドル, ホンジュラス) で10～20%未満, 20%を若干超えるのが4カ国 (マレーシア, オーストリア, バングラデシュ, インド) であり, それほど大幅な違いはない. また, 産出

データの記載のあるすべての4桁分野をもとに各分野の産出構成比を求めても，輸出入データの記載もある4桁分野の産出データから各分野の産出構成比を求めても，その結果にほとんど差異はなくそれほどの偏向の原因とはならないであろう．

　輸出生産比率については表4.4に，輸入浸透度については表4.5に示した[6]．まず表4.4の輸出生産比率に注目すれば，ほとんどの諸国の多くの分野でこの比率は上昇した．算出のもとになるデータにおいて価額タームと数量タームという違いがあるとはいえ，前述の農産物全般の輸出生産比率がほとんど変化しなかったことと対照的である．この製造業各分野の輸出生産比率の高さという点では，ラテンアメリと南アジアがかなり低いのと対照的に，欧州OECDと東南アジアの高さが目立っている．

　表4.5にみられる輸入浸透度は，輸出生産比率の場合に比して地域間の違いは少ないが，やはり多くの諸分野で上昇してきた．ただし，アジアの場合はこの比率が上昇した分野はそれほど多くはない．輸出生産比率が上昇すると同時に輸入浸透度も上昇するということは，同種産業分野における諸国間相互浸透である産業内貿易の比重上昇を意味するが，それはOECD諸国でより顕著にみられる特徴といってよい．それに対して，輸出生産比率は上昇するが輸入浸透度のほうは低下する場合，いわば「輸出主導的」分野といってよいが，それは東南アジア諸国や南アジア諸国の35～38群に数多くみられる．また輸出生産比率は下落するが輸入浸透度のほうは上昇する場合，「国内需要主導的」分野に相当すると思われるが，それは南アジア諸国の32群，その他OECDの33群・34群・36群にみられる．

---

[6] 表中の欧州OECDはオーストリア，フランス，ノルウェー，スウェーデン，イギリス．北米OECDはカナダとUSA．その他OECDは韓国，ポルトガル，トルコ，スペイン．ラテンアメリカはコロンビア，エクアドル，グアテマラ，ホンジュラス，ペルー，ベネズエラ．東南アジアはインドネシア，フィリピン，マレーシア．南アジアはインドとバングラデシュ．ISICコードについては，31：食料・飲料等，32：繊維・衣服等，33：木製品・家具，34：紙・印刷等，35：化学関連業，36：非金属加工，37：鉄・非鉄金属，381：金属加工，382：非電気機器，383：電気機器，384：輸送機器，385：専門財．

表 4.4　輸出生産比率

ISIC	欧州 OECD 81-85	欧州 OECD 91-95	北米 OECD 81-85	北米 OECD 91-95	その他 OECD 81-85	その他 OECD 91-95
31	15.1	15.6	5.9	8.2	7.4	7.5
32	36.9	42.6	4.7	11.4	25.5	31.8
33	21.4	26.2	21.4	30.4	22.1	13.1
34	26.6	26.0	21.0	22.5	13.5	11.2
35	31.6	40.0	10.7	17.9	11.6	14.7
36	19.0	20.6	6.3	12.6	15.8	13.8
37	47.0	52.5	21.6	30.5	23.0	22.9
381	20.2	23.1	6.8	12.4	21.2	12.2
382	42.2	43.1	36.1	40.4	27.7	24.9
383	33.2	40.6	14.6	34.6	25.0	33.8
384	47.9	59.9	37.1	39.7	23.0	32.1
385	60.6	74.9	34.9	41.8	49.2	37.5

ISIC	ラテンアメリカ 81-85	ラテンアメリカ 91-95	東南アジア 81-85	東南アジア 91-95	南アジア 81-85	南アジア 91-95
31	12.3	13.6	25.5	24.5	3.2	3.5
32	10.6	15.5	18.7	44.2	23.1	17.2
33	14.0	18.9	64.5	71.0	2.3	6.8
34	4.2	7.3	3.4	15.1	2.5	0.7
35	11.3	12.1	7.3	16.6	3.4	5.8
36	5.2	7.6	5.0	14.3	0.8	4.1
37	15.9	32.7	40.4	23.3	0.4	2.3
381	6.2	9.7	5.6	15.7	6.1	9.1
382	8.7	19.6	21.1	43.4	7.8	19.3
383	4.7	8.9	40.2	59.4	1.6	3.5
384	3.9	9.3	5.9	9.8	4.4	5.8
385	6.4	8.7	46.0	49.0	7.7	12.6

データ出所）UNIDO, Industrial Demand-Supply Balance Database 2000.

表 4.5　輸入浸透度

ISIC	欧州 OECD 81-85	欧州 OECD 91-95	北米 OECD 81-85	北米 OECD 91-95	その他 OECD 81-85	その他 OECD 91-95
31	10.7	13.8	6.5	8.1	8.3	11.7
32	55.8	62.2	20.1	32.8	11.0	23.8
33	19.0	25.4	9.8	17.7	5.7	13.4
34	19.2	20.4	8.6	12.5	11.5	15.5
35	37.1	42.7	11.9	20.9	18.2	25.2
36	21.6	24.7	11.9	20.8	6.9	9.9
37	39.5	47.5	19.0	27.5	27.0	33.5
381	21.2	27.1	10.7	18.5	15.7	15.8
382	43.9	44.5	40.1	49.3	56.6	54.9
383	38.4	45.6	27.7	47.7	34.3	42.0
384	50.4	57.3	39.1	39.0	30.1	39.1
385	83.8	82.0	44.8	50.3	84.2	78.6

ISIC	ラテンアメリカ 81-85	ラテンアメリカ 91-95	東南アジア 81-85	東南アジア 91-95	南アジア 81-85	南アジア 91-95
31	8.3	8.6	15.2	15.2	20.4	8.4
32	14.3	18.8	26.1	41.5	10.5	16.6
33	6.9	14.2	4.5	17.0	4.9	9.2
34	22.4	25.6	33.8	26.4	17.5	13.9
35	29.9	35.4	33.9	36.2	28.6	27.4
36	10.7	12.7	18.4	20.7	31.9	30.1
37	49.0	52.8	55.9	49.5	31.0	24.8
381	27.6	29.9	40.6	36.0	33.0	25.5
382	81.8	81.7	87.7	85.3	54.2	53.5
383	50.3	63.1	60.5	64.7	28.6	37.6
384	62.3	68.6	58.7	45.8	42.9	26.7
385	72.6	73.7	91.2	83.7	69.8	69.0

データ出所）表 4.4 と同じ．

要するに，19世紀後半以降に競合財貿易の比重が上昇しはじめたのであるが，そのプロセスは各国の製造業諸分野の輸出生産比率や輸入浸透度の上昇を伴って，ついに二元的構造を解体させるまでに進行し続けたのである．競合財貿易が顕在化するということは，比較優位のメカニズムが作用する現実的条件が成立するということでもあるが，実際にはその作用は抑制された．ヨーロッパ側の農業危機に端を発し，競合財貿易に伴う利害調整が円滑に進まないまま，第1次大戦や世界恐慌なども加味されて，アジア間貿易を除く世界貿易の低迷へと至る．そのなかで輸入代替工業の育成を試行する一次産品輸出国が出現しはじめる．第2次大戦後に世界貿易は急成長するが，同時に途上諸国側での製造品需要の増大および製造業生産の拡大が進行し，製造業の一定分野で途上諸国からの輸出も拡大して，各国貿易特化構造の世界的パターンとしてのA－B二元的構造は崩れていった．アメリカが貿易方向を多様化させて，さまざまな国や地域から輸入するというパターンを持続したことが，世界貿易の二元的構造の解体が進行する前提条件であった．

なお，貿易方向の側面に関して補足しておこう．二元的構造が形成されていく過程はイギリスの貿易方向が満遍なく分散する傾向を，二元的構造が解体していく過程はアメリカの貿易方向が満遍なく分散する傾向を，それぞれ前提にしていた．しかしながら，世界貿易において基軸的位置を占める国以外に関しては，19世紀にしろ20世紀にしろ，貿易の地域的偏向が顕著であったことは再確認される必要がある．19世紀のイギリスや20世紀のアメリカ合衆国の貿易相手先構造のほうがむしろ例外であるといってよい．グローバル化が強調されている現代も含めて，各国の貿易方向が特定の諸国・地域に偏向せずに満遍なく分散するという現象が一般化したことはないと思われる．

ヨーロッパでは，植民地主義的傾向が蔓延した19世紀終盤から20世紀初頭にかけてその度合いが若干低下したとはいえ，地域内諸国相互の貿易の比重が著しく高い状態が一貫したパターンであった．20世紀後半にはそのパターンはより顕著になり，世界貿易に占めるEU内相互貿易の割合は13.5%（1960年）から24.5%（94年）に上昇したのに対して，EUと非EUとの貿易の割合は20.5%（60年）から15%（94年）に下落した（Chortareas and Pelagidis

2004).アジアでは,19世紀終盤以降に一次産品輸出による対欧米貿易の拡大を経験したが,その対欧米貿易はまた製造品輸出国(日本・中国・インド)を含むアジア内部での相互貿易の拡大を派生させたのであり,世界貿易全般が低迷した戦間期においてもアジア間貿易は必ずしも低迷せず(杉原 1996),アジア諸国貿易はその方向が域内へ偏向していた.20世紀後半に対米貿易の比重上昇をたしかに経験したが,その後は域内貿易の比重上昇が顕著であった.

4 現代世界貿易の特質

4.1 貿易率上昇について

20世紀後半以降における世界貿易の基本的な特質は,諸国・地域の特化構造がA型とB型とに分化して成立していた二元的構造が解体過程を歩んだことにある.そして,二元的構造が成立していたときに農産物を軸にすでに顕在化しはじめていた競合財貿易が,二元的構造の解体過程のなかで広範な製造品をも含んでますます顕在化してきた.ただ,それだけではまだ大ざっぱな特徴にすぎないから,その内実についてもっと掘り下げる必要がある.貿易構造分析の次元を超えた問題は続く2つの章で扱うので,ここではあくまで貿易構造分析の範囲内で掘り下げる.クルーグマンが20世紀後半の世界貿易の特徴としてつぎの4点をあげたが(Krugman 1995),まずそれを取っかかりにしよう.その4つの特徴とは,①類似諸国の間での類似財の貿易,②生産者による価値連鎖の細分化(slice up the value chain),③輸出率が極度に高い超貿易諸国(supertraders)の台頭,④低賃金国から高賃金国への製造品の輸出である.①は産業内貿易,②は企業内貿易と称されていることに関連すると考えてよい.③は輸出率(ないし貿易率)上昇が諸国全般的な趨勢ではなく,一部諸国の特徴であるという含意を有する.④はクルーグマンがもっともこだわっている点で,賃金コストは付加価値の一部であり,その付加価値はさらに出荷額の一部であるから,製品価格への賃金コストの影響は限定されたものであるにもかかわらず,なぜ製造拠点が低賃金国へ立地するのか,世界産出の諸国間分布の変化を規定する要因は何なのかという立地論的な問題の重要性を指摘していること

とと関連する．④は貿易問題の射程を超えた要因が大きく関連するので，①〜③に即して現代的特徴を考えよう．

グローバル化論議では，貿易率（$[X+M]/Y$）や輸出率（X/Y）の高まりが現代世界貿易における新規の特徴を象徴する指標としてよく使われる（XとMは輸出と輸入でYがGDP）．しかしながら，多くの諸国の輸出率上昇が近年に固有の現象ではないことについては，グローバル化論議において懐疑論的要素をもつ諸研究がこれまで有力な反証を提示してきた．じっさい，OECD11カ国平均でみた輸出率は，1913年（19.4％）のほうが1990年（18.7％）よりも高かった（Crafts 2000）．第1次大戦直前に高かった輸出率が両大戦間期の混乱のなかで著しく低下し，第2次大戦後に再上昇したのである．第2次大戦後の輸出率上昇は非OECD諸国をも含めて生起したが，それは1970年代末以降における関税の広範な低下や直接投資増大という現象に付随して始まったのではなく，すでに1950〜60年代から生じていたことであって，むしろ80年代には緩やかに低下して90年代に再上昇する（Ghose 2000）．また，1960〜74年期間には貿易率の低い諸国が高い諸国に近づくかたちで同比率の諸国間収斂傾向がみられたが，75〜92年期間にはそのような収斂傾向は確認できなくなる（Chortareas and Pelagidis 2004）．要するに，いわゆるグローバル化時代の輸入自由化と連動した新規な現象として諸国全般的な貿易率上昇が生起したのではない．

積極的グローバル論は，貿易率を対外開放度の指標としてしばしば重視し，それを親グローバル化政策と関連づけて，そのような政策を採用する諸国の成長パフォーマンスの高さを強調してきた．しかし，国内生産者の輸出振興に関連する対外指向性（outward orientation）が高いという特徴を有する国は，国境を通過する財のフロー（とくに輸入）に制約がないことに関連する対外開放性（openness）が必ずしも高いとはかぎらない（Rowthorn and Kozul-Wright 1998）．対外指向性の高まりが経済成長と連動するかどうかという問題と，対外開放性の高まりが経済成長と連動するかどうかという問題は別の問題であり，分けて考えるべき性質のものである．輸出拡大が外貨獲得能力を高めたり外国投資の吸引力を高めたりして輸入拡大をも可能にし，結果として貿

易率が高まるが，それは輸入自由化政策を追求した結果というよりも，輸出振興へ向けての諸政策すなわち対外指向性を高める政策の結果であった(Deraniyagala and Fine 2001)．

　前節で，歴史的経験としては保護主義的であることが経済成長と連動していた（つまり対外開放度と経済成長とが逆相関の関係にあった）というベイロックの問題提起に触れたが，対外開放度と経済成長とが逆相関を示すのか順相関を示すのかという点をあらためて考えよう．開放度（openness）として平均関税率や輸入に対する輸入関税収入の割合などの指標を用いた検証によると，1870～1970年期間（ただし戦間期を除く）にわたってOECD諸国の開放度と経済成長とのあいだには，順であれ逆であれとくに顕著な相関関係はなく，戦間期が例外的に逆相関を示し，そして1970年代以降は例外的に順相関を示したようである(Vamvakidis 2002)．途上諸国も含めた場合には，貿易率の高い諸国ほど，またその貿易に占める対米貿易の比重が高い諸国ほど成長率が高い傾向があるが，同時にまた関税率の高い途上諸国のほうが関税率の低い途上諸国よりも経済成長率が高い傾向があった(Yanikkaya 2003)．貿易障壁を維持しつつ，あるいはその軽減を控えめにしつつ，対外指向政策を追求するなかで貿易率（ないし輸出率）を高めた諸国が経済成長を実現した，というのが途上諸国の経験にみられる現代的特質といってよいであろう．対外開放度の上昇が成長と連動するのではないというベイロックの問題提起は，現代の途上諸国の経験にもいぜんとして妥当するといわねばならない．

　なお，個別産業レベルの輸出生産比率の上昇は趨勢的変化とみなせるが，1国レベルの輸出率や貿易率は必ずしも趨勢的変化ではなく，それゆえ貿易率上昇そのものを歴史段階的変化とみなすことはできない．貿易率（$[X+M]/Y$）を構成する Y は支出局面からみれば国内需要（D）と財・サービス収支から成る．それゆえ，貿易率（$[X+M]/[D+X-M]$）は，輸出品の価格動向と輸入品の価格動向との相対的関係すなわち交易条件と，財・サービス収支の動向に左右される．輸出量が伸びかつその価格が上昇（少なくとも輸入品に比して安定）していれば輸出率が上昇すると同時に，良好な輸出パフォーマンスを前提にして輸入の拡大も可能であるから輸入率も高まり，それらの合成で

ある貿易率は高くなる．もし対外交易条件が悪化すれば逆の事態になる．

137カ国（途上国115，先進国22）につき，一次産品依存諸国（32カ国）と非一次産品依存諸国（72カ国）を識別し[7]，それぞれのグループの1960～95年期間の貿易率（人口規模を使って加重平均した諸国平均値）の推移をみると，いずれのグループも70年代半ばまで緩やかに上昇した（Birdsall and Hamoudi 2002, Figure 4）．絶対水準としては一次産品依存諸国の貿易率のほうが倍近く高かったが，一次産品依存諸国の貿易率は1990年代に入る頃まで低下し続けたのに対して，非一次産品依存諸国の同比率は1980年代後半以降上昇したため，両者の差はかなり縮まった．一次産品依存諸国の貿易率の低下は，まず輸出率が低下して，その後に輸入率が低下するというパターンの合成である（ibid., Figure, 5b）．輸出品価格の低下で輸出額が減少して貿易収支が赤字化の方向へ強くシフトしたから，その後の調整として輸入の抑制が進行したことを意味する．いずれにしろ，それらは近年のグローバル化に付随する現象ではなく，いつでも起こりうる貿易率の上下動にすぎないといえよう．貿易率や輸出率の上昇は不可逆的なものではなく，多様な事情で上昇したり下落したりする．

総じて，世界貿易における1970年代以降の「現代的特質」は，貿易率（ないし輸出率）の諸国全般的な上昇趨勢にあるのでもなく，また対外開放度と経済成長が順相関することにあるのでもなく，おそらく貿易率（輸出率）上昇と経済成長とが正の相関を示すことにある．

4.2　産業内貿易と企業内貿易

類似諸国の間での類似財の貿易については，19世紀を通じてヨーロッパ域内では豊かな国どうしでかつ製造品どうしの貿易という性格をかなりもっていたから（Bairoch and Kozul-Wright 1996），ヨーロッパにとってはそれは必ずしも新規の特徴ではない．ただ，ヨーロッパを越えてより広範に先進諸国相互間で成立したという意味では一定の新規性を認めてよいであろう．OECD

---

[7] 一次産品依存諸国と非一次産品依存諸国諸国のグループ分けは，貿易率の低迷が起こった1980～84年平均の輸出品目構成をもとになされている．

諸国の製造品需要に占める製造品輸入の割合（輸入浸透度）は，極端に低い日本(1970 年に 4%で 1991 年には 6.1%) からもっとも高いオランダ（70 年に 42%で 91 年には 66.4%) まで幅があるが，しかし軒並み上昇し，主要 13 カ国平均は 70 年に 22.3%で 91 年に 32.6%であった(OECD 1996, Table 1.3).国際標準商品分類（SITC）の 3 桁分類次元で捉えた製造品をそれに対応する製造業内諸分野の製品とみなすと，ある特定分野の製品が輸出されていると同時に輸入されてもいる状態である「産業内貿易」が全製造品貿易に占める比率は，OECD 加盟 22 カ国のうちノルウェーを除いてすべての国で上昇しており，その 1970 年の 22 カ国平均は 44.1%で 90 年の平均は 57.7%であった (ibid., Table 1.8). 類似する製造業内諸分野の製品の諸国間相互浸透が，とりわけ先進諸国において増進してきたのである．

おそらく 1 人当たり所得が高い国ほど輸出商品や輸入商品の多様性は増すから，1 人当たり所得が同程度の水準の諸国では輸出入の商品多様性は類似したものになるという推測が成り立つ．じっさい，1989〜96 年期間につき SITC6 桁分類（6,400 商品）次元で輸出入の商品多様性をアメリカを基準にして他の OECD18 カ国の相対的度合いとして測ると，ほぼアメリカ並の似たような値になるようである(Funcke 2000). 輸出商品の多様性は国内生産の多様性を反映していると考えられるが，諸国の国内生産の多様性も類似しているとすれば，各国が異なった相対要素賦存比率のもとに特定分野に特化して棲み分けが成立するという事態からは程遠い現象である．UNIDO の工業データや OECD の STAN データやサマーズらの PENN World Table のデータを使って 1970 年代半ばから 1990 年までに関して検証した結果によれば (Debaere and Demiroglu 2003), OECD 諸国は要素賦存が類似しかつ生産多様性も類似している．以上のことは，OECD 諸国相互のあいだでは相対要素賦存比率の格差に由来する比較優位メカニズムが作用しなかったことを含意している．もし比較優位メカニズムが作用してきたとすれば，それは相対要素賦存比率格差とは別の要因に規定されたものといわねばならない．

つぎに，産業内貿易と並んで現代世界貿易の特徴の 1 つとみなされている企業内貿易の側面から，現代の競合財貿易の特徴をみてみよう．企業内貿易と

は，価値連鎖の細分化，アウトソーシング，断片化（fragmentation），中間財相互貿易，垂直的特化などというほぼ同義の内容で特徴づけられる国際貿易の姿を表現する．個別企業（ないし提携関係等による企業集団）の次元の行動様式に由来し，同種製品生産の地理的な拡散を表現する水平的国際生産シェアリング（horizontal international production sharing）に対して，1つの財・サービス生産に関わる諸活動を複数国にまたがって地理的に分離する垂直的国際生産シェアリング（vertical international production sharing）の状況を表現するものである（Mayer et al. 2002）．より具体的には，貿易品に占める中間財（とくに部品およびコンポーネント）の比重の顕著な上昇として現れ（Yeats 1998），また企業の特定事業所が製造業内諸分野の特定段階（工程）への特化を強めつつ，輸入投入財を用いて生産した財を輸出するというパターンの顕在化という一面ももつ．そのような「垂直特化に基礎をおく貿易」の貿易全体に占める割合は，OECD主要10カ国で20〜25％と推定されており（1990年段階），とりわけ機械工業と化学工業でより顕著である（Hummels et al. 1998）．そのような中間財は，国際生産シェアリングを実行する企業にとっては競合財ではなく補完財であるから，それら個々の企業からみればそれらの国際取引は補完財の授受である．

つまり，企業レベルの諸国横断的な補完財取引が，諸国民経済相互間の競合財貿易という状況の前提を形づくっているところに現代的特質がある．おそらく，現代の世界貿易には競合財貿易という性格がより顕著になってきたといってよいが，ただ企業や事業所レベルでみると補完財取引で，国民経済レベルでみると競合財貿易という二重の性格を備えているという意味での競合財貿易である．国民経済レベルでは相対要素賦存比率格差とは別の要因による比較優位メカニズムがおそらく作用しているであろうが，貿易のかなりの部分が企業の補完財取引として処理されているから，また各国民経済における国内生産構造の調整は政治的利害調整を伴うから，世界貿易は比較優位メカニズムの貫徹が限定された状況で成立しているとみたほうがよいであろう．

5 結　語

　貿易に関して，今日的状況との類似現象を過去に求めると兆候は多々ある．都市国家的様相をもつ今日の超貿易諸国に類似するものとしては港市や港市国家があるし，貿易関係を円滑にする人的ネットワークの原形としては交易離散共同体がある．しかし，それらを無媒介に取り込んで現代的特質の補足説明に組み込むと，世界貿易の歴史的位相はむしろ不鮮明になるであろう．19世紀以降には，少しずつその比重を高めていく競合財貿易がもたらす各国・地域の生産構造再編圧力が主要な問題として浮上するのであり，18世紀までの貿易とは性格が大きく異なる．

　たしかに，19世紀のいわゆる機械制工場の製品の比重を過大評価すべきではなく，イギリスでもフランスでも貿易拡大は問屋制工業や卸売商業のネットワークに大きく依存していた．しかし問屋制は明らかに資本主義的生産であり，工場制工業品やプランテーション産物を含む資本主義的生産の産物が世界貿易の拡大を主導したのが19世紀の特徴であることはつねに留意されねばならない．資本主義的生産の産物が比重を増し，それはイギリス貿易方向の偏向度の低下，そして世界貿易におけるイギリスの基軸的地位の確立をもたらした．とはいえ，そのことが直ちに非競合財貿易の比重低下を意味したわけではない．農工分業的パターンとしての世界貿易の二元的構造が形成されていったが，それはまだ少なくとも大陸間貿易に関しては非競合財貿易という特徴を維持していた．

　19世紀終盤以降，「世界農業問題」に象徴されるように，一方では二元的構造のもとで競合財貿易がよりその比重を高めていく．他方では，二元的構造のもとで特化の持続的硬直化を経験してきた諸国・地域での「従属」的性格も浮上してきた．競合財貿易に対する防衛的反応と，「従属」的地位からの脱却をはかる動きとがそれぞれ展開された．「従属」的地位からの脱却の動きは20世紀後半に本格化し，アメリカの貿易方向の分散傾向が進行したことにも支えられて，世界貿易の側面においては二元的構造の解体傾向というか

たちで現れた．従属の3つの条件を充足しているという状況は多くの諸国で過去のものとなった．

しかし，他方の競合財貿易に対する防衛的反応のほうは，基本的な傾向として持続していると思われる．対外開放度の上昇が経済成長率上昇に寄与したわけではなく，むしろしばしばその逆の関係がみられたという19世紀以来のパターンは，いぜんとして続いているからである．ただ，20世紀後半ないし終盤以降には，貿易率が高い（対外指向性が強い）ほど経済成長率が高いという新たなパターンが登場した．おそらくそれが20世紀終盤にグローバル化論議が蔓延した1つの背景である．

競合財貿易のもとでは，おそらく諸国間で比較優位メカニズムが作用する．しかし，競合財貿易に対する防衛的反応は途上諸国を中心に健在であるし，OECD諸国では輸出入の商品多様性も国内生産の多様性も類似しているという現実は，比較優位メカニズムに照応する棲み分けが進展してこなかったことを含意している．比較優位の原理を判定基準にすると，政治的利害調整を伴う各国民経済における国内生産構造の調整過程は「歪み」や「逸脱」に満ちているであろうが，しかしそれが現実のプロセスであることは看過すべきでない．

第5章 不均等発展と世界工業問題

はじめに

 前章では,貿易パターンの変遷に即して現代世界経済の歴史的特性を考えた.ただ,世界貿易は世界経済のいわば表層の事象であり,世界経済分析にさいしての第一次接近としての焦点になりうるにすぎない.第一次接近を超えて世界経済分析を深化させるには,より深層の事象を対象にしてその焦点を設定し分析する必要がある.貿易データは,生産活動の結果としての財・サービスのうち国境を通過した部分についての数量・価格の記録であるから,深層の構造はそれぞれの国境の内側にある事業所や世帯の動向を反映するデータから把握されうるものであろう.本章では事業所群の動向を反映するデータを参照しつつ,各国レベルの産業構造変化と製造業の諸国横断的な需給バランス変化とに注目して,現代世界経済の特質を考える.

1 多様な次元の不均等発展

1.1 不均等発展の意味

 各種経済活動が行われる直接的な場は個々の事業所であるが,諸事業所は一方では生産・供給している財・サービスの類似性に即して諸産業に分類され,他方では経済原則充足体系として組織される各企業に帰属して管理運営される.意思決定単位である諸企業の不均等発展はミクロ的次元の問題であるのに対して,諸産業の不均等発展はミクロ的次元とマクロ的次元の双方にまたがった問題である.競争力の有無や程度によるいわゆる優勝劣敗過程というのは企

業レベルではいいうるが，産業レベルではいえない．産業レベルで競争力をいいうるのは，各国民経済を比較したときの比較優位の序列における位置であって，個別産業の絶対的意味での競争力を問題にすることはできない．ここではそのような産業にもっぱら注目して不均等発展過程を考察しよう．

　第1次大戦前後の世界の構造的特殊性を把握することを試みたかつての帝国主義論議において，不均等発展は1つの重要な焦点であった．企業間・産業間・国家間の不均等発展が含意されていて多義的であったとはいえ，列強諸国相互の対立および非列強諸国・地域への介入や侵略という特徴をもつ世界体制を分析するさいの動態的視点をなしていた（馬場 1986, 第3章）．しかしその視点はその後の諸論調の正面からは後退していった．独占的産業組織や集団的労使関係の側面に注目した各国の機構的特性の分析に重点が移り，独占資本主義や国家独占資本主義という国内体制把握が重視され，かつ「資本主義」の腐朽性・晩期性・慢性不況性などを強調する全般的危機論が大勢を占めたからである．不均等発展に注目する場合は，生産額成長率の国内産業間不均等性や産業内諸国間不均等性を伴いつつ資本主義的発展が継続するのを前提するのに対して，不均等発展によって顕在化してきた帝国主義状況のもとで成立した現代が全般的危機の特徴を構造的にもっているとみなす場合には，もっぱら危機の実態解明が焦点になる．しかし「現代」は持続し，長すぎる現代の様相をもってきたことが，不均等発展論なき危機論（万年危機論）あるいはそれに立脚する現代資本主義論を非現実的なものにした．

　万年危機論から脱却するためには，不均等発展論を再構築する必要があると思われる．本章はその1つの試みであるが，従来の不均等発展論に比してその射程を著しく限定しつつ，何のどこが不均等でその帰結がどのような構造変化問題と関連するのかをより鮮明にすることを最重要視する．本章で扱う不均等発展とは，生産額成長率の格差（不均等成長）が，その結果として内容構成変化（構造変化）を伴う場合を指している．生産額の成長は，生産性上昇か生産要素投入増大かのいずれかによって生じる．それゆえ不均等発展の内実は，生産性上昇率の格差であったり，資本ストック成長率すなわち資本蓄積率の格差であったり，投入労働力増加率の格差であったりすることになる．

生産性上昇率の諸国間格差については，特定の先導国の生産性水準に他の後続諸国が近づいていく方向をもっている場合にはキャッチアップと称され，比較対象諸国群相互でその生産性のバラツキが縮小する方向をもっている場合には収斂（収束）と呼ばれる．アブラモビッツの問題提起（Abramovitz 1986, 1994）などもきっかけとしながら，新古典派経済学の成長モデルの適合性をめぐる議論のなかでキャッチアップや収斂についての分析が噴出してきた．しかし多くの場合，それらの分析に用いられた主な手法が成長会計分析であることもあって，構造変化問題を軽視した一面的な分析であるといわねばならない．

前述したように，生産額成長率は資本ストック増加率と就業者増加率と生産性上昇率との合成であるが，それを新古典派生産関数と結びつけて計量分析になじみやすいかたちにしたのが成長会計分析である．この成長会計分析における生産性とは，生産要素投入量の寄与部分を除く生産額成長率寄与部分，すなわち生産額成長に寄与した残差要因であり「全要素生産性（TFP）」と呼ばれる．GDP（ないし特定産業付加価値）成長の諸国間格差において生産要素投入量増大の寄与とTFP上昇の寄与とを比較考量するのが成長会計分析の主旨であるといってよい．

先進諸国の長期国際比較データを用いたマディソンの成長会計分析の結果によれば（Maddison 1989, 表6.10, 7.5），その文化や風土に関わりなくいかなる国であろうと，GDP急成長局面におけるその最大の成長要因はTFPの上昇である．20世紀終盤に近づいてのASEAN諸国におけるGDP急成長の場合も，TFP上昇が少なからぬ比重を占めていたことが再確認されたりもした（Sarel 1997）．つまり，1人当たりGDPにおけるキャッチアップの要因がTFP上昇率の諸国間格差に隠れているという含意が導かれるのであり，世銀の研究レポート『東アジアの奇跡』（World Bank 1993）もTFP上昇の内実を制度的・政策体系的側面から詮索したものであった．ただ問題は，成長会計分析におけるTFP上昇とはその内実が不特定な残差(生産諸要素の寄与部分を控除した成長率部分）であり，実証上の解釈は多様で，研究開発支出の増大と関連したり，急激な資本蓄積に伴う資本年齢の低下と関連したり，公教育の普及と関連したり，また需要急成長分野に特化した開放的経済であるかどうかと関連

しているとされる(Fagerberg 1994; Elmslie and Milberg 1996; Sala-i Martin 1996).

成長会計分析を多用する議論は，NIEsや準NIEsにも拡大適用されつつあるとはいえ，多くの場合OECD諸国相互のキャッチアップや収斂を扱ってきた．そしてTFP上昇にもっぱら注目し，生産要素投入量の増大という側面については比較的軽視する傾向がある．先進諸国では人口成長が低迷したことを反映して労働力人口も伸びないし，資本産出比率も高く資本蓄積率も低迷するから，TFP上昇を除く他の要因（資本蓄積と就業者増加）は軽視されたのである．生産額成長は生産要素投入の増大と生産性上昇の合成結果であるという脈絡から離れて，成長会計分析はTFP上昇を析出する分析ツールそれ自体として多用されつつあり，さらに途上国分析に応用されつつある．不特定な残差であるTFP上昇は多様な解釈を許容するが，国民経済を支える制度やシステムの効率性の度合いを測る尺度とみなされやすく，硬直化した非効率なシステムの改革の必要性を唱えるさいの論拠とされる場合が少なくない．資本蓄積や就業者増加との相対的関係を軽視し，構造改革や構造調整の必要性を導くという目的のためにTFP上昇を析出する論調に対しては，大いに懐疑的に受け止めるべきであろう．

1.2 諸国間不均等発展の概要

世界のGDP合計値の年平均成長率は1820～70年が0.9%，1870～1913年2.1%，1913～50年1.9%，1950～73年4.9%，1973～98年3.0%であった(Maddison 2001, Table B-19)．その推移のなかでGDPの諸国間分布は，19世紀における欧米のシェア上昇およびそれと対照的なアジアのシェア急減，19世紀終盤から20世紀半ばにかけてのラテンアメリカのシェア上昇，20世紀後半におけるアジア（日本を含む）のシェア急増などの特徴をみせてきた(Maddison 1995, Table C-16, G-2)．

1人当たりGDPの諸国間格差のキャッチアップの動向については(Maddison 2001, Table B-21)，1820～70年にほとんどの諸国・地域（アメリカ合衆国を除く）が対イギリス格差拡大を経験し，逆に1870～1913年に

はほとんどの諸国・地域（日本以外のアジアとアフリカを除く）が対イギリス水準へのキャッチアップを示した．第1次大戦以降はアメリカを先導国とみなして比較基準にすると，1913～50年にはほとんどの諸国・地域が対アメリカ水準との格差拡大を経験し，1950～73年にはヨーロッパ先進諸国と日本が顕著なキャッチアップ，ラテンアメリカとアジア（日本を除く）が軽微なキャッチアップ，アフリカは若干の格差拡大であった．さらに1973～98年には，日本を含むアジアが顕著なキャッチアップを示したのに対して，他の諸国・地域は格差拡大を経験した．それらは，単にランダムな諸国間不均等発展を反映し特定のパターンを析出できない性質のものなのか，それとも一定の持続性をもった傾向的パターンなのかについて従来多くの論議がなされてきた．

1人当たりGDPの諸国間収斂については，OECDグループでは1950年までは収斂の兆候をはっきり示した時期はなく，1970年代半ば以降は明確な非収斂を特徴とする時期で，黄金時代（1950～73年）においてのみグループ諸国間で収斂傾向が顕在化した(Epstein et al. 2003)．またUNCTAD報告書によれば，途上諸国を3大地域群（アジア，アフリカ，ラテンアメリカ）に分けたうえで，それぞれの地域群内で各国の1人当たりGDPのばらつき（変動係数）を1960，70，80，90年の4時点で比較すると，ラテンアメリカはほぼ横ばいで推移してきたが，アジアとアフリカではばらつき度が増してきた(UNCTAD 1997, Part 2, Chap. 2)．すなわち，1人当たりGDPの収斂傾向は黄金時代のOECD諸国群でのみみられた世界史上特殊な現象ということになる．この点については後であらためて振り返ることにする．

つぎにGDPの構成部分である製造業付加価値の諸国間不均等発展を概観し，それと上述のGDPの諸国間不均等発展との関連をみてみよう．製造業付加価値の世界合計値の年平均成長率は1830～1913年が2.0％，1913～53年は3.0％，1953～80年には4.9％であった（Bairoch 1982, Table 1)．諸国間分布の推移はGDPの場合と類似しているが，先進諸国のシェアは1800年段階の約2割から19世紀終盤の7割強まで上昇し，逆に同期間に中国・インドのシェアは急減した（ibid., Table 10, 13)．多くの場合，製造業付加価値の諸国・地域間での成長率格差と分布変化が，GDPの諸国・地域間成長率格差と

分布変化に連動したと考えられる．ただし，GDP 分布では 19 世紀終盤以降そのシェアを上昇させたラテンアメリカは，製造業付加価値分布では 20 世紀後半になるまではそのシェアを上昇させなかったから，20 世紀半ばまでのラテンアメリカ GDP の対世界シェアの拡大は製造業付加価値の対世界シェア拡大という背景をもたなかったケースといってよい．

20 世紀半ばまでのラテンアメリカを除いて，製造業付加価値の成長と GDP 成長が連動するとはいっても，そのことは製造業生産性のキャッチアップや収斂が 1 人当たり GDP のキャッチアップや収斂に連動することを必ずしも意味しない．その点が 1 つの重要なポイントになる．たとえば，イギリスとアメリカとの間でも，イギリスとドイツとの間でも，19 世紀終盤以降の 120 年間にわたって製造業生産性の相対的格差は農業やサービス業の場合の格差に比してわりと安定していたといわれている（Broadberry 1998）．にもかかわらず，製造業付加価値の世界総計に占めるドイツとアメリカのシェア拡大，それと対照的なイギリスのシェア減少が生じたのである．それは製造業生産性上昇率においてドイツとアメリカが高かったからというよりも，生産要素投入の拡大で製造業生産額そのものが増大したからであるということになる．製造業生産性上昇率に目立った違いはないにもかかわらず，製造業付加価値の諸国間シェアには変化が現れ，また 1 人当たり GDP で独米の対英キャッチアップがみられたのは，独米における農業から製造業への諸資源のシフトとサービス業における生産性改善に大きく起因していたようである（ibid.）

国民経済の産業間配分構成において，より低生産性の農業の比重が下がりより高生産性の非農業の比重が上がると，その構造変化効果が経済成長率および 1 人当たり GDP の上昇率を高める要因となる．それが 19 世紀終盤のイギリスとドイツとアメリカの比較によって，ブロードベリーが明らかにした点であった．1950 年代から 70 年代半ばにかけて OECD 諸国が高成長を持続したいわゆる「黄金時代」に即しても，国民経済次元の生産性上昇においてイギリスがドイツよりも遅れたのは，戦災復興のための特別需要と農業からの諸資源のシフトがともにドイツにおいて大きかったからであり，非農業の多くの分野でドイツの生産性上昇が高かったからであるともいわれている（Booth 2003）．

またテミンによれば，黄金時代に先進諸国の高成長を可能にした要因としては農業から非農業へのシフトが全体に共通する主要因であり，それゆえまた黄金時代の終焉をもたらした全体に共通の主要因も1970年代に入って農業就業者シェアが下限に達して収斂したことにある(Temin 2002)．先述したように，1人当たりGDPの諸国間収斂がみられたのは，黄金時代のOECD諸国群のみであった．1人当たりGDPが相対的に低い国ほど脱農業化が急激で，かつ脱農業化の度合いが1人当たりGDPの上昇率に相関していたから，諸国の農業就業者シェアが下限に収斂するのに連動して1人当たりGDPの諸国間収斂がOECD諸国群でみられたということになる．それが世界史上特殊な現象であるのは，諸国の農業就業者シェアが下限に達して収斂してしまった後には，1人当たりGDPの諸国間収斂傾向をもたらした主要因の1つは消滅し，OECD諸国群としてはもはやその要因は再現することがないからである．たしかに，脱農業化それ自体は諸国それぞれで段階的に進行してきたのであり，黄金時代のみに特有の現象ではない．OECD諸国で脱農業化が進行して農業就業者シェアが下限に近づきつつ収斂していったのは黄金時代であるが，黄金時代はあくまでそれら諸国の脱農業化の最終局面であり，かつ農業就業者シェアの諸国間収斂を伴っていたことに特徴がある．

　黄金時代には各種貿易障壁の低減はまだ本格化していなかったから，対外開放度の上昇が経済成長と連動するという時代ではない．貿易自由化が本格的に進展するのは黄金時代が終焉して以降であり，黄金時代には輸入規制がまだ根強く残っていたであろう．にもかかわらず，高い経済成長率が持続するという経験をOECD諸国は共有した．1人当たりGDPの諸国間収斂はこの時期のOECD諸国に特有の現象であるが，しかし貿易自由化とは関わりのない要因が経済成長に寄与したという一面は，この時期のOECD諸国に限定されない普遍的特徴を表していると考えられる．

　より一般的には，資本財の輸入制限は，資本財価格を高めることで実質投資を抑制しかつ成長を阻害するし，また全般的な貿易障壁も国民経済の「対外部門」の拡大を制約することによって当該国民経済の成長を阻害する．しかし，幼稚産業論や戦略的貿易政策をめぐる議論が提起してきたように，貿易障壁は

比較劣位部門から優位部門への諸資源のシフトと結びついたり，全経済へ外部効果を及ぼすような部門への諸資源のシフトと結びつく場合には，経済成長に寄与する．黄金時代における先進諸国の高成長は，対外開放度の上昇はそれほど問題にならないから，そのような部門間シフトによる構造変化の影響が大きかったといってよい．ところが，脱農業化をほぼ終えた後の先進諸国では，もはやそのような構造変化は問題にならない．黄金時代以降に対外開放度と経済成長とが逆相関の関係を示した（つまり貿易障壁が高いほど成長率が高くなる傾向を示した）のは途上諸国であるが，そこで作用したのもまた部門間シフトによる構造変化から派生する国民経済次元の生産性上昇であった(Yanikkaya 2003)．1980年代以降には貿易自由化がそれ以前よりも進展しているとはいえ，貿易自由化が途上国の高成長を可能にしたというよりも，脱農業化を伴う構造変化がそれを可能にしたという側面が重視されるべきであろう．

　黄金時代の終焉のあとOECD諸国の多くが経験したのは脱工業化現象であり，より高生産性の製造業の比重が下がりより低生産性のサービス業（この場合雑多なものを包含する広義のサービス業）の比重が上がった．この場合の構造変化は，経済成長率や1人当たりGDPの上昇率を下げる要因となる．第2次大戦後にみられた多くの途上諸国の経験は，より低生産性の農業の比重が低下し，これもまた低生産性のサービス業の比重が上昇するという点ではほとんどの国が共通していた．途上諸国の間で差異がみられたのは，より高生産性の製造業の比重上昇（すなわち工業化）の度合いであった．それゆえ1970年代以降は，脱農業化が終息して脱工業化する先進国，脱農業化と工業化が同時進行する途上国，工業化が低迷するなかで脱農業化する途上国という3つのパターンを想定しうる．そのような共存パターンについては，後の第6章で労働力構造の側面から掘り下げて検討する．

2　製造業内諸分野の不均等発展

2.1　制約された比較優位メカニズム

ところで，1国製造業内部でも諸分野間不均等発展の側面があり，製造業内

の付加価値構成においてその比重が上昇する分野と低下する分野がある．諸分野間での付加価値成長の格差は，生産性上昇率の格差か，投入生産要素増大率の格差の少なくともいずれかを反映する．より低生産性の分野の比重が下がりより高生産性の分野の比重が上がると，あるいはまた生産要素の追加投入をする分野の比重が上がり生産要素を削減する分野の比重が下がると，製造業全体の付加価値は拡大の方向をとる．生産要素としては固定資本と労働力を想定しよう．問題の1つは，生産性上昇率の高い分野の比重が上昇することは，固定資本増加率の高い分野の比重上昇とは両立するが，投入労働力の増加率が高い分野の比重が上昇することとは両立しないことにある．かりに製造業全体の付加価値成長率がゼロであると仮定すると，高生産性分野の比重が上昇することは製造業全体の労働力投入量が減少し，低生産性分野の比重が上昇すると労働力投入量は増大することを意味する．

　それぞれの国における諸産業間ないし諸分野間の不均等発展は，特定産業ないし分野の諸国間不均等発展と交錯する．その二重の不均等発展の複合構造を説明する1つの理論的よりどころは，比較優位論である．比較優位メカニズムが作用すれば，ある国で比較優位化（比較劣位化）する産業ないし分野は当該国でのそのシェアが拡大（縮小）すると同時に，当該産業ないし分野の諸国間分布では比較優位化（比較劣位化）する国のシェアが拡大（縮小）するからである．比較優位メカニズムが作用すれば，付加価値成長率の高い分野の比重がそれぞれの国で上昇する．そしてその付加価値成長が生産性の高い分野の比重上昇によって実現される諸国では，製造業における労働力投入が減少ないし低迷する．それはより低生産性の分野の比重が上昇して製造業全体の労働力投入が拡大することで製造業付加価値成長を実現する諸国と共存することになる．労働節約的製造業分野に特化する諸国と，労働集約的製造業分野に特化する諸国との棲み分け共存である．そのような比較優位メカニズムの作用が現実に貫徹してきたかどうかという問題に引きつけて，まず生産性上昇率の諸国間格差の側面から考察しよう．

　STANデータベースより，購買力平価の推計値が欠落している諸国やデータ欠落年次の多い諸国は除いたOECD13カ国について，国際標準産業分類

（ISIC）の 3 桁分類による 27 の製造業内諸分野（その他製造業［ISIC390］を除く）の生産性のキャッチアップと収斂の状況を表 5.1 として掲げた．それぞれの分野ごとにアメリカを除く 12 カ国の生産性を就業者 1 人当たり産出額として求め，その 12 カ国平均値のアメリカ水準に対する相対比を最初の欄に示してある．その変化でキャッチアップの傾向をみると，± 2%ポイント未満の微少な変化を除外すれば，70/74 年（70〜74 年平均；以下同様）から 90/94 年の間に 19 分野が格差縮小を経験し，多くの分野で対米キャッチアップ傾向を示してきた．12 カ国平均値でキャッチアップがまったくみられなかったのは，飲料，タバコ，石油精製，鉄・鋼など特定の分野にかぎられている．そのことを反映して，製造業計でも持続的なキャッチアップ傾向を示した．

　ただ，分野ごとに 12 カ国平均でみただけでは，多くの産業分野のキャッチアップ傾向がいくつかの特定国の経験のみに主導されたものなのか，それとも多くの諸国が多かれ少なかれキャッチアップの経験を共有したことを反映しているのかは分からない．それを吟味する 1 つの方法が収斂の有無や程度を確認することである．それぞれの分野につき，70/74 年と 90/94 年とについて，アメリカを含む 13 カ国の生産性の変動係数を表 5.1 の右の欄に示してある．その値が低下した場合は生産性の諸国間収斂，その値がほとんど変化しないかあるいは上昇する場合は非収斂とみなそう．± 2%ポイント未満の微少な変化を度外視すれば，70/74 年から 90/94 年の間に 13 分野において生産性の諸国間収斂傾向がみられる．ただ，80/84 年を挿入して 70 年代と 80 年代とに分けてみた場合には，70 年代に収斂傾向を示した分野と 80 年代に収斂傾向を示した分野とは必ずしも一致せず，20 年間を通じて一貫した収斂傾向を示したのはガラス等と非鉄金属のみで，一貫した非収斂もタバコと繊維と家具・装備品と石油精製にかぎられており，全般に収斂傾向と非収斂傾向とが混在していた．それは製造業計の生産性の諸国間収斂がほとんどみられなかったことにも反映されている．

　要するに，収斂を伴わずにキャッチアップした諸分野が多かったのである．12 カ国平均での諸産業分野の多くにみられたキャッチアップ傾向は，多くの場合収斂を伴わなかったのであるから，特定の諸国の当該分野のキャッチアップ

表5.1 製造業各分野生産力のキャッチアップと収斂

産業 (ISIC)	生産性の対米格差 70/74年	生産性の対米格差 90/94年	生産性の諸国間収斂 70/74年	生産性の諸国間収斂 90/94年
製造業計 (3)	69	79	18	18
食料 (311 & 2)	66	75	32	34
飲料 (313)	74	63	31	28
タバコ (314)	82	72	45	59
繊維 (321)	63	77	23	28
衣服 (322)	65	89	22	25
皮革革製品 (323)	76	74	40	28
履物 (324)	69	81	32	28
製材・木製品 (331)	76	79	24	19
家具・装備品 (332)	79	96	21	35
製紙紙製品 (341)	74	80	17	16
印刷出版 (342)	64	83	24	16
工業化学 (351)	67	61	21	28
その他化学 (352)	64	61	23	23
石油精製 (353)	102	85	28	47
石油石炭製品 (354)	163	153	126	125
ゴム製品 (355)	62	84	29	27
プラスチック製品 (356)	87	105	35	46
陶磁器等 (361)	76	95	32	25
ガラス同製品 (362)	66	79	24	16
非金属製品 (369)	71	95	23	24
鉄・鋼 (371)	93	85	54	37
非鉄金属 (372)	84	100	42	26
金属製品 (381)	55	68	30	24
非電気機械 (382)	74	93	26	29
電気機械 (383)	76	83	14	18
輸送機械 (384)	56	67	36	29
専門財 (385)	54	68	35	32

データ出所) OECD STAN Database for Industrial Analysis 1997.
注1) 生産性（就業者当たり産出額）の対米格差は，USA=100としたときの各国の相対値を期間ごとに年平均（単純平均）にしたうえで，さらに12カ国で単純平均したもの．収斂指標は，各期間につき各国（13カ国）平均値間の変動係数（％表示）．
注2) 1993年はベルギー，1994年はベルギーとフランスとイタリアのデータが原表に欠けているので，両年次に関しては包含国数が減る．また354は全年次にわたりフランスのデータが欠けている．

に主導されてきたものであって，多くの諸国が対米キャッチアップの経験を共有したわけではない．各分野で生産性の諸国間不均等発展が進行したことを意味するから，それは比較優位論に適合的な結果であるようにみえる．つまり，各国はそれぞれ特定の製造業内諸分野に比較優位をもち，各国がそれぞれの比較優位分野で顕著なキャッチアップをすることで平均指標をリードしたから，12 カ国平均でのキャッチアップがほとんどの分野でみられたという解釈である．果たして，ほんとに比較優位論が期待するような「棲み分け」を伴っていたのかどうか．

その確認のために，相対的特化度を表す RCA (revealed comparative advantage) 指標に相当するものとして，同じ STAN データベースより 13 カ国合計でみた輸出構造（輸出額の産業構成）に対する各国の輸出構造の比率を，70/74 年と 80/84 年と 90/94 年について求め，それぞれの分野ごとに 13 カ国の値の変動係数で測ったばらつきの度合いをみた．ここでは表示しないが，その係数が低下した場合は当該分野における脱特化傾向を，上昇した場合は当該分野における特化傾向を意味すると解釈しうる．±2%ポイント未満の微少な変化を度外視すれば，1970 年代と 1980 年代ともに脱特化傾向が 15 分野で特化傾向が 7 分野であり，いずれの時期も脱特化傾向が優勢であった．多くの製造業内諸分野にみられたキャッチアップ傾向は，輸出額の産業構成からみるかぎり特化傾向をそれほど伴っていなかったということになろう．ただし，輸出額の産業構成ではなく産出額の産業構成を用いて算出すると，70 年代には特化傾向が 10 分野で脱特化傾向が 7 分野，80 年代は特化傾向が 16 分野で脱特化傾向が 6 分野であり，いずれも特化傾向が優勢であった．産出構成では特化が進行したにもかかわらず，輸出構成では特化があまりみられなかったことになる．

同データベースから輸出生産比率（産出額に対する輸出額の比率）や輸入浸透度（国内需要額に対する輸入額の比率）も求めることができるが，製造業計の値を国ごとにみたそれら 2 指標はすべての国で上昇してきた．また 12 カ国計の値を分野ごとにみたそれら指標も多くの分野で上昇してきた．ある分野で輸出が拡大して他の分野では輸出が減少するとか，ある分野の輸入減少と他の

分野の輸入拡大が同時進行するのではなく，ほぼすべての諸国およびすべての分野で輸出も輸入も拡大した．それゆえ，棲み分け的分業は，OECD諸国相互間でも途上諸国との間でも，それほどスムーズには進展してこなかったといわねばならない．黄金時代終焉以降のOECD諸国では，貿易利益は教科書的説明モデルのような産業構成のシフトからもたらされたのではなく，産業間シフトがあまり進展しないまま生産フロンティアが外向シフトすることによってもたらされ（Stiglitz 1998），ほとんどの分野が各国に温存されたまま輸出が拡大してきたというのがOECD諸国の経験だったといえよう．

2.2 比較生産性上昇率について

相対要素賦存比率格差仮説に立脚する比較優位論は，要素賦存状況が違う国では生産諸要素の組み合わせが異なると想定する．生産の技術的・機構的性格を度外視したそのような弾力的な要素代替可能性の想定には，そのつど多くの批判が提起されてきた（Pasinetti 1977; Lawrence 1996; Deraniyagala and Fine 2001）．生産要素として労働力のみを想定し，何らかの指標で測った熟練度の諸国間格差の存在を前提にして相対要素賦存比率格差仮説に即した比較優位論を援用すれば，次のようになろう．貿易財生産のみから構成されかつ労働市場も類似の機能をもつ先進国（熟練労働がより豊富）と途上国（不熟練労働がより豊富）とを想定するとすれば，両者の間での貿易の進展は，先進国での熟練労働集約財生産の拡大・不熟練労働集約財生産の縮小と，途上国での熟練労働集約財生産の縮小・不熟練労働集約財生産の拡大を惹起する．不熟練労働に対する熟練労働の相対価格が先進国で上昇し途上国で下落する．雇用吸収力は熟練労働集約度に反比例すると仮定すると，熟練労働集約財生産へシフトする先進国では雇用の生産弾力性が低下しつつ熟練対不熟練の賃金格差が拡大するのに対して，不熟練労働集約財生産へシフトする途上国では，逆に雇用の生産弾力性が上昇しつつ賃金格差は縮小するということになる．南北間貿易の拡大は途上国側に大きなメリットをもたらすというその含意は，途上国側の貿易自由化政策の論拠ともなってきた．

ただ，実際には各国は貿易財産業のみから構成されてはいないし，労働市場

も過剰労働力を抱える途上国の場合は先進国と類似の反応を示すとはかぎらない．貿易自由化が世界的に進展した 1980 年代以降たしかに先進諸国における賃金格差の拡大がみられたが，それは貿易財産業での格差というよりもサービス産業での賃金格差の拡大を反映したものであり，また途上国では熟練労働集約的で輸入競合財生産を担うフォーマル部門製造業（非輸出産業）で賃金下落が起こりにくいのに対して，不熟練労働集約的で先進国向け輸出財生産の一定部分を担うインフォーマル部門は，過剰労働力のゆえに少々の労働需要増大くらいでは賃金が上昇しないから，熟練対不熟練の賃金格差もなかなか縮小しなかった（Ghose 2000）．

要素価格の変化に反映されるかどうかは別にして，おそらく比較優位メカニズムは諸国横断的な分業連関に作用しているであろう．ただ，各国内での諸産業の配分構成のあり方に対しても，ある特定産業における諸国間配分構成のあり方に対しても，比較優位メカニズムに整合的な現実的な変化が進行しているかどうかは疑問である．比較優位論の原典はリカードの比較生産費説であるが，それを相対要素賦存比率格差仮説とは別様に踏襲したものがある．行澤健三やパシネッティによる比較生産性成長（上昇）率格差仮説である（行澤 1979; Pasinetti 1981）．以下，このタイプの比較優位論の現実照応性はどうか大まかな検討を試みよう．

行澤は，リカード比較生産費説に関する「原型理解」と「変型理解」を識別したことで知られる（行澤 1974; 本山 1982, 第 9 章；森田 1997, 第 1 章）．行澤によれば，リカードの原型では貿易関係の存在がすでに所与であり，すでに x ポンドに相当する P 国の a 量の葡萄酒と E 国の b 量の服地とが取引されている．E 国にとって，x ポンドで入手している P 国の a 量の葡萄酒は 100 人の投下労働量で生産されたものであるが，その a 量葡萄酒を自国（E 国）で生産すると 120 人の労働を投下せねばならないから，すでに所与の貿易は E 国にとって利益となっている（20 人分の労働の節約）．すでに所与の貿易は，比較生産性格差の構造のもとでそれぞれの国がより生産性の高い産業製品の輸出に特化することによって成立しているが，生産力不均等発展が進行して比較生産性格差の構造が変化していけば貿易パターンも変化することを意味する．そこか

ら，貿易関係が単に諸国横断的な商品流通のもとでの棲み分けメカニズムの論証である以上に，「諸国の諸産業部門のあいだでの生産力の不均等な発展によって国際貿易のパターンを説明するという分析方法に道を開いた」(森田 1997, 42 ページ) という理解も出てくる．

 2 国 2 財（産業）を仮定したリカードの場合，それぞれの国内での 2 産業間の生産費の差（比較生産費）の 2 国間での相対比（比較生産費格差）は，生産費として労働投入量のみが想定されているから，それぞれの国内での 2 産業間の労働生産性の差（比較生産性）の 2 国間での相対比（比較生産性格差）を意味した．ある国から比較生産性において優位な産業の製品が輸出される．その静態的図式の含意を拡張して，各国内諸産業間の生産性上昇率の差を考慮して行澤が提起したのが比較生産性上昇率（行澤自身の表現では比較生産性成長率）格差仮説であった．それは相対要素賦存比率格差仮説とは異なり，生産・蓄積過程を重視することにもとづいている．

 問題はその仮説が現実をどの程度照射するかであるが，まず参照されるべき有益な先行研究として商品別データにもとづく数量生産性の測定にこだわった柳田義章の詳細な実証研究がある（柳田 1994, 2002）．ある国における諸種の製造品の生産性の順位を求め，あるいはまたそれを他の国の生産性で基準化して相対的生産性の順位にし，上位ほど比較優位分野で下位ほど比較劣位分野であると想定する．それをいくつかの時点について求め，各時点での生産性の順位にそれほど変化がなければ同型の比較優位・劣位構造が持続したとみなし，順位に変化が表れた場合には比較優位・劣位構造に変動が生じたとみなすものである．結論的解釈は，比較生産性上昇率格差仮説が適合的であるというものであった．

 ここでは異なったやり方で，同仮説が適合しないことを示そう．まず 4 段階の相対化手続きを合成せねばならない．すなわち，生産（水準）を生産性に相対化し，生産性を生産性上昇率に相対化し，生産性上昇率を比較生産性上昇率に相対化し，比較生産性上昇率をさらに比較生産性上昇率格差に相対化することである．そのような 4 段階の相対化手続きで捉えられた各国の比較優位産業が，それぞれの国において輸出実績の高い産業に対応しているかどうかが問題

となろう.

　STAN データベースを用い，生産性については ISIC3 桁の諸分野に関して就業者当たり産出額として作成する．生産性上昇率については，生産性の 1970 〜 72 年平均と 1980 〜 82 年平均との間の変化率，および 1980 〜 82 年平均と 1990 〜 92 年平均との間の変化率として算出する．比較生産性上昇率については，各国ごとに製造業計の生産性上昇率に対する製造業内各分野の生産性上昇率の比率とする．比較生産性上昇率格差については，OECD 合計（13 カ国）でみた製造業内各分野の比較生産性上昇率に対する各国ごとの各分野比較生産性上昇率の比率とする．そして輸出実績については，特化係数として通常用いられるもの，すなわち貿易額に対する貿易収支の比率を，1980 〜 82 年平均と 1990 〜 92 年平均で設定する．1970 年代の比較生産性上昇率格差と 80 〜 82 年の特化係数との関連，および 80 年代の比較生産性上昇率格差と 90 〜 92 年の特化係数との関連をそれぞれみるためである．

　表 5.2 にその結果を示した．一見して明らかなように，比較生産性上昇率格差と特化係数との間には何ら有意な関係は存在しないといってよい．ほとんど無視しうるほど軽微な値であるし，また 1970 年代と 80 年代で符号の逆転がみられ，一貫した解釈が成立する余地はないであろう．比較優位に即した棲み分けメカニズムについての説明の一種である比較生産性上昇率格差仮説は，1970・80 年代の現実に対して妥当性をもたないと思われる．

　ところで，表 5.2 には，比較生産性上昇率格差ではなく，比較生産性上昇率と特化係数との相関の程度についても示してある．この場合には，十分に高い値とはいえないが，ほとんどの分野で 70 年代にも 80 年代にも正の相関が一定程度成立している．比較優位の表現の 1 つである比較生産性上昇率格差の場合には何ら有意な相関は認められなかったのに対して，各国内の諸産業間生産力不均等発展を表現する比較生産性上昇率の場合には正の相関が認められるということは，国内の生産力格差に対応した各国の輸出実績は諸国間での棲み分けメカニズムから離脱しながら展開したことを意味するであろう．輸出実績が比較生産性上昇率にある程度左右されるということは，輸出実績の良好の分野ほど雇用低迷を経験する可能性が高いことを意味するが，このこと自体は比較優

表 5.2 比較生産性上昇率（格差）と特化係数との相関

	比較生産性上昇率格差		比較生産性上昇率	
	70年代	80年代	70年代	80年代
オーストリア	-0.42	0.33	0.36	0.76
ベルギー	-0.14	-0.09	0.61	0.67
カナダ	0.31	0.29	0.38	0.12
フィンランド	0.16	-0.10	0.33	0.72
フランス	0.00	0.02	0.40	0.77
ドイツ	-0.28	-0.21	0.38	0.26
イタリア	-0.03	-0.17	0.73	0.86
日 本	-0.28	-0.07	0.54	0.73
オランダ	0.28	0.04	0.52	0.54
ノルウェー	0.07	-0.27	0.41	0.57
スウェーデン	-0.07	-0.09	0.61	0.74
イギリス	0.08	0.55	0.44	0.24
アメリカ	-0.16	0.51	0.52	0.39

データ出所）STAN Database 1997.
注）ISIC3桁27分野に即して算出．詳しくは本文参照．

位論から導かれる推測と同じである．ただ，円滑な棲み分けが進行しないという点が異なっている．

おそらく比較優位論にとっては，事業所群を産業に括るよりも，諸産業横断的に要素集約度や生産性上昇率でグルーピングしたほうが適当なのかもしれない．じっさい，比較優位メカニズムの検証を意図した諸研究は，そのような組み直しをしたうえでなされる場合が多い．逆にいえば，通常の標準産業分類に即した場合には，その分析結果はしばしば比較優位論から距離をおいたものになる．赤松要の「雁行形態論」はその1例である．

雁行形態論は次のように要約できよう（赤松1965）．ある個別産業分野についての需給バランスの1国内での変化（需要超過局面→国内生産拡大局面→生

産能力超過局面）を軸に，当該国において発達時期が相対的に古い産業の需給バランス変化に発達時期が相対的に新しい産業の需給バランス変化が後続して展開して産業構造高度化が生起することと，類似の過程が一定の時間的ずれを伴って別の諸国で後続的に生起しつつ並存していく世界史的過程を包括的に描いた，と．赤松テーゼは，一方ではたしかに比較優位メカニズムと整合性のあるかたちで踏襲され発展させられてきた（山澤 1984; 小島 2003）．しかし他方では，いわゆる長期波動論に引きつけて踏襲されてもきた．じっさい，赤松自身も長期波動問題に固執し，長期波動の上昇期は先発諸国産業構造の後続諸国産業構造に対しての異質化傾向によって，下降期は後続諸国産業構造の先発諸国産業構造への同質化傾向からもたらされる供給超過状態の蔓延＝世界的過剰生産によって説明しようとしたのである（赤松 1965, 42ページ）．つまり，雁行形態的発展の進行は製造品が世界的に供給超過に転じる局面が波動的に顕在化することと結びつけられているのであり，比較優位に照応的な棲み分けは必ずしも主眼とはなっていない．比較優位メカニズムの作用が現実には限定的であることに注目することによって，諸国・諸産業の雁行形態的発展というかたちの不均等発展過程が産業需給バランスの不安定性を内蔵しているという認識に到達したと思われる．

3 需要の重要性

3.1 工業化と脱工業化

通常の産業分類を踏襲する場合，不均等発展や産業配分構成変化については比較優位パラダイムから離れて考察したほうがより有意義である，というのが前節までの強調点である．1国における中長期的で大まかな産業構造を規定するのは，比較優位に対応した対外的棲み分けメカニズムではなく，国内需要構造のあり方であるとしばしば強調されてきた（Broadberry 1998; Feinstein 1999）．ここでもそれを1つの手がかりにするが，そのさい需要の所得弾力性という基本概念が不可欠となる．需要の所得弾力性は，主食穀物などの生活必需品を除いて，通常は1人当たり所得が上昇する過程の初期にはあまり増大せ

ず，所得上昇につれてしだいに急上昇する局面を経て，再び低下しつつ飽和水準へ漸近していくという成長曲線の軌跡をたどる．それはあくまで財・サービスの次元でのパターンであるが，事業所が生み出す主要な財・サービスの特性にもとづいて分類された産業の次元でも，同様に考えてよいであろう．

　需要の側面に注目した古典的例としてエンゲルの法則やペティ＝クラークの法則があるが，それらは生産および需要の1国内産業間配分構成の変化に焦点をあてたものであり，基本的には各国経済論の一環として展開された．それに対して，それぞれの産業の諸国間配分構成の問題は，国内産業間配分構成が変化する諸国の共存を明示的に想定せねばならない．その想定によってはじめて，需給バランスの問題は世界経済論の領域に属するであろう．世界には1人当たり所得水準の異なった国々が並存しているから，ほとんどの産業についてその需要の所得弾力性が高い国々を見いだすことが可能であり，それゆえ世界的な需要総計が絶対的に縮小する産業は稀であるといわれる（Ballance and Sinclair 1983, 邦訳 254 ページ）．ある産業に対する需要の変化は諸国間で不均等であり，当該産業に対する需要の諸国間分布はその需要の所得弾力性が高い諸国の経済成長に大きく左右されるであろう．その点に注目しつつ需要構成と生産構成との対応関係をみる必要があるが，工業化と脱工業化の問題に即してそれを考えよう．

　ごく緩い意味での工業化とは，国民経済における製造業のシェアが上昇することであり，脱工業化はそれが低下することである．ただ，この場合には製造業に何の変化がなくても，非製造業の側での変化があれば工業化や脱工業化が起こりうる．そこで，相対的シェアの変化のみでなく，その絶対水準の増減も加味して工業化や脱工業化を考えるほうがより厳密である．また工業化や脱工業化が顕在化するか否かは，付加価値で測るか就業者数で測るかによっても左右される．生産性の高い分野の比重が上昇する場合，付加価値で測ると工業化がみられるが就業者数で測るとそれがみられないとか，付加価値では脱工業化はみられないが就業者数では脱工業化現象が現れることがある．ここでは就業者数で測った工業化や脱工業化を考える．

　就業者シェアで測った先進各国の産業構成について20世紀全体を通してみ

たとき，世紀末における各国内製造業シェアの変化は世紀初頭の工業化水準と逆比例するというパターンを示す．世紀初頭に同シェアが低かった諸国の場合は顕著に上昇し，中程度だった諸国はシェアがほぼ同等のままで，かつて高かった諸国の世紀末のシェアは顕著に低下した（Feinstein 1999, figure 2）．かつて中程度だった諸国と高かった諸国のシェアは単純に横ばいや低下を続けたのではなく，多くの場合いったん上昇したあとに低下した．一定の高さまで上昇した国内製造業シェアが低下局面を迎えるというのは緩い意味での脱工業化現象であるが，就業者の国内産業間配分構成における製造業シェアの上昇（工業化）を各国が経験するのは19世紀にも20世紀にもまたがって時期的に多様であったのに対して，脱工業化現象は早くて1950年代（イギリスとベルギー），多くは1960年代終盤ないし1970年代以降におけるいわば同時代的体験である．先進諸国におけるこの脱工業化現象は，多くの途上諸国における工業化現象と併存した．

そこで，20世紀後半においては，個々の国は工業化の局面かあるいは脱工業化の局面かのいずれかの局面にあると想定しよう．工業化局面にある諸国では，より低生産性の農業からより高生産性の製造業へのシフトが進行するから，構造変化はGDP成長率を加速させる要因となる[1]．脱工業化局面にある諸国では，より高生産性の製造業からより低生産性のサービス業へのシフトだから，構造変化はGDP成長率を低迷させる要因になると想定しうる．

3.2 脱工業化を規定する諸要因

ここで本書で使用する脱工業化の意味をあらためて明確にしておこう．全就業者に占める製造業就業者のシェアが低下すること，すなわち製造業就業者の相対的減少を緩い意味での脱工業化，相対的減少と同時に絶対数も減少する場合を強い意味での脱工業化と呼ぶことにする．しばしば産業空洞化と称されることもあるが，ここではそのような情緒的表現は使わないことにする．なお

---

[1] ただし，それは一時的かつ一回性の現象である．これと類似の観点から「アジアの奇跡」論の一面性を批判したのがクルーグマンであった（Krugman 1994）．

前述したように，付加価値の相対的シェアや絶対水準が低下するかどうかは別問題であり，脱工業化過程において製造業付加価値が増大を続けることは十分ありうる．

さて，脱工業化について経済学的な解釈としては比較優位の喪失が強調され，政治的キャンペーンとしては不公正な輸入品の競争圧力が強調されることが多かった．しかしながら，多くの OECD 主要諸国のみならず，近年の NIEs の場合でも緩い意味での脱工業化が表面化してきた．OECD 諸国製造業就業者シェアの加重平均値は 1960 年代終盤から一貫して低下を続けており，台湾・韓国・シンガポールのそれぞれ個別国の同シェアも 1980 年代終盤から明白な低下傾向に転じている (Rowthorn and Coutts 2004, Chart 2)．それらの脱工業化現象が輸入競争圧力によるよりも製造業の生産性上昇率が相対的に高いことの帰結であることについては，ローソンらによって検証されてきた (Rowthorn and Wells 1987; Rowthorn and Ramaswamy 1997; Rowthorn and Coutts 2004)．また，製造業雇用は製造業生産の拡大によって増大しうるが，その産出効果を打ち消す他の効果が同時に作用することで，それらの複合的帰結として雇用減少が起こりうることも示されてきた．

マザンダーは，L を雇用者数，v を実質付加価値，P_p は生産者価格指数，P_c は消費者価格指数，ω は実質賃金，α は賃金シェアの時系列変化に左右される技術や行動性向を表すパラメータとして，実質賃金変化率を規定する諸要因の関係を描いたが (Mazumdar 2003, 式 (2a))，それを雇用者変化率を規定する関係に変形すると，

$$\dot{L} = \alpha \dot{v} + (\alpha \dot{P}_p - \dot{P}_c) - \dot{\omega}$$

となる（ドットは変化率）．$\alpha \dot{v}$ を産出効果，$\alpha \dot{P}_p - \dot{P}_c$ を価格効果とし，その上昇が雇用増大にマイナスに作用する $\dot{\omega}$ とともに表 5.3 に検証結果を掲げた．

1970 年代，80 年代ともに製造業雇用変化率がマイナスである（つまり脱工業化を経験した）OECD は，70 年代のアメリカで賃金上昇がマイナスとなって雇用拡大に寄与したとはいえ，全般的な傾向としては産出増大による雇用拡大効果を価格効果と賃金上昇が打ち消したことを意味している．ラテンアメリカ

表 5.3　製造業雇用を規定する要因

	$\dot{L}$	産出効果 $\alpha\dot{v}$	価格効果 $\alpha\dot{P}_p - \dot{P}_c$	賃金効果 $\dot{\omega}$	雇用弾力性 $\dot{L}/\dot{v}$
1971-80 年					
OECD	-0.23	3.27	-1.78	1.72	-0.07
EEC	-0.73	2.36	-0.17	2.92	-0.32
USA	1.00	2.78	-1.86	-0.09	0.35
日　本	-0.99	5.11	-3.53	2.58	-0.22
ラ米カリブ	-0.64	1.83	-4.60	-2.13	-0.34
サ南アフリカ	4.45	2.34	-1.33	-3.44	1.62
中　国	2.18	10.63	-1.27	7.18	0.22
東南アジア	9.89	12.40	0.69	3.20	0.85
南アジア	4.75	4.60	0.43	0.45	0.94
1981-92 年					
OECD	-0.31	3.03	-1.99	1.35	-0.08
EEC	-1.04	2.36	-0.73	1.90	-0.35
USA	-0.36	3.56	-3.29	0.63	-0.08
日　本	0.56	4.44	-1.87	2.00	0.10
ラ米カリブ	-0.78	1.77	-5.68	-3.13	-0.43
サ南アフリカ	3.59	3.66	-4.43	-4.36	0.85
中　国	3.29	12.04	-4.49	4.26	0.28
東南アジア	5.86	12.35	-0.12	6.37	0.57
南アジア	1.00	6.15	-1.36	3.79	0.16

データ出所）Mazumdar 2003, Table 2, 3, 4.

も脱工業化を経験したが，産出効果およびそれ以上に賃金下落が雇用拡大に寄与したのに対して，価格効果がそれらを打ち消したことによる．製造業雇用が拡大したグループのうち，アジアは産出効果の大きさが，サハラ以南アフリカは賃金下落の大きさが，それぞれ強く作用した．ちなみに，この表が示しているのはいわゆるフォーマル部門雇用者の状況であり，インフォーマル部門を含

む就業者全般の状況ではないことに留意する必要がある．また，ここには労働時間増減の効果もカウントされていない．インドの1980年代の組織部門に関する検証では，雇用増に寄与する資本ストックや生産水準の拡大が顕著であったにもかかわらず，雇用を抑制する生産性上昇と実労働時間の拡大によって相殺され，製造業（組織部門）雇用はほとんど増大しなかったといわれている（Bhalotra 1998)[2]．

ところで，以上の分析には需要の側面が明示的に扱われていない．需要の側面を扱うために，イギリス綿工業についてのシングルトンの研究（Singleton 1986）と同様の検証手続きを応用しよう．ある産業 j につき，産出額を G_j，輸出額を X_j，輸入額を M_j，就業者数を L_j，国内需要を $D_j = G_j - X_j + M_j$，労働生産性を $\gamma_j = G_j / L_j$，とする．期首を0，期末をtで表すと，j 産業就業者数の変化は，$\Delta L_j = L_{jt} - L_{j0}$，である．$j$ を省略し γ_0 / γ_0 をかけて変形すれば，

$$\Delta L = \frac{\Delta D + \Delta X - \Delta M - L_t \Delta \gamma}{\gamma_0}$$

となる．$\Delta D / \gamma_0$ を国内需要要素，$\Delta X / \gamma_0$ を輸出要素，$\Delta M / \gamma_0$ を輸入要素，$L_t \Delta \gamma / \gamma_0$ を生産性要素と呼ぶことにする．その意味は明快であり，国内需要要素と輸出要素が就業者数を増加させる要素で，輸入要素と生産性要素は就業者を減少させる要素であるということである．つまり4つの要素それぞれの相対的関係の変化に応じて，脱工業化の有無や程度が影響されることを意味する．また，国内需要要素と生産性要素との差（$\Delta D / \gamma_0 - L_t \Delta \gamma / \gamma_0$）を国内的要素，輸出要素と輸入要素との差（$\Delta X / \gamma_0 - \Delta M / \gamma_0$）を対外的要素とみなして，4つの要素を2つに括ることも可能である．

就業者数の変化と恒等関係にある4つの要素の値を，国ごとに製造業計について求めたものを表5.4に掲げた．OECD13カ国合計でみた製造業計の就業者総数は，1970年代（70/72から80/82年）に853万人減少し，80年代（80/82から90/92年）に842万人減少して，20年で1,695万人減少した．70年代の853万人減は，輸出要素と輸入要素との差すなわち対外的要素がプラスであっ

---

[2] 事業所の実態調査にもとづいたより具体的な検証は，木曾2003を参照．

表5.4 OECD諸国製造業就業者数増減とその構成要素

		ΔL (千人)	需要要素 ①	輸出要素 ②	輸入要素 ③	生産性要素 ④
カナダ	70年代	426	10,663	3,503	3,492	10,247
	80年代	-127	3,235	1,551	1,813	3,101
フランス	70年代	-972	27,367	7,678	7,265	28,751
	80年代	-2,393	8,878	3,446	3,878	10,838
ドイツ	70年代	-3,337	43,485	15,445	10,746	51,521
	80年代	201	20,214	6,954	6,808	20,159
イタリア	70年代	1,047	31,262	8,855	7,262	31,808
	80年代	-2,284	9,422	2,185	2,397	11,495
日本	70年代	-1,333	77,827	12,564	4,901	86,822
	80年代	5,014	30,046	3,324	2,260	26,097
イギリス	70年代	-5,150	26,187	7,518	8,168	30,688
	80年代	-3,845	12,054	4,118	5,398	14,619
アメリカ	70年代	2,598	102,919	11,436	11,293	100,463
	80年代	-3,389	32,982	5,455	8,296	33,531
13カ国合計	70年代	-8,526	343,922	80,195	65,189	367,454
	80年代	-8,422	124,573	32,339	36,013	129,321

データ出所) STAN Database 1997.
注1) ΔL＝①＋②-③-④. より詳しくは本文参照.
注2) 70(80)年代は70-72(80-82)年平均値と80-82(90-92)年平均値との差.
注3) 13カ国合計にはオーストリア，ベルギー，フィンランド，オランダ，ノルウェー，スウェーデンも含まれる.

たにもかかわらず，国内需要要素と生産性要素との差すなわち国内的要素が大きなマイナスになったためである．80年代には，国内的要素も対外的要素もともにマイナスであったことによって，大幅な就業者減少が起こった．20年間をとおしてみると，対外的要素のプラスを国内的要素のマイナスが大きく上回ったことによる．

表5.5は，製造業内諸分野ごとの13カ国合計について4つの要素の値を求めたものであるが，就業者が顕著に減少した3つの分野（繊維，衣服，鉄・鋼）と，就業者が増加した3つの分野（印刷・出版，プラスチック製品製造，電気機械業）のみを掲げてある．まず就業者数が増加した分野に注目すれば，新聞や雑誌などの活字メディアの発行業を含む印刷・出版は，1970～80年代ともに国内的要素も対外的要素もプラスであったことが一貫した特徴である．プラスチック製品製造業は，対外的要素はマイナスだが国内的要素がプラスであるという特徴が70および80年代に共通にみられた．電気機械製造業の場合は，70年代には国内的要素がマイナスであるのに対して対外的要素がより大きなプラスであることによって，80年代には逆に対外的要素のマイナスに比して国内的要素のプラスがより大きかったことによって，就業者数が増大した．

就業者数が減少した分野に目を転じれば，繊維では対外的要素もマイナスだが，それ以上に国内的要素のマイナスが大きかったことがその就業者減少をもたらした．繊維産業は，単位当たり労働コスト引き下げを，生産性改善で実現する諸国と低コスト労働力の活用で実現する諸国とに両極分解する傾向を示してきたことで知られる（Mody and Wheeler 1987）．先進諸国にとって従来型産業の典型でもある繊維産業といえども，生産性改善によって残存してきたのであり，表5.5における繊維の生産性要素の相対的な大きさはそのことを裏付けるといってよい．近年の先進諸国繊維産業はもはや労働集約的産業ではなく，資本集約的産業と呼ぶにふさわしいともいわれている（UNIDO 1996, p. 46）．

衣服の場合，国内的要素はプラスであるから，この分野の就業者減少はもっぱら対外的要素に規定されていた．世界の製造品輸出に占める衣服輸出のシェアは1970年代以降上昇してきたが（ibid., p. 87），主要先進国において衣服産業の名目関税率は諸産業平均よりもはるかに高く，かつ非関税障壁も全製造品平均よりもはるかに広範であったといわれる（Spinanger 1992, p.101）．2003年のWTO閣僚会議においても，先進国側と途上国側の利害対立が顕著であった最重要懸案事項の1つが，先進国側の衣服産業に対する保護の根強さだった．途上国からの輸入が主要因となってOECD主要国側で就業者が減少

し保護主義的反応が惹起された産業の典型が，おそらくこの衣服産業なのであろう．ただ，この事例を安易に一般化して，途上国からの輸入圧力によってあるいは先進国側での比較劣位化によって先進諸国側での脱工業化全般が惹起されたということはできない．

表 5.5　いくつかの分野の就業者増減とその構成要素

		ΔL (千人)	需要要素 ①	輸出要素 ②	輸入要素 ③	生産性要素 ④
繊維	70年代	-4,421	14,179	3,508	4,170	17,939
	80年代	-2,068	4,992	1,492	2,317	6,234
衣服	70年代	-1,205	12,617	1,399	3,273	11,947
	80年代	-1,328	7,252	1,176	3,978	5,777
鉄・鋼	70年代	-1,763	12,395	2,513	1,573	15,098
	80年代	-2,397	1,564	166	441	3,687
印刷・出版	70年代	724	16,863	672	558	16,254
	80年代	1,398	10,588	479	423	9,246
プラスチック製品	70年代	1,295	9,781	854	1,002	8,337
	80年代	1,848	7,317	589	959	5,099
電気機械	70年代	659	33,673	9,555	7,060	35,508
	80年代	987	23,108	6,053	6,763	21,411

データ出所および注は表 5.4 と同じ．

　鉄・鋼の就業者減少はもっぱら国内的要素のマイナスに規定された．中長期的には，鉄鋼需要の所得弾力性は工業化の進行する当初の一定期間は上昇して1より大きくなり，産業施設やインフラがいったん整備されると1に近づき，鉄鋼投入度の高い産業の製品に対する国内市場が飽和的になるにつれて1を下回っていくと考えられる．じっさい，その弾力性はアメリカにおいては1960年代の半ばに，かつての EC では 1970 年頃に，日本では 1970 年代の半ばにそれぞれピークに達して低下してきたといわれている（Keeling 1992）．先進各国で鉄鋼の国内需要の動向に対応するかたちで生産能力が減退（少なくとも

横ばいで推移）し，需要が増大する途上国で生産拡大するのであれば，あるいは先進諸国から途上諸国へ輸出されるだけで途上国側での生産増大が生じないのであれば，供給超過状態は顕在化しない．ところが現実には供給超過が顕在化した．先進国の鉄鋼メーカーが需要減退を長期の構造的なものとしてではなく，通常の循環的なものとみなして「近代化」投資をしたため，1973～80年期間においてOECD諸国における実際の産出水準は1973年のレベルを超えることはなかったのに対して，生産能力のほうは拡大し続けた（Walter 1979; Ballance and Sinclair 1983, 邦訳165ページ）．「近代化」投資によって稼働率が低下することを避けるには，旧式で非効率的で労働集約的な工場の廃棄や再構築が必要になるから，生産性上昇を実現するなかで鉄鋼業雇用のほうは大きく減少した（Keeling 1992, table 6.5）．たとえばアメリカでは，鉄鋼工場当たり平均雇用者数は1975年の998人から1990年の406人に減少し（Jones 1992, p.204），雇用者数でみた工場の平均規模も縮小した．

　総じて，国内需要要素の低迷という共通の特徴のもとに，生産性要素が大きくかつ輸入要素が輸出要素を上回った産業において，就業者の著しい減少がみられたのである．先進国側の製造業就業者数減少の主因を製造品輸入増大に求めることができないとすれば，途上国側での製造業就業者数増大の主因をその輸出拡大に求めることもできないはずである．それを確認しよう．途上国も含めた場合の製造業各分野の生産・貿易データとして，ISIC4桁分類次元で収録したUNIDOの「工業需給バランス・データベース」がある．その分類次元に対応する労働力の数についてはUNIDO『工業統計年鑑』があるが，多くの国に共通に抽出できるのは製造業計の場合の労働力数であり，なおかつ同年鑑に掲載されているのは国によって雇用者であったり就業者（雇用者のみでなく自営的就業者や家族従業者なども含まれる）であったりする．小零細事業所に関するデータ収集がより困難な途上国は雇用者数での収録が多いから，雇用者数を掲示している国の製造業計雇用者数を用いて表5.6を作成した．

　大まかな特徴としてつぎのようなことが指摘できよう．メキシコとジンバブエを除いた他の諸国すべてで製造業計の雇用者数が増加した．その増加を左右した要素をみれば，韓国とネパールを除いて，対外的要素はマイナスに作用

表 5.6 製造業計の雇用者増減とその構成要素

	ΔL (千人)	需要要素 ①	輸出要素 ②	輸入要素 ③	生産性要素 ④
バングラデシュ (85-92)	688	856	-34	174	-40
チ リ (86-96)	161	550	122	202	309
コロンビア (85-95)	135	560	101	230	296
コスタリカ (85-93)	48	126	10	68	20
エクアドル (85-95)	20	100	16	52	44
エジプト (85-89)	144	685	66	71	536
インドネシア (85-95)	2,485	5,877	1,461	2,184	2,668
韓 国 (85-96)	498	10,880	2,850	2,544	10,688
マレーシア (85-96)	963	2,732	1,114	1,537	1,346
メキシコ (87-95)	-247	1,404	261	1,036	876
ネパール (86-93)	93	138	27	-5	77
フィリピン (85-93)	282	1,297	185	555	646
スペイン (85-91)	102	3,318	527	1,032	2,711
タ イ (89-91)	248	578	238	288	280
トルコ (85-94)	160	1,187	157	281	903
ベネズエラ (85-95)	63	22	30	43	-54
ジンバブエ (84-94)	0	63	14	61	16

データ出所)UNIDO, Industrial Demand-Supply Balance Database 2000. および, UNIDO, Country Industrial Statistics (http://www.unido.org).
注1) 雇用者数に関しては表示年次と若干ずれている場合があり，チリの86年は85年で，コロンビアの95年は96年で，メキシコの87年は85年で，ネパールの93年は94年で，トルコの94年は96年で，ジンバブエの84年と94年は85年と96年で，それぞれデータを代用している．

したのに対して，国内的要素のプラス作用がそれを上回った．それは国内需要要素がもっとも強く作用したことによるといってよい．同表は1980年代半ば以降しか示していないが，おそらくそれ以前からの傾向を反映していると考え

られる．その象徴的事例をあげれば，1972年に途上諸国側の原綿消費は先進諸国側のそれを上回り，また1980年には途上諸国側はついに原綿の入超に転じたといわれている（Bairoch 1993, chap. 14）．

　要するに，「産業」に即してみた場合，生産の国内産業間配分構成や産業内諸国間配分構成の変化に反映される不均等発展は，比較優位論的な棲み分けメカニズムに対応して展開したというよりも，需要変化の国内産業間不均等性や産業内諸国間不均等性により多く起因していたと考えねばならない．強い意味での脱工業化（製造業就業者数の相対的かつ絶対的減少）は，国内的要素（需要と生産性）が主因であり，対外的要素（輸出と輸入）は副次的要因である．副次的要因である輸入にしても，企業内貿易や垂直的国際生産シェアリングが現代世界貿易の特徴であることを考慮すると，需要制約と生産性上昇に対応する企業レベルの調整の結果である集積拠点再配置がもたらしたという性格をもっているから，やはり需要と生産性との相互関係が基本的な要因である．

　製造業およびその細分類分野の就業者数や雇用者数の世界的分布は，需要動向を反映してその諸国間配分構成が変化するとすれば，そして各国の需要構造が類似する傾向をもつとすれば，そのことは製造業およびその諸分野の就業者シェアの諸国間平準化が進行することを意味するかもしれない．つまり，企業レベルの集積拠点再配置を度外視すれば，製造業活動の集積拠点は諸国に満遍なく分散するようになる可能性がある．じっさい，製造業計の対GDP比について44カ国間での標準偏差を求めると，それは低い値でありかつ1980年と90年でその値にほとんど変化がなかったから（Hee 2002），製造業計という集計次元では諸国間分布において集積化傾向も非集積化傾向もみせず満遍なく分散していた．

　ただし，製造業内28分野の次元では，一方では標準偏差の高い分野すなわち特定の諸国に集中分布する分野（規模の経済性や技術水準や産出成長率が高い分野）があり，他方では標準偏差の低い分野が存在して，製造業計としては相殺しあったことによる．それゆえ，細分類次元でみた場合には，とくに集積利益を享受する分野において，必ずしも需要増大地に生産拠点が立地したというわけではない．需要増大地をにらんで展開される企業活動の集積・再集積は需

要分布パターンそのものからは独立した要因も絡んでいるのであろう．そしてそれはまた，要素賦存パターンからも相対的に独立して展開されてきたのである (ibid.)．その意味で，多国籍企業論が現代世界経済分析にとって重要な意義を有していることは否定できない．

4 工業化問題と工業調整問題の並存

製造業就業者数の増減が需要の変化に対応するとすれば，先進諸国でも途上諸国でも供給体制の再編，すなわち製造業供給能力の先進諸国側での縮小調整と途上諸国側での拡大調整が進行したはずである．そのさい，先進国側の国内事業所群の生産能力抑制は先進国企業の供給能力抑制と必ずしも同じではないし，途上国側の国内事業所群の生産能力増進は途上国企業の供給能力増設と必ずしも同じではない．企業は諸事業所を経営管理する意思決定単位であるが，先進国系企業が，その生産能力を先進国内事業所では抑制し途上国内事業所では拡大（ないし新設）すればよい．資本主義的企業の意思決定のもとで，諸国横断的に事業所群を統廃合・再構築することが，産業需給バランスの変動に対する企業レベルの反応である．農産物の諸国横断的な需給バランスの変動の場合とは異なって，製造業では企業レベルの反応が世界経済に大きな影響を及ぼす．

脱工業化が進行した1970年代以降の先進諸国では，日本やドイツでは軽微であったとはいえ，製造事業所の平均規模（就業者数でみた規模）の縮小傾向があった (Sengenberger 1988; Ark and Monnikhof 1996)．とくにアメリカでは資本市場を媒介に企業買収が活発化し，買収側企業による限界事業所の閉鎖あるいは正規雇用の縮小（解雇・一時帰休や代替的雇用形態への転換）が，一定の産業分野における過剰能力の顕在化を抑える機能を果たした (Jensen 1993)．

アメリカの例にかぎらず，個々の産業分野の当該国内での供給能力超過傾向は，その産業に従事する企業や事業所レベルでは統廃合を含むリストラ圧力を惹起し，また労働力包摂方式の改変への側圧となったと考えられる．また総合

的政策プランとして，需要制約下の産業活動を市場的縮小調整に委ねつつ，需要急増が見込まれる産業活動への参入を刺激して，前者の活動分野から後者の活動分野への労働力や資本のシフトを円滑にする体制を築くことも模索されてきた．規制緩和・規制改革プログラムである．

　従来，先進国側での規制緩和論議で主な焦点にされてきたのはエネルギー分野，運輸分野，郵便・電気通信サービス分野，銀行・金融サービス分野，ラジオ・テレビ放送分野であった（OECD 1992，邦訳 8〜9 ページ）．相対的需要超過が期待される産業への参入障壁を撤廃ないし軽減することが，まず重視されたと考えられる．つまり供給超過傾向の農業や製造業は，当初の規制緩和論議ではあまり問題にされていなかった．おそらく，農業分野では GATT を舞台にして政治的かけひきの焦点になり続けてきたから，農業についての規制の国際標準化はそれらの舞台に委ねられていたのであろう．製造業においてはそれを担う企業の多くが多国籍的活動を展開してきたし，なおかつそれは OECD 諸国間での相互乗り入れ的なものの比重が高かったから，そのプロセスのなかで規制の OECD 諸国間での差異は事実としてかなり解消してきたという側面があったと考えられる．農業問題の場合とは異なって，工業問題においては資本主義的企業レベルでの調整がすでに展開していた．

　それに対して途上諸国の場合は状況がかなり異なっていた．世銀や IMF が支援する構造調整は，市場経済の強化を志向する政策を重視するものであり，調整貸付の対象とされてきた政策分野としては貿易政策や農工分野関連政策のシェアが高かった（石川 1994，表 4）．1991 年から 2001 年にかけてなされたアフリカ諸国における民営化 2,216 事例のうち，30％が製造業ないし工業（製造業のほかに建設業や鉱業などを含む）に従事している企業で，25％が農業および農産加工業に従事している企業であった（Nellis 2003, Table 3）．製造業や農業を標的とした規制の国際標準化は，世銀や IMF を媒介にして，主として途上諸国において実行されてきたという解釈が成り立ちうる．おそらく途上諸国においては，先進諸国とは異なって，農業や製造業は市場圧力のもとでは供給拡大が期待される分野（相対的需要超過分野）であるという判断がそれらの政策の基本的な前提になっていたと思われる．必要な供給拡大調整を実現する

ほどにはまだ資本主義的企業が十分発達していないから，政府や国際機関が拡大調整へ向けて重要な役割を果たす．

従来は非物的生産業が規制緩和の主たる焦点であった先進諸国においても，より広範な側面を射程において OECD の「規制改革プログラム」が整備されるにつれて，農業や製造業をも包摂した各種規制の標準化が追求され，諸規制の多元的な重層構造そのものを全体的かつ諸国貫通的なものに再設計する方向へ進んできた．総じて，供給能力の諸国横断的な拡大調整や縮小調整が，資本主義的企業のレベルでも各国政府レベルでも，さらに政府間協議機関や国際金融機関でも，大きな課題となるに至ったのである．各種産業分野の参入障壁の撤廃・軽減，投資条件の国際標準化，貿易自由化などが規制緩和や構造調整というキーワードのもとで模索されてきた．

かつての世界農業問題とは異なって，20 世紀終盤に顕在化してきた「世界工業問題」とは，先進諸国側での工業調整問題と途上諸国側での工業化問題という2つの軸をもっている．工業調整問題には，資本主義的企業のレベルでの調整的反応が含まれる点にその世界史的な特質がある．企業がその包摂事業所群を諸国横断的に組織することで，個々の企業からみれば包摂事業所群相互の取引は補完財取引であるが，国民経済の次元からみれば競合財貿易という性格をもつ．そして世界工業問題とは，諸企業の資本主義的な活動の一環としての調整的反応と，諸国民経済の産業構造政策や産業調整政策などとのせめぎ合いの問題である．

いわゆるグローバル化は，研究開発・生産・調達・販売・金融等の各種活動を組織してなされる企業の国境を越えた経営にその基礎をおいており，それは各国民経済の観点からみれば諸産業にグルーピングされる当該国の事業所群のうち外国籍経営システムへ帰属する部分が増大していくことを表す．それらはランダムに分散するのではなく，地域的集中（ローカル化）を特徴とする．多国籍企業群が管轄する事業所がグローバルに分布するのではあるが，そのそれぞれの分布拠点では各企業とその顧客との近接性を軸にした経済活動の地域的集積が顕在化し，いわゆるグローバルなローカル化（global localisation）が進行していく（Oman 1999; 森澤 2004）．諸国に分散するそのような拠点地域

のそれぞれは，企業誘致のための物的・制度的インフラ整備を必要とするが，そのようなインフラ整備はしばしば諸国間で過当競争の様相を呈してきた(川本1994)．

　それゆえまた，貿易や国際投資は満遍なく多方向に向かったのではなく，グローバル化論議における懐疑論が強調してきたように，地域的な偏向度を高めながら増大しいわゆるリージョナル化の様相を呈してきた．地域経済協力や地域統合が，関連する諸国で具体的な政策課題として共有されるようになる．地域共通の政策課題を明確にすることは，その構成諸国内部での規制改革や構造調整に伴う利害対立と混雑現象を調整するさいの外圧的求心力をも付与する (Oman 1994, chap. 1)．リージョナル化の1つの側面は，貿易と投資の絆が相対的に強いという現実を背景に，複数の国民経済間で産業構造政策や産業振興政策や通貨・金融危機管理システムの超マクロ的調整が模索されることにあるといえよう．そのような多数国参加型の政治的レベルの調整は，比較優位メカニズムの作用に対する国ごとの防衛的反応が相互に妥協しつつ折り合いをつける模索過程であり，製造業諸分野の諸国横断的な需給バランスの変動から派生する世界工業問題の1つの側面である．

5　結　語

　ある国の諸産業分野生産額の不均等成長によって当該国産業分野構成が変化したり，ある産業分野の各国生産額の不均等成長によって当該産業分野の諸国間分布が変化する状況が不均等発展である．それをもたらす生産額不均等成長は，生産性上昇率の格差や，資本蓄積率の格差および投入労働力増加率の格差に由来する．生産性の諸国間格差については，キャッチアップや収斂の有無ないし程度を問題にしうる．生産性についてのごくラフな指標である1人当たりGDPでいえば，第2次大戦後のいわゆる黄金時代のOECD諸国群でキャッチアップと収斂がみられたが，それは世界史上特殊な現象であった．なぜなら，脱農業化過程に伴う構造変化の所産だったのであり，農業就業者シェアが収斂したあとは生起しない現象だからである．生産性上昇の追求を含む合理化

運動や，市場的刺激を活性化する規制緩和策のような政策手段で再現できるようなものではない．

　生産性の1国内諸産業間格差とそれに伴う産業構造変化については，輸出実績との関連を問題にしうる．産業構造変化が比較優位メカニズムにどの程度影響されていたかは重要な焦点の1つだからである．各国の輸出実績は，各国内の諸産業間生産力不均等発展を反映してはいたが，しかし比較優位に対応した棲み分け調整は遅々としていた．それゆえ，比較優位メカニズムの貫徹を想定した世界経済分析は一面的であるといわねばならない．その一面性を克服する1つの方法は，需要の側面に注目することである．

　先進諸国の脱工業化（製造業就業者数減少）においても途上諸国の工業化（製造業就業者数増大）においても，国内需要要素と生産性要素が主要因で，輸出入は副次的要素だった．そのような需要の側面に注目してはじめて，世界的には工業化問題と工業調整問題が並存していること，つまり製造業供給能力の先進諸国側での縮小調整をめぐる問題と，途上諸国側での拡大調整をめぐる問題とが併存していることを分析課題の正面に据えることができる．

　産業需給バランスの多様な調整過程として，先進国側では製造事業所の平均規模縮小，企業買収による事業所群の統廃合，正規雇用の縮小，規制緩和・規制改革プログラムという政策志向などがあげられよう．途上国側では，構造調整プログラムによる農工分野の強化，広義の工業に従事している国有・国営企業の民営化などが推進されてきた．そして，各企業による諸国横断的な企業リストラを追求する動きと，各国民経済の産業構造調整を追求する動きとがせめぎ合い，また多数国参加型の国際政治レベルの調整も必要となる．総じて，途上国側での工業化問題と先進国側での工業調整問題とが併存し，かつ資本主義的活動を展開する企業レベルでも諸国横断的な調整が模索されているが，それらを総称して世界工業問題ということができよう．

第6章　労働力構造の変化

はじめに

　個々の国の構造変化には，脱農業化や工業化などのように再現することのない一回性の構造変化がある．現代世界経済における各国の一回性の構造変化過程の併存のあり方について考察するのが本章の課題である．第1節では，労働力人口に占める農業と製造業のシェアの国際比較から，脱農業化と工業化と脱工業化という3つの傾向的パターンを抽出し，それを分析するさいの参照基準としての構造変化局面の代表的平均像を描き出す．それが本章の考察にとっての分析枠組みとなる．第2節では，資本主義的発展のもとでの脱農業化過程の歴史的経緯と現代的特徴を，小農層の比重の変化に注目することによって考察する．第3節では，現代の途上諸国工業化過程におけるいわゆるインフォーマル・セクター問題について，マクロ的には雇用者比率の低位飽和水準と，ミクロ的には世帯的企業の生存力の高さと関連づけて位置づける．第4節では，途上諸国非農業活動におけるインフォーマル性という観念がつねにその対極に想定してきた先進諸国におけるフォーマルな正規雇用に関して，脱工業化過程のなかでのその変容のあり方を考察する．

1　諸国民経済の労働力構造

1.1　脱農業化・工業化・脱工業化

　本章で労働力（の）構造というとき，多様な就業形態を内包する労働力人口の構成のことを指している．そして労働力構造の変化を捉えるためにいくつか

の指標を多用するが，その意味することをまずはじめに提示しておこう．労働力人口（ないし就業人口）の産業別構成において，農業のシェアが相対的に低下することを脱農業化，製造業のシェアが相対的に上昇することを工業化，同シェアが低下することを脱工業化とみなす．前章では緩い意味での脱工業化（製造業就業者シェアの相対的低下）と強い意味での脱工業化（製造業就業者数の相対的かつ絶対的低減）とを区別したが，この章ではもっぱら緩い意味での脱工業化に注目することになる．

また労働力人口（ないし就業人口）の地位別構成において，雇用関係にもとづいて就業する雇用者（employees）の割合＝雇用者比率が上昇する場合は雇用者化，逆に雇用者比率が低下する場合は脱雇用者化とみなす．雇用関係は，他人労働力を活用することによって自世帯構成員を超える就業者数による事業運営を可能にするから，雇用者比率は規模の大きな事業所が定着している度合い，さらにいえば当該国民経済の「資本主義化」の程度を測る1つの指標になりうる．ただし，雇用関係は基本的には交換関係ではないし，また資本主義的発展に伴って生成したのでもない．逆にすでに長い歴史を有する雇用関係の規範を前提として，資本－賃労働関係を処理する社会的調整ルールが形成されていった．「資本主義」にとってすでに所与であった雇用関係とは，「奉公」関係である．イギリスで原則として主従関係として成立した雇用関係の「実質的内容は雇主によるサーバントの時間の支配」（森 1988, 238 ページ）であり，19世紀に入って新たに登場する工場法や集団的労働関係法と交錯しつつ，そのつど調整されてきたのである．日本においても雇用関係は長い歴史を有するのであり，武家奉公，町方奉公，村方奉公，勤奉公などの多様な雇用形態として展開した（牧 1977）．そのような雇用関係規範を前提として，資本－賃労働関係や問屋制による専属的下請関係が接ぎ木され，民法や労働法と交錯しつつ雇用関係の法的側面での整備が進展してきた．労働市場を介して雇用関係に入るのであるが，その雇用関係そのものは当事者どうしの交換なしに持続するのであり，その関係を律するのは交換以外の社会規範である．雇用関係に入った雇用者には元来は時間使用における決定権がなかった．8時間労働日制などの法制度は，長い前史を有する雇用関係規範を修正する比較的新しいルールであり，

かつ生産性上昇による労働力投入量削減が可能になってはじめて現実に普及した．かつてのイギリスや日本でもそうであったように，雇用関係はしばしば主従関係の名残をもち雇主の私的用件に付随する労働を余儀なくされる場合もあろうが，しかしそのような現象はけっして「前近代的」でも「封建的」でもない．単に雇用関係を律するルールの整備状況の問題である．途上諸国の雇用関係のあり方について考察するさいに，「前近代性」の兆候探しをすることは避けるべきであろう．

ところで，就業者の産業別シェアや地位別シェアは，一定の限界があるとはいえ，国単位で集計加工された国際比較統計で確認可能なものである．国単位の統計データでの把握が困難なものとして小農（peasants）の増減の問題があ

表 6.1 農業就業者シェア（%）

	1870 年	1950 年	1973 年	1987 年
オーストラリア	30	15	7	6
オーストリア	65	34	16	9
ベルギー	43	10	4	3
カナダ	53	22	7	5
デンマーク	52	25	9	6
フィンランド	65	46	17	10
フランス	49	28	11	7
ドイツ	50	22	7	5
イタリア	62	45	18	10
日　本	70	48	13	8
オランダ	37	14	6	5
ノルウェー	53	30	11	7
スウェーデン	54	20	7	4
イギリス	23	5	3	2
アメリカ	50	13	4	3
平　均	50	25	9	6

データ出所）Maddison 1991, Appendix Table C. 5.

る．この場合各種事例研究から類推するしかないが，農村労働力に占める家族経営農業従事者のシェアが上昇するのを農村小農化（以下単に小農化），そのシェアが低下する場合を農村脱小農化（脱小農化）と称することにする．歴史的経験からいえば，農業従事者が資本家的農業経営者と農業賃労働者とに分化していくいわゆる「農民層分解」は脱小農化の代表例であり，「中農標準化」と称された現象は小農化の代表例である．

さて，以上のような諸指標に注目して世界経済の一面を考察するが，まずOECD諸国の脱農業化の長期趨勢について表6.1で確認しよう．平均でみれば1870年の約50％から1950年の約25％を経て1973年に10％弱となって，その下限に近づいた．19世紀終盤以降にイギリスよりもドイツとアメリカ合衆国の経済成長率が高かったのは，その両国の農業就業者シェアがイギリスに比してかなり高かったことが主要な理由の1つであったことを強調したのがブロードベリーであるが（Broadberry 1998），じっさい1870年に23％だったイギリスに比して，他の諸国はまだかなり高い．イギリスはそれ以前から低い値であり，ドイツやアメリカはその低下過程が進行中であったが，それでも1870年時点でなお50％の水準にあり，農業－非農業シフトはその後も進行した．そのことが，イギリスに比して，ドイツとアメリカの成長率が高かったことの一因である．1950年から73年にかけて（いわゆる「黄金時代」に相当する時期），農業就業者シェアの低下を多くの諸国が経験しているが，その度合いには諸国間で差がある．その黄金時代における西欧諸国間の成長率の差異を説明する主な要因も，期首における農業就業者シェアの大小に由来する農業－非農業シフトの程度であり，1970年代に諸国の農業就業者シェアが縮小して等しく下限に近づいたことが黄金時代の終焉をもたらした諸国共通的要因であった（Temin 2002）．

テンプルらによれば，農業から非農業への就業構成のシフトが，限界生産力の低い「伝統的」部門からそれが高い先進的部門へのシフトを表している場合には，固定資本投資からは独立した生産性上昇という特徴的な現象を発生させる（Temple and Voth 1998）．また，吉川による第2次大戦後の日本経済についての分析によれば，脱農業化それ自体がマクロ的な需要拡大効果をもたらす

（吉川1992, 第2, 8章）．都市化によって，世帯の規模は小さくなるがその数は増えるから世帯の消費需要は全体として拡大し，他方でインフラ整備の必要性のゆえに建設需要や鉄鋼需要も拡大したというのである．要するに，ある国民経済において脱農業化が急進展する時期には，そのこと自体が当該国の成長率および1人当たり所得の上昇率を高める主要な要因になりうるのである．

先進諸国における農業シェアはその下限に近づいたから，1970年代以降の脱農業化の舞台は主として途上諸国であった．その途上諸国における脱農業化は，好不況からはほとんど独立した現象であったことが知られている（Ghose 1990, chap. 3）．景気変動に応じて雇用が増減する（公的部門や非営利部門を除く）非農業フォーマル部門とは別に，都市や農村の雑多な非農業活動および国外移動という脱農労働力の受け皿が存在したためであろう（竹野内 1998; Ghose 2002）．

1970年代以降に工業化傾向がみられたのはアジアとアフリカ（ただし南部と西部を除く）であり，OECD諸国やラテンアメリカ諸国では脱工業化傾向が優勢だった（ILO 2002b, Appendix Table 1）．ただし，1960〜94年期間の長さでみれば製造業雇用の生産弾力性のラテンアメリカ地域平均は0.62で，途上諸国地域の平均0.60を上回っている（UNIDO 1995, p. 13, Table 8）．ラテンアメリカの脱工業化は1980年代に顕在化したものなのである．

先進諸国における脱工業化には多様性があり，表6.2にみられるように日本やドイツやイタリアのように相対的に軽微な脱工業化を示してきた諸国と，アメリカやイギリスのようにより急速に脱工業化が進行した諸国とがある．より軽微な前者の諸国の場合，男性労働力の製造業シェアと女性労働力の製造業シェアとの差は小さく，後者の諸国では女性の製造業就業シェアと男性のそれとの差は大きい．脱工業化は，製造業就業者の脱女性化が進行した後に本格化するかの様相を呈している．

1.2　1人当たりGDPとの対応

図6.1は1990年における就業者の産業別シェアを，1人当たり実質GDPに対応させて男女別に分けてプロットした散布図である．男女計の就業人口が

100万人以上で該当データが抽出できる諸国(37カ国)のみを取り上げてある．
男女ともに農業のシェアは1人当たりGDPの上昇と連動して一貫した減少パターンをとるが，女性の脱農業化が男性のそれより急激である．1人当た

表6.2 生産額上位8カ国の製造業就業者シェア（%）

		1980	1985	1990	1995	2000
アメリカ	女	16.4	14.3	12.9	11.3	10.3
	男	26.3	23.6	22.2	20.8	18.6
日本	女	24.6	24.9	23.5	20.7	17.5
	男	24.7	25.1	24.5	23.8	22.5
ドイツ	女	26.4	23.3	22.3	17.2	15.8
	男	38.8	38.1	38.0	31.6	30.5
イギリス	女	20.5	17.0	14.7	11.9	9.9
	男	33.6	29.9	27.8	24.8	23.1
イタリア	女	26.4	22.4	20.9	20.3	19.3
	男	27.0	23.6	23.2	24.1	26.1
ブラジル	女	11.9	11.6	11.9	8.4	8.4
	男	16.4	16.3	16.9	14.8	13.7
カナダ	女	13.4	11.4	10.3	9.6	9.0
	男	23.9	22.1	20.6	20.0	20.0
スペイン	女	20.2	15.8	15.9	12.6	12.2
	男	27.7	25.7	25.4	22.9	23.1

データ出所) ILO, KILM (3rd ed.), Table 4C より作成．
注1) この8カ国は1998年の製造業付加価値額で上位10カ国に含まれる国（他に4位の中国と5位のフランスがある）．なお，世界製造業付加価値に占めるこの上位10カ国のシェアは，85年は80.5%，98年に76.1%であった．UNIDO, Industrial Development Report 2002/2003, Appendix Table A2.4.
注2) カナダとドイツの2000年は1998年，ブラジルの1980年は81年，ブラジルとスペインの2000年は1999年でそれぞれ代用．1990年までは西ドイツ，95年以降は統一ドイツ．

りGDPの上昇につれて，女性は男性よりも早い段階で農業から非農業にシフトすることを意味している．製造業のシェアは，1人当たりGDP（購買力平価で換算された実質値）が5千ドルあたりまで上昇したあと頭打ちになる．女性の場合はそれに後続して低下傾向が現れるが，男性の場合は低下傾向までは確認できない．統計上の脱工業化現象を牽引しているのは，女性就業者のデータであるといってよい．女性就業者は，脱農業化においても脱工業化においても先陣を切るのである．

女性労働力率については諸国間格差が大きい．文化的要因（たとえばイスラム教的規範が強いと思われる諸国では女性労働力率は極端に低い）もあるが，それ以上に1人当たり所得との対応関係が強く，横軸に1人当たりGDPを縦軸に女性労働力率をとってプロットすると，V字（ないしU字）型の軌跡になることが知られている（Turnham 1993, Figure 1.2）．ILOの公式報告書でも取り上げられ解説された（ILO 1999, chap. 1）[1]．脱農業化が急激に進行しかつ工業化もある程度進行しているとき女性労働力率は急激に低下するが，脱農業化が一定の進展をみせかつ工業化の進展も頭打ちになりつつあるときに女性労働力率は反転上昇する傾向へ転じるのである．

1.3 雇用者化の限界

就業者を地位別分類すれば，賃金や俸給を支払われる雇用者（employees）と，自営的就業者（self-employed workers）と，無給の家族従業者（contributing family workers）という3つのカテゴリーに大きく分けられる．自営的就業者には，雇用者を雇っている自営的雇主（employers）と，雇用者なしの独立労働者（own-account workers）とが含まれる．地位別分類によるデータの国際比較可能性は，労働統計のなかでももっとも困難で整備が遅れているようである．たとえば公務員（すべて雇用者に該当する）をどのカテゴリーのものまで含めるか，軍人（おそらく雇用者に該当する）を含めるか否か，臨時雇用や季

---

[1] V字型パターンとは横軸を対数目盛にした場合の形状に即した名称であり，対数目盛を用いてない場合には本来のV字型ではない．

(a) 女性

(b) 男性

1人当たり GDP(PPPドル)

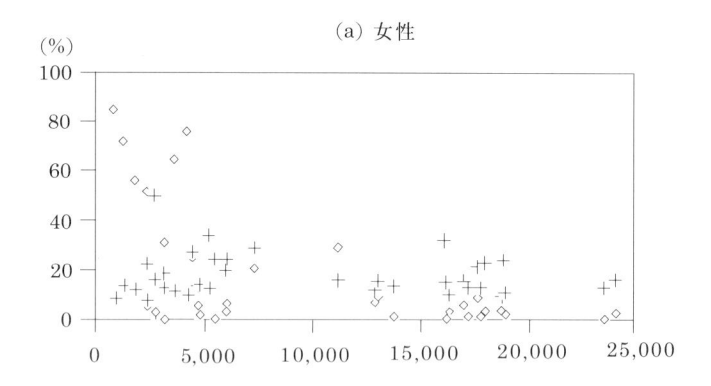

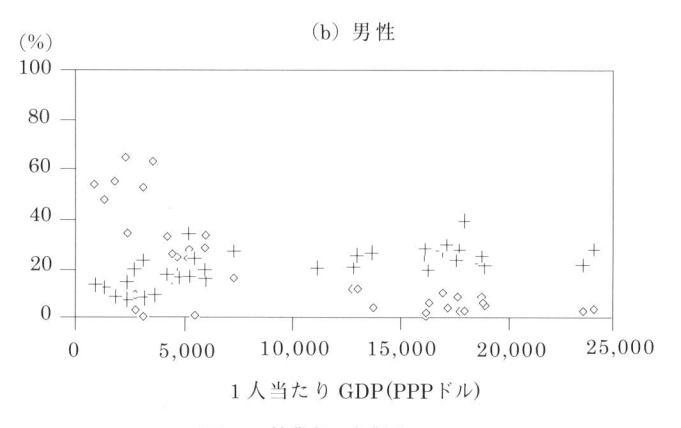

図6.1 就業者の産業別シェア

データ出所) ILO, Key Indicators of the Labour Market, 3rd ed., 2003.
注1) ◇は農業, ＋は製造業.

節雇用などがすべてカウントされているか部分的にカウントされているか，等について国によってまた調査年次によって必ずしも一貫していないようである．さらに，たとえばある男性の自営的雇主と協働している同男性と同一世帯内の女性の場合，調査のさいにある国では非労働力人口として処理され，他の国では有給の雇用者として処理され，別のある国では家族従業者として処理さ

れるというような違いが甚だしいようである．それゆえ，地位別分類による国際比較データは限られており，あまり鮮明な解釈を引き出すこともできない．ここでも大ざっぱな推測が中心になる．

注目するのは，雇用者比率（就業人口ないし労働力人口に占める雇用者の割合）の1人当たりGDPとの対応関係である．雇用者比率については，だいたい7〜8割の飽和水準に到達することがかつて先進諸国のケースに即して指摘された（梅村 1961; Lecaillon and Germidis 1975）．その飽和水準の意味あいが焦点になる．

国際比較可能性を重視して編集・公刊されたILOのKILMデータをもとに，図6.2を作成した．それは1980年から2000年までカバーしているとはいえ，多くの先進諸国に関してはほとんどの年次の雇用者比率が抽出できるが，それ以外の諸国については一部の年次しか同比率を抽出できない．しかし，国際比較可能性という点を重視すれば，おそらくこれがもっとも有効なデータである．1人当たりGDPについては，2000年までをカバーしているPENN World Table（バージョン6.1）のデータを用いた．労働力人口（男女計）が100万人以上の諸国のみを取り上げ，OECD諸国の場合と旧ソ連・東欧諸国（国際機関による「移行経済諸国」という呼称をそのまま使っている）の場合およびその他諸国の場合という3つに分けて図示してある．その他諸国は途上諸国のつもりであるが，2000年時点で途上諸国とみなすべきでないかもしれない韓国や台湾やメキシコやギリシャをそこに含めてある．ただし香港とシンガポールとイスラエルは，もともと雇用者比率が高い特殊ケースなので，除いてある．

図6.2(a) にプロットした雇用者比率をみると，9割に達しているケースがかなり多い．低めに分布している部分はイタリアや日本やポルトガルやスペインの影響である．全般にかつての研究で指摘された飽和水準を若干越えたのは，パートタイム雇用や臨時雇用の蔓延が影響しているのであろうが，しかし飽和水準に到達していることに変わりはない．

図6.2(b) の移行経済諸国は特殊なケースなので独立して表示した．ほとんどの就業者が雇用者とみなされてきたようで，かなり高水準である．おそらく，第2次大戦後のある時期に国有・国営部門への急激なシフトに伴う就業上

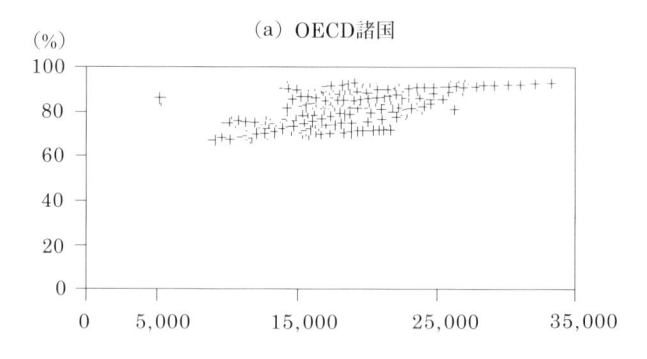

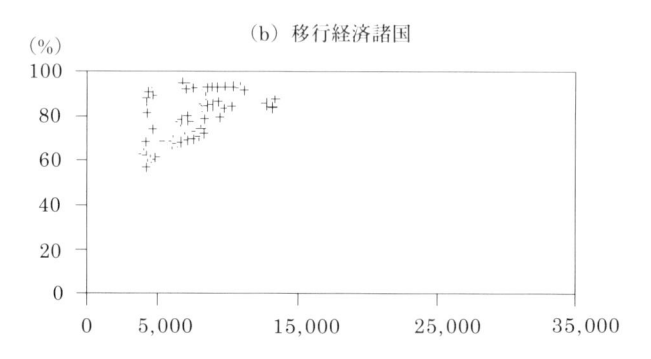

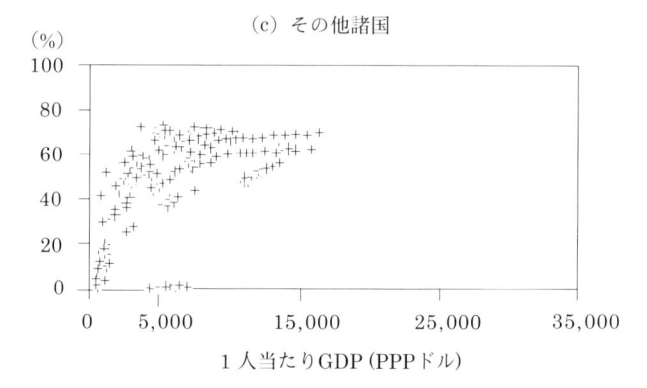

図 6.2 雇用者比率（**KILM** 版）

データ出所）ILO, KILM（3rd ed.）, 2003.

の地位の定義上の再編成があり，その定義変更を反映した雇用者比率の急上昇があったのであろう．しかし，とくに1990年代に入ってマイナス成長や1人当たり所得の下落を経験してきた諸国が多いから，時系列的にはグラフの右側から左側への推移が多く，1990年代に雇用者比率の低下を経験したグループということになる．

　問題は図6.2(c)のその他諸国であるが，一定の多様性がある．とりわけ，横軸に貼りつくように極端に低い値を示しているのはタイのケースである．それを除けば，急上昇した雇用者比率が頭打ちになって飽和水準へ向かう傾向はやはり存在するといってよいであろう．そのような飽和水準への遭遇は先進諸国のみの特性ではなく，いかなる国であれ資本主義的発展が続けばいずれ経験する性質のものと考えられる．問題は，その飽和水準が，先進諸国の場合と途上諸国の場合とで高低に差があるかどうかである．換言すれば，図6.2における(a)のグラフと(c)のグラフとを接続すべきか否かという問題である．

　1970年代半ばから80年代半ばにかけてのデータをもとにしたILOの分析結果では，非農業自営業者の増加率は非農業就業者の増加率と正の相関を有しており，それはとりわけ途上諸国により顕著にみられる (ILO 1990, Figure 2, 4)．非農業就業者の増大（それゆえまた脱農業化）が，雇用外就業者の増大と連動しているということは，個々の途上諸国が直面するのは，先進諸国が経験した飽和水準よりもはるかに低い雇用者比率の飽和水準であろうと推測される[2]．2002年の第90回ILO総会で提示されたILO事務局の報告でも，途上諸国における自営業者の割合はなかなか低下せず，むしろしばしば上昇することがあったことを強調している (ILO 2002a, p. 14-16)．また「グローバル化の社会的次元に関する世界委員会」の2004年の報告書では，非農業就業者に占める自営的就業者の割合を1980年代平均と1990年代平均との対比で示しているが[3]，それによると開発諸国が13%から12%にやや低下したのに対して，

---

[2] その点については，データの取り扱いがかなり不十分ではあったが，拙稿（高良 1999）でも論じておいた．

[3] The World Commission on the Social Dimension of Globalization, A FAIR GLOBALIZATION: CREATING OPPORTUNITIES FOR ALL, ILO, 2004, Figure 15.

アフリカが 44 → 48%，アジアは 26 → 32%，ラテンアメリカは 29 → 44%，世界全体では 26 → 32%と顕著に上昇した．もっとも自営的就業者の割合の上昇は，家族従業者の割合の低下によって相殺される場合には，雇用者比率の低下を必ずしも意味しない．それゆえ，以上の傍証材料は非農業における雇用者比率の低下（脱雇用者化）を推測する根拠にはなりえないが，しかし現代の途上諸国では雇用者比率が伸び悩むことを推測する一定の根拠にはなりうると思われる．

　先の図 6.2 のデータは KILM のものであり，1980 年以降に限られていた．その時期は，日本やイタリアなどを除けば，すでに脱農業化も雇用者化もその極限に行き着いた先進諸国が多い．先進諸国で脱農業化や雇用者化がまだ進行中であった時期を含めて雇用者比率の動きをみることができれば，途上諸国の雇用者比率と先進諸国の雇用者比率とが同一の散布図上に接続すべきものなのか，それともそれぞれ独立に描くべきものなのかがよりはっきりするであろう．ILO は『労働統計年鑑』の特別版として，第 2 次大戦後に各国が実施した人口センサスの結果を網羅したものを刊行した．分類基準は必ずしも各国で統一されていないし，1 つの国でもセンサス年次が異なれば分類が変わっている場合も多い．国際比較データとして使うにはかなり無理がある．しかし第 2 次大戦後の早い時期からのデータが利用できるというメリットはある．そこで，やや強引ではあるが，そのデータを使って図 6.3 を作成した．労働力人口が 100 万人以上のケースで，(a) は主要先進諸国を，(b) はそれ以外の諸国を図示したものである．ただし，いずれの図にも旧ソ連・東欧諸国は含めず，スペインとポルトガルは (b) に含めてある．(a) では 8 割あたりで飽和水準が形成され，(b) ではかなりばらつきが大きいが，6〜7 割で飽和水準が形成されているようにみえる．

　以上を要約するとつぎのようになる．第 2 次大戦後，脱農業化・工業化・雇用者化が全般的に進展した．1970 年代に入るまでには先進諸国ではいずれもその限界（下限ないし上限）に達したのに対して，多くの途上諸国ではその後も進展した．ただし，雇用者比率に関しては，19 世紀以来のプロセスを継承する先進諸国が遭遇する飽和水準と，第 2 次大戦後にプロセスが本格始動した途

上諸国が遭遇する飽和水準とに落差があり，途上諸国はより低位の飽和水準に遭遇する雇用者化を経験しつつある．女性労働力率のV字型パターンはより普遍的で諸国貫通的な特性であると考えられるが，雇用者化には先発グループと後発グループとで違いが現れるのである．

(a) 先進諸国

(b) 途上諸国

1人当たり GDP(PPPドル)

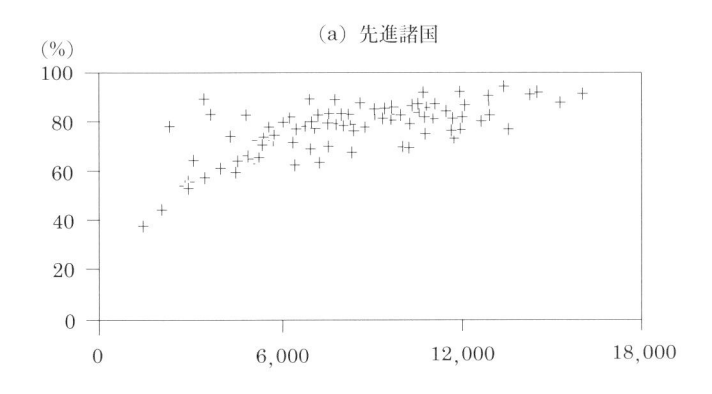

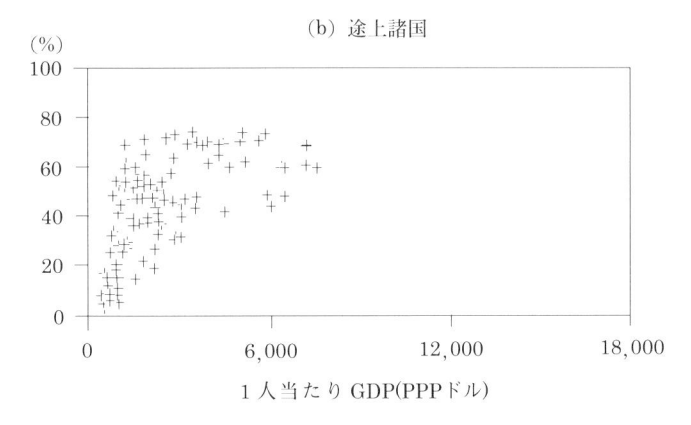

図6.3　雇用者比率（遡及年鑑版）

データ出所) ILO, Yearbook of Labour Statistics: Retrospective Edition on Population Censuses 1945-89, 1990.

1.4　構造変化の代表的平均像

資本主義的発展がそれぞれの国の労働力構造をどのように変容させるかと

いう観点から，以上の諸パターンを総括しつつ代表的平均像として図6.4を作成した．

　農業就業者シェアが圧倒的に高い状況にある国民経済において，1人当たりGDPの上昇と連動して，一方では脱農業化と女性労働力率の下落が，他方では製造業就業者シェアと雇用者比率の上昇がそれぞれ進行していく（局面A）．国によってはこの局面に長きにわたってとどまる場合がありうる．この局面を越えてプロセスが進行する場合には，脱農業化と製造業就業者シェア上昇と雇用者比率上昇がさらに進行するが，女性労働力率の下落のほうはその限界（下限）に達し，製造業就業者シェアと雇用者比率はその上昇が頭打ちになる局面を迎える（局面B）．この局面を越えてさらにプロセスが進行すると，女性労働力率の上昇傾向が定着するのに対して，雇用者比率は飽和水準に遭遇して横ばい傾向へ転じ，製造業就業者シェアは緩やかに低下（つまり脱工業化）していく（局面C）．局面Aを「構造変化前段局面」，局面Cを「構造変化後段局面」，その両者の過度的局面である局面Bを「転換過程の局面」と呼ぶことにする．

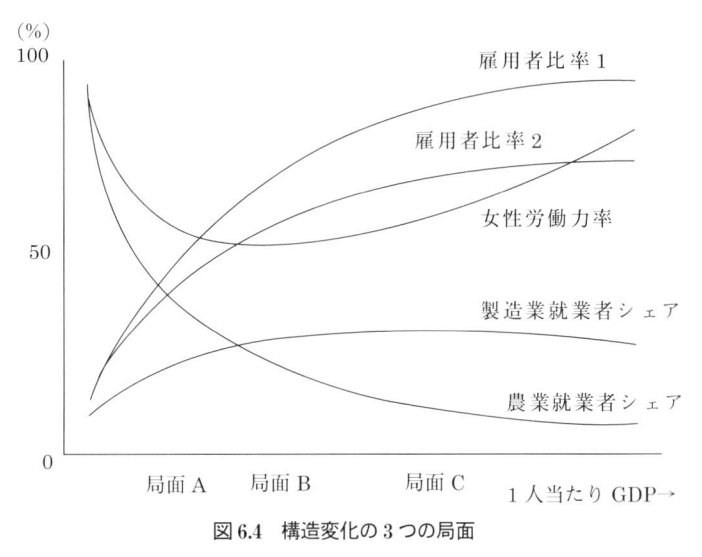

図6.4　構造変化の3つの局面

　構造変化前段局面においては，女性労働力率の下落傾向の影響で全労働力率が下落ないし少なくとも横ばいで推移する．1人当たりGDPは，$Y/P = (Y/L)$

(L/P) だから，労働力率 (L/P) が下落しているなかで Y/P が上昇するには，全産業平均的労働生産性 (Y/L) の上昇が労働力率の下落を相殺して余りある場合に限られる．その Y/L の上昇を可能にする主要な要因が，脱農業化と製造業就業者シェア上昇との同時進行という構造変化であり，雇用者比率上昇という地位別構成における構造変化である．そしてこの場合，雇用者比率の上昇と製造業就業者シェアの上昇は，より低生産性の分野からより高生産性の分野への比重の変化を間接的に表していると解釈することができる．雇用関係による他人労働力利用は生産規模拡大のためであり，生産規模拡大は製造業では生産性上昇と連動する（Kaldor の法則ないし Verdoorn の法則）からである．以上のことはまた，非資本主義的部門の比重が下がり資本主義的部門の比重が上昇することを表していると解釈することもできる．生産性上昇を追求するのは資本主義的部門の特性だからである．

　脱農業化と工業化と雇用者化の同時進行による構造変化は転換過程の局面（局面 B）でも生起する．構造変化前段局面から転換過程の局面を経過するさいに Y/L が上昇するというのは，当該国史上で 1 回かぎりの経験であり，その期間の長短は国ごとの事情によって多様であろうが，それぞれの国ではいずれ終息する過程である．アジア危機が叫ばれる以前に蔓延していた「アジアの奇跡」論に対して，一部のアジア諸国にみられた高成長の 1 つの側面は諸資源の急激な流動化による一回性の構造変化によるものだからその持続期間には限界があるとクルーグマンが主張したが（Krugman 1994），それは正当な論評であったといわねばならない．

　構造変化後段局面においては，農業から製造業へのシフトもほぼ終息しているし，地位別構成における雇用者化も進展しない．構造変化は国民経済次元の Y/L を上昇させる方向にではなく，むしろ脱工業化・サービス化によって Y/L を押し下げる方向に作用する可能性が高い．

　なお，図 6.4 には雇用者比率を 2 種類描いてある．その飽和水準がより上位のものとより低位のものであり，前者（雇用者比率 1）は先進諸国が経験してきたパターンを，後者（雇用者比率 2）は途上諸国が経験しつつあるパターンを想定している．構造変化前段局面や転換過程の局面で雇用者比率が上昇する

ということは，労働力人口のうち雇用関係法制に包摂される部分が拡大するということである．雇用関係法制と小農保護法制が福祉国家システムの主要な起源であるともいわれるように（Fabey 2002），雇用者比率上昇は福祉国家的要素が成熟する基本的な前提条件といってよい．もし脱小農化が進行し，かつ雇用者比率の低位飽和水準のゆえに雇用者化が低迷するとすれば，福祉国家的要素も熟しにくいことを意味している．

2　小農化と脱小農化

2.1　小農問題の歴史的経緯

かつて経済発展の中長期的過程のなかに農業を位置づけたシュルツが，農業をめぐる需給バランスにおいて需要超過傾向が顕在化する＜食料問題＞と，供給超過傾向が顕在化する＜農業問題＞とを区別した（Schultz 1945，邦訳第3章）．その後，速水佑次郎によって，エンゲル係数が高い状況下にある諸国で顕在化する＜食糧問題＞と，エンゲル係数が低下した諸国で顕在化する＜農業調整問題＞として再構成された（速水 1986）．先の図6.4に関連づけて敷衍しよう．

脱農業化が進行する構造変化前段局面において，1人当たりGDPの上昇と離農人口の増大とによって，食糧需要（商品化形態の食糧に対する需要）が拡大する．食糧供給の側で生産性の上昇がそれに見合わない場合，食糧の非食糧に対する国内交易条件が有利化し，食糧価格が上昇傾向をもつ．国内世帯の多くでエンゲル係数が高いから，食糧価格の上昇は深刻な政治不安を惹起する可能性があり，食糧価格引き下げのための国家の政治的介入が不可避となる．そして食糧生産者は，市場価格が成立する状況に比して不利な立場を余儀なくされる．またこの局面では非農業の担税能力が限られているから，いまだ大きな比重を占める食糧生産業を主要な税源の1つとせざるをえなくなるし，さらに輸出作物生産があればそれに輸出税が課される．加えて，かつてプレオブラジェンスキーが旧ソ連における「社会主義的原蓄」の不可避性を強調したが（Preobrazhensky 1926），途上諸国でも国営・国有部門の拡大を志向した親社

会主義的時期において非国営・非国有部門からの資源のシフトを政策的に追求することが正当化されたであろう．

　構造変化前段局面から後段局面へ移行する転換過程の局面においては，工業化と脱農業化とが併進し，生産性上昇が相対的に遅い食糧生産業の比較劣位化が進む．国外の食糧に比して割高となり，国家の対応としては市場メカニズムに委ねて食糧輸入の自由化に踏み切るか，それとも食糧生産業を「保護」するかのいずれかの選択に迫られる．現実には前者の選択は例外（イギリス）で，多くの場合は，世帯のエンゲル係数が低下しているから低価格食糧の保証は緊急の政治課題ではなくなり，ナショナリズムと親和的な「保護」が選択された．構造変化後段局面が本格化すると，脱農業化がほぼ終息するなかで食糧生産業の生産性は上昇するが，他方でエンゲル係数がさらに低下することによる需要低迷が顕在化するから，食糧の過剰生産傾向が定着する．減反政策の強化，対外食糧援助や食糧輸出補助金の増大などの農業政策が展開される．

　ところで，構造変化前段局面において，一方の食糧需要増大による食糧価格の上昇趨勢とともに，他方で豊富な労働力供給が存在して賃金上昇が価格上昇よりも遅れて生起するならば，そして国家による非市場的（農業搾取的）介入がそれほど強くなければ，資本主義的農業経営が成立する余地がある．それは18世紀半ば以降のヨーロッパで実際に台頭した．プロト工業化や人口増加や産業革命などによって農産物需要が拡大したが，輸送コストの高さのゆえに温帯入植地でのヨーロッパ向け輸出用の商品化農業の進展はまだ遅々としていたから，農産物価格は18世紀後半に上昇し，（1820年頃に一時的な撹乱はあったが）1870年代まで高位安定的な水準を維持した（Koning 1994, chap. 2）．他方で，人口成長によって農村に土地なし層が増大していたし，また囲い込みによる小土地保有層の没落もあったから，低賃金の農業賃労働の供給が豊富であり，資本主義的農業がヨーロッパの一角に出現した．そのとき農民層分解というかたちでの農村脱小農化が進行した．

　しかしながら，19世紀半ば以降の輸送革命（とくに蒸気船と鉄道）によって温帯入植地における商品生産農業が急進展し，それがウクライナ産農産物とともにヨーロッパに流入したことで，長期にわたる農産物の需要超過傾向が逆転

して供給超過傾向となった．とくに工業化がより進展して都市部を軸に非農業の雇用吸収力が上昇する諸国では，脱農業化は脱農村化という性格をより顕著に帯び，農村部での労働力供給が従来に比して抑制されることで農業賃労働の賃金が上昇しはじめ，資本主義的農業は後退して小農生産（家族経営農業）の比重が上昇していく（阪本 1980, 序章; 持田 1980; Koning 1994）．

工業化がそれほど進展しない諸国では，土地渇望の強い農村貧民として滞留しがちで，農業賃労働の賃金引き下げ圧力が残存し大農場経営が温存されやすかったが，しかし「新世界」向け移民の流れが農村への労働力滞留を緩和した．移民は，ヨーロッパ側での労働力過剰（土地不足）を緩和すると同時に，温帯入植国の側での労働力不足を緩和することで，大西洋経済圏における不熟練労働者実質賃金の諸国間収斂をもたらしたことが実証されている（O'Rourke and Williamson 1999）．いずれにしろ，19世紀終盤以降のヨーロッパにおける全般的な傾向としては，比較劣位化していく農業において小農生産への回帰が生じ，国家介入にによるその保護が顕在化していった．

資本主義的農業が後退して小農化傾向が表面化するという19世紀終盤以降のヨーロッパの経験は，いわゆる「農民問題」ないし「小農問題」として論壇の大きな焦点となった．基本的に農民層が分解して資本主義的農業が発達する趨勢は変わらないとするレーニンの主張や，資本主義的生産は小農層を温存させ利用しながら発達するから農民層分解は長期にわたる緩慢なプロセスであることを強調したカウツキーの主張や，小農生産は固有のメリットを有する永続的生産・経営形態であることを強調したチャヤノフの主張などが提起され，その後の論議の的になり続けた（大内 1969; Buttel 2001）．元来は「農民層分解」の是非をめぐる議論であるが，その射程を超える普遍性を有していたと思われるのはチャヤノフの小農論である．第3章で論じたように，交換媒介的分業連関に包摂されている非資本主義的生産の担い手としての小農的事業単位（より一般的には世帯的企業）は，利潤や生産性にその活動が拘束されるのではなく，家族扶養負担率の適正化をめぐって活動しつつしぶとく残存することを明らかにしたのがチャヤノフ小農論であった．

要するに，構造変化前段局面では脱農業化が進行するが，交易条件が農業に

とって有利化するから，一定の条件が満たされれば小農化を促す要因よりも脱小農化の1形態である農民層分解を促す要因のほうが優勢となって，資本主義的農業が成立する場合がある．構造転換過程の局面においては，農業にとっての交易条件の有利性は解消し，国外農業の競合圧力に晒されることで国内農業では経営困難な状況が出現する．しかし，小農経営はその「家族経済」としての特性のゆえにしぶとく存続する能力がある（少なくとも資本主義的農業に比して）から，脱農業化・工業化のなかの小農化（農業における非資本主義化）という現象が表面化する可能性が高く，国家も政策的に小農化を促す役回りを演じる場合が多い．

2.2 第2次大戦後の小農問題

第2次大戦後の脱農業化過程における小農化・脱小農化の状況を考えてみよう．小農層は先進諸国では絶対数でどんどん減少し，社会主義圏では集団農場や国営農場のもとに再編された（脱小農化の1つの形態）が，農村人口の増大を経験した途上諸国では小農層が大量に存在した．アフリカでは，第2次大戦後の宗主国側の植民地政策（とくに農産物流通制度）の再編や独立後のナショナリスティックな国家政策などを背景として，1970年代までに小農層の広範な成立を経験する（Bryceson 2000）．ラテンアメリカでは，土地再配分政策による集団化形態を混在させつつ，1940年代から1970年代までラティフンディオ（大農経営）とミニフンディオ（小農生産）との両極構造が続いた（Kay 2000）．インドでは，緑の革命によって一部で資本主義的農業が台頭し，零細保有農や土地なし層が臨時賃労働者化する傾向をみせたが，小農は残存した（Mooij 2000）．総じて，途上諸国の多くで1970年代までは小農化傾向を促す条件があったと考えられる．途上諸国の小農層が，擬装失業や過剰就業の状態にある小保有農（small holders ないし small farmers）として開発経済学で注目されたり，また旧小農問題論議を踏襲した新農村社会学の研究対象となったのは，そのことを反映しているといってよい．

ところが，小農化を促す要因と並んで脱小農化をもたらす要因があった．第1は，先進諸国（とくにアメリカ）による食糧援助や食糧輸出であり，それが

途上諸国内の食糧価格を引き下げたり，旧来の主食穀物に対する需要の一部を外来穀物の需要に転換させたことである(小沢 1986)．1970 年代半ばまでのそのような状況は「脱小農化の第 1 段階」ともいわれている（Araghi 1995)．第 2 の要因としては，途上諸国側での農業政策の内部矛盾があった．1960 ～ 85 年期間についての 18 の途上国に関する世銀の調査研究の結果によれば，食糧自給促進と都市消費者向け低価格食糧供給と政府収入確保とを包含した農業政策が展開されてきたが，前二者すなわち高い生産者価格と低い消費者価格との格差を維持することと，政府収入の確保という目的とが矛盾するため，実際には一方で生産者価格の引き下げという調整がなされ，他方では農産物輸出税によって輸出作物生産業に負担を負わせた（Schiff and Valdes 1995)．小農生産にとっても資本主義的生産にとっても，ともに不利な状況が政策的に展開されたといってよい．

1970 年代まで，一方では小農化を促す要因があり他方では脱小農化を促す要因もあったわけであるが，途上諸国全体としていずれの要因がより優勢であったかは判断できない．しかし，1980 年代に入って脱小農化を促した第 3 の要因が顕在化してくる．IMF －世銀の構造調整プログラムの影響である．農業補助金や価格支持の廃止，土地市場の規制緩和，賃金の凍結などが進行し，それは一方では非伝統的農産物（大豆・果物・野菜・林産物など）の輸出用生産を担う資本主義的企業や食品加工業に従事する多国籍企業を軸に，小農の一定部分が契約農業というかたちでそれに連接する状況をもたらした（Glover and Kusterer 1990)．しかし，多くの場合脱小農化を加速させ，小農の多くは非農業活動を自営的に営むか臨時的賃金雇用に従事するようになっていく（Bryceson 2000)．一部では農民層分解というかたちの脱小農化の様相がみられたであろうとはいえ，農村非農業活動の比重上昇が脱小農化の主要な形態であった．なお，1980 年代の経験でいえば農村非農業活動のうち製造業の比重は下がり気味だから（Lanjouw and Lanjouw 2001, Table 1），多くの途上諸国における農村脱小農化は，農村脱工業化傾向のなかで進行したことになる．

農業・農村を対象とする社会学的諸研究においても，1980 年代以降には家族経営農業の強固な残存という問題設定そのものが動揺し，小農問題についての

20世紀初頭の議論を踏襲しつつ再提起された新農村社会学が論壇の表面から急速に退き，代わって1990年代からはアグリビジネス・グローバル化の社会学が台頭したといわれる（Buttel 2001）．構造調整プログラムの影響が強く現れる1980年代以降には，途上諸国全般において脱小農化傾向が優勢になったと考えられる．

　脱農業化が，家族扶養負担率の適正化をめぐって活動する小農層の減少（脱小農化）を意味し，工業化が利潤と生産性をめぐって活動する資本主義的企業の拡大を意味するならば，脱農業化と工業化が併存する構造変化前段局面や構造転換過程の局面は当該国の「資本主義化」という内実を有する．その場合，脱農業化・脱小農化は経済成長率の上昇と連動する．しかし，「資本主義化」という内実が希薄な場合，たとえば離農労働力がインフォーマル・セクターで吸収され，かつそれらの専属的下請け関係への包摂が進行しない場合には，脱農業化・脱小農化と経済成長との相関は弱くなるであろう．

3　雇用者化の限界のもとでの脱農業化

3.1　インフォーマル・セクター問題

　農業における小農に対応する非農業の経営単位は，家族経営的小零細企業である．小農は，土地所有権や耕作権をめぐる法制度のなかに位置づけられつつ，政策的に育成されたり保護されたりしてきたから，制度的に認知されたフォーマルな経営単位といってよい．ところが，都市および農村における非農業活動の経営単位には，フォーマルな部分とインフォーマルな部分があるという認識が1970年代後半以降しだいに定着してきた．

　いわゆるインフォーマル・セクター問題とは，脱農業化が進展するにもかかわらず非農業の雇用者比率がなかなか上昇せず，インフォーマル・セクターが就業人口の受け皿として不可避になるという問題であり，基本的に小農問題と同類である．というより，構造変化前段局面と構造転換過程の局面においては，小農問題と非農業小零細企業問題が二重化して展開するといってもよい．それは先進諸国もかつて経験したが，しかし雇用者比率の低位飽和水準のゆえ

に，20世紀後半以降の途上諸国でより顕著な問題となった．なおかつ，同時代の先進諸国で達成されている法制度的枠組みを理念的基準とし，それからの偏差が強く意識されたため，インフォーマル性がとくに注目されてきた．

インフォーマル・セクター問題の扱いは，三者代表（労働側・経営側・政府側）構成をとるILOのなかで複雑に揺れてきたようで，インフォーマル・セクターそのものに特化した機構やプログラムが組織内に設置されたことはなかったといわれる(Bangasser 2000, Section G, J)．労働側が一貫してその問題への取り組みに反対し（1984年以降は態度が変化した），経営側は「不公正競争」と関連づけようとしたことが背景にあるようである（ibid., 'concluding observations'）．じっさい，ILO憲章の附属書「国際労働機関の目的に関する宣言」には，法的・制度的に保護された労働条件のもとでの雇用を促進することがILOの目的であることが謳われているから，「インフォーマル」な活動部面の存在を是認してそれを支援することは，ILO憲章に矛盾する可能性があるということであろう．

ただ，ILOは1967年に世界雇用計画(World Employment Program：WEP)をスタートさせ，インフォーマル・セクター問題の研究を含むさまざまな調査研究活動を組織してきた（Singer 1992, Part 1）．インフォーマル・セクターという呼称が普及する契機となったのは，WEPの一環としてなされたケニア調査団の研究調査報告であるが，それは当初は途上国に固有の新現象として受け取られる場合が多かった．しかし新規性については否定されるようになっていく．ILOは1991年の総会の議題としてその問題を取り上げ，『インフォーマル・セクターのジレンマ』と題する事務局長報告を提示したが，そのなかで「歴史的脈絡においてみるならば，この現象について新規なものは何もない」と明言されている（ILO 1991, p. 9）．ケニア調査団の「発見」についても，たしかに東アフリカ諸国では（西アフリカ諸国とは異なって），独立以前においては都市地域と農村地域とは隔たっており，また都市地域は強権的な秩序維持のもとで直接的にコントロールされていたがゆえに，独立以降に分類困難な多様な雑業が都市で顕在化することはそれら諸国に関する限りでは新規なことであった(Jamal and Weeks 1993, chap. 4)．しかし，世界的にみればすでに多くの諸

国が経験していたことだったのである．

インフォーマル・セクターについては，1970年代後半以降多くの研究が積み重ねられてきた（木曾 1987; Castells and Portes 1989; 池野・武内 1998）．研究パターンの1つは労働統計の加工であり，地位別分類と職業別分類を交差させ，また週労働時間が一定基準（たとえば35時間）未満の就業者という条件を加味したりして，その量的規模を推計する試みである．チャヤノフの世帯ライフサイクル説を彷彿とさせるようなある標準世帯モデルを想定したうえで，男性における若年期のインフォーマル・セクター就業→青壮年期のフォーマル・セクター就業→壮年後期以降のインフォーマル・セクター就業というサイクルと，他の世帯員の短期循環的な労働力化と脱労働力化とを交差させた説明もある（Roberts 1989, 1991）．資本主義的事業の産業組織形態や経営管理形態を重視したポルテスとベントンの説明では，全般的には労働力供給超過傾向にもかかわらずフォーマル・セクターの賃金上昇が進行したことが，資本主義的企業にインフォーマル・セクターを下請け活用するインセンティブを与えたことが強調されている（Portes and Benton 1984）．

これまで多様な試行錯誤的研究がなされてきたが，第15回労働統計専門家国際会議（1993年）においてインフォーマル・セクター就業者の統計に関する決議が採択されて以降，目安がかなりはっきりしてきた．それを踏まえた分類表が2002年のILO総会で提示されているので，それを若干修正したものを表6.3として掲げよう．

インフォーマル・セクターを構成する企業とは，法的に組織された会社や準会社などの企業組織から区別され，世帯やその構成員という実体から分離しにくい事業単位である「世帯企業 household enterprises」として存在する．事業主体としての法的登録をしていない場合が多く，自らの名義で取引したり契約したり資金調達したりするさいの制約がある．単独であれパートナーシップ形態であれ，自営的就業者が家族従業者や臨時雇用者とともに営んでいる世帯企業をインフォーマルな自営的企業（informal own-account enterprises）といい，雇主が1人以上（その上限は国ごとに異なりうる）の常雇用者を雇って営んでいる世帯企業をインフォーマルな雇主の企業（enterprises of informal

178

表6.3 フォーマルとインフォーマルの対照

	FS企業	IS企業	世帯
フォーマル就業者			
own account workers	A	―	―
employers	B	―	―
contributing family workers	―	―	―
employees	C	③	―
インフォーマル就業者			
own account workers	―	④	⑧
employers	―	⑤	―
contributing family workers	①	⑥	―
employees	②	⑦	⑨

注1) ILO 2002a, Table A1 より作成.
注2) ③はCが副業従事しているケースを意味する.
注3) FSはフォーマル・セクター,ISはインフォーマル・セクターの略.

employers) という.インフォーマル・セクター就業者とは,それらインフォーマル・セクターの企業に自営的就業者,雇主,家族従業者,雇用者などとして労働力を供給している人々（表6.3の④～⑦)を指す.

それに対して,インフォーマルな就業者とは,それらインフォーマル・セクター就業者に加えて,フォーマル・セクター企業の家族従業者（表6.3の①)や雇用保証の弱い雇用者（同②),さらに特定世帯（非事業世帯）で一時的に（庭師など）あるいは常時（専属家政婦や運転手など）仕事をする人々（⑧と⑨)が想定されている.1990年代末の時点での全就業者中のインフォーマル就業者の割合は,南アジア（約6割),アフリカの西部と東部（6割前後),ペルー・ブラジル・メキシコ（4割前後）あたりで高く,また総じて1990年代に上昇傾向を示した（ILO 2002a, Table 2.1, Figure 2.2）.ただ,インフォーマルな就業者ではなく,インフォーマル・セクターの就業者を問題にする場合は,それらの比重をかなり割り引いて考えねばならない.

個々の国におけるインフォーマル・セクター就業者の増減は，供給側要因が優勢であったり，需要側要因が優勢であったりする[4]．供給側要因とは労働力人口を左右する人口成長と労働力率の動きである．需要側要因とは，フォーマル・セクターとインフォーマル・セクターの雇用吸収を左右する要因を指している．インフォーマル・セクター就業者は，供給側要因が優勢であれば景気動向のいかんに関わりなく増減する．需要側要因が優勢である場合には景気動向に左右されるが，その場合2つの極端なパターンがありうる．1つはフォーマル・セクターとインフォーマル・セクターとの連携がまったくない場合で，インフォーマル・セクター就業者は，好況でフォーマル・セクターの雇用が伸びるときに低迷し不況でフォーマル・セクター雇用が減少するときには増大する．もう1つの極端なパターンは，フォーマル・セクターとインフォーマル・セクターとが密接に連携している場合で，このときフォーマル・セクターの雇用増減に正比例してインフォーマル・セクター就業者も増減する．現実はその両極の間にあるので，なおかつしばしば供給側要因が優勢であったりするので，インフォーマル・セクター就業者の増減パターンについて一概に規定することはできない．

3.2 資本主義的発展との関連

雇用者比率の低位飽和水準を前提にすると，雇用者化がなかなか進展しない資本主義的経済の発達という20世紀後半以降の多くの途上諸国の経験は，資本主義的発展の段階的特性を反映した現代的パターンだということになる．労働力構成のあり方という側面からもう少し敷衍しよう．なお，産業予備軍概念を拡大解釈して現代世界経済分析に活用することを森田桐郎が試みたが（森田1997，第7章），そのさい森田が相対的過剰人口の概念ではなく産業予備軍の概念を援用しようとしたのは，前者が原理論的レベルの概念であるのに対して，後者は非資本主義的部門や国際労働力移動と関連づけやすい柔軟性をもっ

---

[4] それは，諸国の状況・推移についての以下の報告書の叙述をもとに，筆者が解釈したものである．ILO, Report of the Technical Workshop on Old and New Facets of Informality, March 2001.

た概念であるという判断に由来する．それに対して本章では，労働力の需要側と供給側との対応関係を明示するために，非資本主義的部門も組み入れるかたちで相対的過剰人口の概念を拡大解釈することに根ざしている．

労働力人口（L）は，地位別には雇用者（E）とそれ以外の雇用外労働力（S）から成る．公的分野や非営利分野を度外視すると，E は資本主義的部門に雇用される労働力部分と考えてよい．S については，資本主義的企業に専属的下請けとして包摂されている部分を S_c，下請け関係に包摂されていない部分を S_n とし，$S = S_c + S_n$ を想定しよう．資本主義的部門労働力 $L_c = E + S_c$，非資本主義的部門労働力 $L_n = S_n$，全労働力 $L = L_c + L_n = E + S_c + S_n$，となる．ある国において資本主義的部門の比重が上昇するには，［L の増加率＜ L_c の増加率］すなわち［L の増加率＜（$E+S_c$）の増加率］，でなければならない．

まず左辺の労働力人口（L）の増加率であるが，それは人口成長率と労働力率変化との合成である．人口成長率は多様な要因が複雑に絡むので，一定値と仮定しよう．労働力率は，女性労働力率のＶ字型パターンの存在を前提にすると，男性労働力率の急上昇で相殺されないかぎり，構造変化前段局面では男女計の労働力率は下落していくと考えたほうがよい．就学率上昇などを勘案すると，男性労働力率の急上昇が現実に生起するとは想定しにくいから，男女計の労働力率は下落傾向を示すのが構造変化前段局面の特徴であるとみなすのが現実的であろう．人口成長率を度外視した場合には，労働力供給の純増は，女性労働力率が下限に達して反転上昇に転じる構造転換過程の局面の途中で生起する．換言すれば，それ以前の局面で労働力供給が純増するとすれば，その主因は人口成長率である可能性が高い．ちなみに，脱農業化に伴う労働力の部門間（ないし産業間）シフトは労働力供給の純増ではなく，再配置である．

つぎに，右辺の資本主義的部門労働力（L_c）のうち雇用者（E）に注目し，労働力人口成長率と雇用者増加率との関連を考えよう．雇用弾力性（経済成長率に対する雇用者増加率の比率）を e とし，労働力人口成長率を n とすると，雇用者増加率が n に等しくなるために必要な経済成長率は，n/e である．1960〜75 年期間についての e の推計値として先進諸国 0.16，途上諸国 0.66，世界平均 0.4 というのがある（Singh 1984, Table 4）．1960〜94 年期間における

製造業のみの雇用弾力性については，脱工業化が進展してきた北米や西欧がマイナス値であったのに対して，工業化が進展してきた途上諸国の場合はだいたい 0.4～0.7 であったという推計がある[5]．そこで，e については既存の推計を参考に 0.5 と仮定すると，n が 2.5％のときは経済成長率が 5％以上，n が 2％ならば経済成長率は 4％以上でないと雇用者増加率は労働力人口成長率に追いつかず，資本主義的部門就業者の割合も雇用者化だけでは上昇しない．

経済成長率が n/e を下回るとき，資本主義的部門労働力のもう 1 つの構成要素（S_c）が E に代わって増大するのでないかぎり，「資本主義化」は遅滞するのである．雇用者比率がより低位の飽和水準に遭遇するということは，資本主義的部門の比重上昇において S_c の増加率が大きなカギを握ることを意味する．さらに，E の増加も S_c の増加も低迷して資本主義化が遅滞する場合，非資本主義的部門労働力（S_n）が，［L の増加率＞L_c の増加率］というギャップを埋めざるをえない状況が現れる．それはいわば「非資本主義化」現象ないし「脱資本主義化」現象に相当する．利潤実現や生産性上昇を第一義的な動機とはせず，家族扶養負担率の適正化を軸に活動する事業単位を非資本主義的とみなすかぎり，その比重が上昇して脱資本主義化や非資本主義化の傾向を示す諸国が少なからず存在することが現代世界経済の 1 つの特質であると考えねばならない．

インフォーマル・セクター問題への政策的対応は，一方では小零細事業所群や家内労働が下請け包摂される制度やルールを整備するかたちで展開してきた．それはかつてドイツや日本が直面した小零細企業をめぐる問題（有澤 1937）とおそらく基本的に同じものである．ただ，今日では途上諸国の多くが共有する問題としてより普遍的なものになっており，かつ下請け編成関係のなかに多国籍企業が絡んでくる場合がしばしばあるという現代的特徴が加味されている．食品加工業を営む企業（アグロインダストリアル企業）が，その原料調達システムとして一定諸国の小農層を契約農業に組織するというのもその 1 例である（Baxter and Mann 1992）．

---

[5] Global Forum on Industry; Panel I: State of world industry and outlook for the post-2000 period, UNIDO, p. 13, Table 8.

他方では，かつて交易離散共同体や商工業ギルドなどが備えていたような共存のための団体規制として，協同組合や同業組合などの「非資本主義的」原理のもとで小零細事業の安定的存続を保証する必要性が生じる．たとえば南アジアでcottage industryと呼ばれている農村家内工業があるが，プロト工業と呼ばれるイングランドのかつての農村家内工業が広範に下請関係に包摂されたものであったのに対して，現在の南アジアの農村家内工業は，中間商人と農村家内工業との間の関係は前貸関係ではなく売買関係のようである（Hossain 1987）．つまり，資本主義的部門はそのような商品生産と緊密に関わることを回避しているのである．それらの就業者を増大させる，あるいはその成立条件や存続環境を整備するには，「資本主義」という活動原理以外のものに依拠するしかない．

　[Lの増加率＞L_cの増加率]という状況においては非資本主義的原理による社会的調整が不可避になるという問題は，「世界農業問題」と類似する一面を有している．先進国・準先進国側から比較優位財が途上諸国へ輸出されるさい，途上諸国側での輸入自由化を輸出側は期待するであろうし，各種国際機関の媒介もてこにその期待はかなり実現されてきた．途上諸国側にとってはそれは競合財輸入を意味するが，輸入自由化を受容する度合いに応じて国内の比較劣位分野の縮小調整が余儀なくされる．その比較劣位分野は資本主義的企業が部分的に関与する（問屋制的編成に包摂することで）にすぎないから，供給能力の調整においても「資本主義」の側の内在的再編メカニズムも部分的なものにとどまる．それゆえ，多くは非資本主義的な社会的調整（保護・育成を含む）に委ねられ，結果として比較優位メカニズムの作用は抑制されざるをえない．それは19世紀終盤以降に顕在化した「世界農業問題」の基本的な特徴と共通している．インフォーマル・セクター問題に注目すると，現代世界経済には「世界農業問題」と類似する現象，すなわち「資本主義」の内在的メカニズムが副次的な役割にとどまり非資本主義的な調整が不可避になるという現象が，非農業分野でも存在することが明らかになるといえよう．

　ところで，インフォーマル・セクター問題の論議においてつねに理念的基準として念頭におかれたのは，フォーマル企業のフォーマル就業者（表6.3のA

～C）であり，とりわけそのなかの正規（ないし典型）雇用者であった．先進諸国で標準化していると想定された正規雇用を基準にし，それとの差を測ることがインフォーマル性の強調だったといってよい．たしかに，先進諸国では雇用者比率がその高位の飽和水準に達してきた．先進諸国側での脱工業化過程，あるいは図 6.4 における構造変化後段局面の進行のなかで労働力構造の変化が進行するとすれば，それは雇用者層における変化がその中心的内容をなすに違いない．

4 雇用者の変容

4.1 製造業における労働力投入量の減退

ほとんどの途上諸国が工業化を志向し，そのうちの一定の諸国が持続的に工業化を実現していったのに対して，先進諸国では脱工業化が進展してきた．この現象について普及している 1 つの解釈は，途上国工業化が先進国脱工業化の裏返しであり，要は多国籍企業による製造業生産拠点再配置戦略の結果である，というものである．「グローバル化」というタームを多用する議論には，そのような解釈に立脚しているものが多い．たしかにそれは否定できないが，しかし 1970 年代以降に OECD 諸国が経験してきた脱工業化の基本的背景には，一方での製造業製品需要の低迷と他方での製造業生産性の上昇という先進諸国内部の状況があったし，また途上国工業化志向は製造品需要の途上諸国内部での拡大を背景としていた．

先進諸国で製造品の国内需要に制約があるということは，国内供給拡大が抑制される方向で市場的調整メカニズムが作動することを意味する．製造業の国内供給水準全体の抑制傾向のなかで生産性が上昇する（単位当たり供給が拡大する）ということは，輸出が拡大するかあるいは国内事業所の労働力投入量の縮小が進行するということである．

労働力投入量は，就業者数と就業者 1 人当たり平均労働時間とから成るから，ある特定産業分野における長期持続的な生産性上昇が労働力投入量の削減に結びつく場合，当該産業分野の平均労働時間の短縮かあるいは就業者数の減

少かの少なくともいずれかをもたらす．平均労働時間の短縮で調整可能であれば，就業者数の減少は起こらない．じっさい，長期史的にみれば，8時間労働日の実現などを含む平均労働時間の短縮が進むなかで，先進諸国の製造業就業者数は1960年代までは増大してきた．それゆえ，製造業の国内需要低迷と国内生産性上昇に起因する1970年代以降の脱工業化（製造業就業者数の減少を伴う強い意味での脱工業化）は，平均労働時間の短縮という調整では補正できないほどの労働力投入量の減退が生じたということになろう．

　雇用者（employees）の平均労働時間の変化とは，①フルタイム雇用者の平均労働時間の変化，②パートタイム雇用者の平均労働時間の変化，③雇用者に占めるパートタイム雇用者の割合（パートタイマー比率）の変化という3つの構成内容をもっている．①と②の平均労働時間はさらに，法規制と団体交渉のあり方に影響される週当たり労働時間と，年間当たり労働週の数に規定される．それゆえ，各国の制度的特性に拘束されて多様である．1990年代の経験でいえば，ヨーロッパではフルタイム雇用者の平均労働時間の減少とパートタイマー比率の上昇が，日本ではパートタイマー比率の上昇が（1997年の週40時間制導入でフルタイマーの平均労働時間短縮も寄与した），それぞれ雇用者の平均労働時間短縮の主な要因であったのに対して，パートタイマー比率の上昇がほとんどないアメリカでは，フルタイム雇用者の残業時間増大と女性雇用者の平均労働時間増大によって全般的な平均労働時間の増加が進行した（Evans et al. 2000, chap. I-A）．それは必ずしも製造業に限定されない全般的な経緯であるが，製造業に固有の側面を加味すれば，ヨーロッパではフルタイム雇用者の「交代（シフト）制」の再構築や，就業時間モジュール化などのフレキシビリティ増進と組み合わされることで，雇用者数減少の度合いを緩和しつつ，個別雇用者レベルの就業時間短縮が事業所の稼働率を低下させることもなかったといわれる（Bosch and Lehndorff 2001）．いわゆるワークシェアリングのヴァリエーションの1つである．

　それでも製造業雇用者は減少したのであるが，製造事業所の閉鎖や縮小に伴う解雇の他に，早期退職の普及も寄与していた．1960年代以来ほとんどのOECD諸国では法定定年年齢が変わらなかったにもかかわらず，工業的部門

および大企業の工業的職業で普及した早期定年計画によって，1980〜90年代を通じて実際の定年年齢は低下してきたといわれている（Auer and Fortuny 2000）．それは退職後に自営開業するという雇用者の自営化を促進する1つの要因となり，OECD諸国における「積極的労働市場政策」や中小企業支援政策と結びついた自営開業支援プログラムの一環をなした[6]．

4.2 部分的な非正規化

ところで，脱工業化が顕在化していく1970年代以降の先進諸国では，企業当たり事業所数の増加と事業所当たり平均雇用の減少を伴う産業組織の変化などが一定の分野で進行したことによって，小・零細企業での雇用純増，中規模企業の雇用安定，大会社での雇用減退がみられたことが指摘されて久しい（Sengenberger 1988）．製造業に限定しても，おそらく傾向は変わらない．製造業従事の事業所群のうち雇用者500人以上規模のシェアは，事業所数を基準にみても就業者数を基準にみても，1960年代半ばから90年まで主要OECD5カ国（フランス，ドイツ，イギリス，日本，アメリカ）で低下してきた（Ark and Monnikhof 1996, Table 3a, 3b, 4a, 4b）．もっとも，ドイツと日本はそのシェア低下が軽微であったことに留意すべきで，1980年代には脱工業化を経験しなかった（前章の表5.4参照）ことと関連しているかもしれない．

1980年代後半以降は，合併や買収の蔓延による企業統廃合によってダウンサイジングやレイオフが誘発されるようになっていく（Jensen 1993; Cappelli 1999, 邦訳175ページ）．先行したのはアメリカやイギリスであるが，他の先進諸国でも資本市場の強化と「コーポレートガバナンス」重視の体制が1990年代に入ってしだいに進展していく．そのような経過のなかで雇用の非正規化（非典型化）という現象が取りざたされてきた．正規雇用ないし典型雇用とは，雇用保険制度や年金制度や福利・厚生面の便宜等を享受する長期

---

[6] もっとも，1990年代初頭のいくつかの先進諸国の例では，失業保険請求権者のうち自営開業プログラム参加率はせいぜい2％程度だったようである．OECD, Self-Employment Programmes for the Unemployed, Papers and Proceedings from a Joint US Department of Labor/OECD International Conference, OCDE/GD(95)104, OECD, 1995. 関連するものとして，八幡1998も参照．

勤続型のフルタイム雇用を指し（小倉 2002），非正規・非典型雇用とは，主として正規雇用者から成る事業所において就業する正規雇用者以外の就業者についての総称であるといってよい．長期勤続型雇用は，小池和男が明らかにしてきたように，20 世紀に入って企業特殊的な熟練や技能を形成する必要に対応して出現してきたいわば世界史段階的な産物である（小池 1966, 1991）．それゆえ，非正規化ないし非典型化をめぐる問題は，そのような段階的特性が変質しつつあるか否かという問題でもある．

非正規性への注目が高まったのは，ある事業所を経営する企業と直接的雇用関係を結んでいない就業者が当該事業所で就業するというケースが目立ってきたことに由来する．そのなかには，地位別分類では自営的就業者に属する部分も少なくない．裁判事例などの詳細な考証によってそのような「自営」というのがまやかしのカテゴリーであり，その内実が賃労働に相当することを強調した研究はすでにあったが（Linder 1992），1990 年代以降，非正規・非典型雇用，コンティンジェント労働，フレキシブル労働などについての研究が噴出してくる（古郡 1997; Felstead and Jewson 1999; 中野 2000; 中窪・池添 2001）．よく引き合いに出されるのがアメリカにおいて新たにカテゴライズが試みられてきた「コンティジェント労働」であるが，アメリカ会計検査院の調査報告（GAO 2000）によって要約すると次のようなものである．

コンティンジェント労働者に該当しうるものとしてリストアップされたのは 9 つ．①派遣取次会社に所属して派遣先企業で臨時にフルタイム就業する者（agency temporary workers），②臨時雇用者としてある企業に直接採用され就業している者（direct hire temps），③臨時就業可能登録者（on-call workers），④日雇い労働従事者（day laborers），⑤対事業所サービス請負企業に所属している者（contract company workers），⑥独立小規模請負業者（independent contractors），⑦独立小規模請負業者以外の自営業者（selfemployed workers），⑧週 35 時間未満就業の雇用者（standard part-time workers），⑨労働者リース会社に所属している者（leased workers）．そのうちコンティンジェント労働者とすることが一般的に了解されているのは①〜④で，それ以外を含めるべきか否かについては研究者の見解が分かれているよう

である．①〜⑨のすべてのカテゴリーを含めると全労働力の約30％，①〜④のみで定義すると5％程度(1999年時点)である．なお，この報告ではフルタイム正規雇用者は1995年67.8％→97年68.8％→99年70.1％とその比重はむしろ上昇気味であることにも留意すべきであるとしている．

ちなみに，1999年時点の日本における卸売，金融・保険・不動産，対事業所サービス業に属する雇用者30名以上規模事業所を対象にした調査結果によれば，パートタイマーや契約登録社員などの非正社員が就業者の約22％，派遣・社内下請などの外部労働者は約4％である（日本労働研究機構2000）．また，同じ99年時点で，雇用者5名以上規模事業所を対象にした調査結果によれば，契約社員と出向社員と派遣労働者を合わせた割合は，全就業者の4.7％であった(厚生労働省大臣官房統計情報部2001，第1表)．製造業に限定した場合のその割合はもう少し低い値になる．

問題は労働力需要に対する労働力供給形態の変化に関わっており，ある企業の事業所が必要とする労働力を，もっぱら当該企業と雇用契約を結んでいる正規雇用者が提供しているという状態から，派遣契約や請負契約などにもとづく他企業の雇用者や自営的就業者が提供する状態へどの程度移行しているかという，「代替的雇用形態」へのシフトの有無や程度の問題である．上記の日米の例が示すように，パートタイマーを除けばそれほど大きな割合ではない．まして，自営的就業者等が増大して雇用者層が減少するという脱雇用者化が進行したわけでもない．

表6.4に1980年から2000年までの10カ国の雇用者比率を掲げてある．10カ国平均でみると，男の場合の僅かな上昇（1980年の79.3％→2000年の80.8％）と，女の場合の顕著な上昇（78.8％→85.5％）の複合として，男女計としてはやや上昇（79.0％→83.2％）がみられた．飽和水準に向かう途上であった日本と韓国とスペインを除き，飽和水準の近傍で比率が僅かに変化した7カ国で平均すると，男の比率が微減（84.5％→83.3％）し，女の比率が微増（88.7％→89.9％）して，男女計としてはまったくの横ばい（86.6％→86.6％）であった．それゆえ，雇用者層の構成においてパートタイマー化の進行が多くの諸国でみられたとはいえ（ただしアメリカを除く），「代替的雇用形態」への

表6.4 雇用者比率 1980 ～ 2000 年 (単位:%)

		1980	1985	1990	1995	2000
女性	オーストラリア	86.6	87.0	87.8	87.9	89.3
	カナダ	91.5	91.3	89.9	88.3	87.6
	フランス	85.4	86.8	89.0	92.0	93.4
	イタリア	72.9	73.6	75.9	76.2	78.0
	日本	63.2	67.2	72.3	78.3	81.4
	韓国	39.2	48.2	56.8	59.1	60.8
	スペイン	64.5	66.5	73.4	76.1	83.4
	スウェーデン	95.1	95.3	94.8	93.7	94.3
	イギリス	96.1	91.7	91.1	92.2	92.6
	アメリカ	93.3	93.2	93.3	93.1	93.9
	10カ国平均	78.8	80.1	82.4	83.7	85.5
	7カ国平均	88.7	88.4	88.8	89.1	89.9
男性	オーストラリア	81.6	81.6	82.8	82.1	83.4
	カナダ	89.5	88.7	82.3	80.8	80.5
	フランス	82.7	83.7	85.0	86.9	88.7
	イタリア	70.7	68.7	68.9	68.6	68.5
	日本	77.1	78.9	80.8	83.7	84.2
	韓国	52.2	58.0	63.1	64.9	63.5
	スペイン	72.2	70.2	73.9	73.3	77.9
	スウェーデン	89.5	90.4	87.1	84.3	85.5
	イギリス	89.1	83.4	80.1	82.0	84.8
	アメリカ	88.6	89.1	89.5	90.1	91.4
	10カ国平均	79.3	79.3	79.4	79.7	80.8
	7カ国平均	84.5	83.7	82.2	82.1	83.3

データ出所) ILO, KILM, 3rd ed.
注) 7カ国は日本, 韓国, スペインを除く.

シフトが進行して脱雇用者化の傾向が現れたわけではなかった. また, 転職率や離職率の上昇に反映される長期勤続慣行の崩壊についても誇張すべきものではなく, より顕著なケースとみなされてきたアメリカでの転職率・離職率の特

定分野における上昇にしても，それは長期勤続慣行の厳然たる存在と併存してきたといわれている（Osterman 2001）．雇用者層における変化の中心的な内容は，雇用外就業者の比重上昇による脱雇用者化でもなければ，長期勤続慣行の広範な崩壊でもないといわねばならない．

総じて，実態の劇的な変化というよりも，企業側にとっても雇用者側にとっても長期的関係への拘束がリスクに転じる可能性を意識させ，大多数の雇用者が漠然とした動揺を経験しつつあることが，雇用者層の変化の内実なのであろう．組織的団結への誘因が低下して交渉力を失っていく雇用者，回収できなくなるかもしれないリスクに躊躇して教育訓練投資を消極化する企業，雇用関係の当事者たちはその相互依存関係をしだいに希薄化させていく．雇用関係はその歴史的経緯からいっても交換関係，すなわち特定の職務を時間単位で売買する関係ではなかったし，不特定ないし非定型の職務を含めてそのつど必要になる職務群に対して雇用者が対応する持続的関係であった（森 1988）．19 世紀終盤から 20 世紀初頭にかけて一部で目立つようになった出来高賃金制や職長統制体制，その後のテーラー主義的な労務管理の普及による時間賃金概念の定着があったとはいえ（Jacoby 1985），それらは長期史的脈絡においてみるならばごく一時的な現象であった．雇用関係はそのつどの労働力売買ではなく，交換原理以外の要素にも立脚する持続的な関係であることは 20 世紀後半には再び定着していたといってよい．それが 1980 年代以降ふたたび変容しつつあるのであるが，それは脱雇用者化というような劇的なものではなく，より漸次的な「一方が希望すればいつでも関係を解消することができる長期的関係を繰り返すような」（Cappelli 1999，邦訳 64 ページ）雇用関係へと内実の一部が変化しつつあるものとして理解すべきであろう．そしてそれが，製造業での労働力投入量の減退とともに，先進諸国側での工業調整問題の労働力構造面での特徴なのである．

5　結　語

ある国で1人当たり GDP が上昇する過程は何らかの構造変化を伴っている．

本章ではそれを3つの局面に分けて考えた．構造変化前段局面，転換過程の局面，構造変化後段局面である．

構造変化前段局面で脱農業化，工業化，雇用者化が進行しはじめる．脱農業化・脱小農化に伴って商品化形態の食糧に対する需要が拡大し，そのことによる価格上昇傾向が一方では食糧価格引き下げのための国家の政治的介入を惹起し，他方では非農業就業機会の拡大が相対的に遅滞する場合には資本主義的農業経営の成立可能性が高まる．女性労働力率の下落に引きずられて全労働力率も下落しやすいが，生産性上昇を追求する資本主義的部門の比重上昇による構造変化によって，1人当たりGDPは上昇していく．

転換過程の局面では，脱農業化・工業化・雇用者化はより本格化し，その速度が頭打ちになりはじめるまで進行する．資本主義的部門は非農業分野を中心にその比重を上昇させるが，非農業就業機会の拡大の影響で農業賃金は上昇傾向を示すから，資本主義的農業経営は後退する．比較劣位化していく国内産食糧の価格は割高になっていくが，脱農業化する就業者が非農業の雇用者へとシフトすることがスムーズにはいかない場合，政治的な保護を伴う小農化が一般化する．女性労働力率の下落が終息していくから，資本主義的部門の比重上昇が非農業分野で持続するならば，構造変化効果による1人当たりGDPの上昇はより顕著になりやすい．

構造変化前段局面と転換過程の局面に共通することは，小農問題と非農業小零細企業問題が二重化して展開することである．小農も非農業小零細企業も，ともに家族扶養負担率の適正化をめぐって活動するから，それら自体が自立的に活動しているかぎりでは非資本主義的部門を構成する．資本主義的部門の比重上昇が進行するのは，それら小零細事業が解体してその構成員が雇用者層に転じるか，あるいは小零細事業に従事したまま資本主義的企業の生産・供給体制に編入される場合である．第2次大戦後の途上諸国における現実的なパターンとしては，雇用者比率が低位飽和水準に遭遇し，また委託・契約ネットワークに組み込まれるのも部分的にとどまったから，いわゆる「インフォーマル・セクター問題」が浮上した．

構造変化後段局面においては，脱農業化はすでに終息しており，雇用者比率

も飽和水準に達して低迷し，さらには脱工業化現象も現れる．1人当たりGDP の上昇を惹起するような構造変化は起こらないといってよい．また，食糧の過剰生産傾向と農業保護が定着するが，小農化が一般的傾向として持続するかどうかは一概にはいえない．製造業では，国内需要低迷と生産性上昇の同時進行に伴う調整過程が進む．一方では雇用者数減少やフルタイム雇用者の平均労働時間の減少などの労働力投入量の減退，他方ではパートタイマー比率の上昇や部分的な雇用非正規化が進行する．全体として脱雇用者化が起こるわけではないが，しかし雇用者化が極限まで達しているなかでの雇用関係の希薄化がみられるようになる．

終　章

I

　20世紀後半以降の世界経済の特質を浮き彫りにすべく，長期史的な脈絡で考察してきた．取り上げた諸論点は多くの世界経済論議とはかなり異なっている．第2次大戦後における西側世界の国際秩序を象徴するとされてきたブレトンウッズ体制の成立とその変質についての言及はないし，社会主義諸体制の解体と世界市場へのその編入と称されていることにもまったく触れていない[7]．いわゆる東西問題を本書の議論のなかにほとんど持ち込まなかったのである．また変動為替相場制が定着して以降の「カジノ資本主義」という性格の顕在化として語られる金融取引にまつわる諸問題も，それがグローバル化や「市場の勝利」が声高に叫ばれるという社会現象を惹起した背景であるにもかかわらず，まったく扱っていない．歴史的脈絡を重視するといいながらも，イギリス産業革命にもアメリカ的生産システムにも日本会社主義にもほとんど言及していないし，世界大恐慌を含む戦間期の混乱についても，いわゆる南北問題の登場についても，個別企業組織の多国籍化の様相についても，それら自体としては問題にしていない．

　もちろん，明示的に取り上げなかったからといって，それらが世界経済をめぐる問題と無縁であると考えているわけではなく，それぞれが世界経済に関連する主要な分析対象であることは承知している．ただ，国際経済関係や国際政治関係とは異なった世界経済関係の分析に固有の焦点は何かという問題と，世

---

[7] そもそも世界市場という用語の意義を本書では否定した（本書第2章第4節）．

界経済分析と整合的な世界史観は何かという問題とを突き詰めたとき，従来の世界経済論議とは別様に問題設定することが避けられなかった．本書が重視した世界経済分析の焦点とは，諸国横断的な産業需給バランスの変動とそれに関連して展開する諸種の構造変化過程である．そのさい，産業需給バランス調整の困難や無理が一時的な均衡離脱現象ではなく，持続性をもつことを想定している．かつて重視された世界農業問題は今日でもいぜんとして存在するし，さらに世界工業問題がそれに加味されて，増幅された産業需給バランス調整の無理や困難が今後も続くというのが本書の基本的なまなざしである．

なお，単に世界農業問題に世界工業問題を付加しただけではない．「長すぎる現代」から不可避的に派生する諸論点の拡散や過剰な「資本主義」概念を避けるために，「現代の始点」を確定するという発想を放棄してあいまいなままにすることを，あえて意識的に選択した．その選択を正当化するために，通常の世界経済論に比して世界史像の再検討に関連する諸事項への言及が多くならざるをえなかった．もっとも，世界経済分析と整合的な世界史観という点については必ずしも真正面から論じたわけではない．世界史像を直接取り上げたのも第2章のみにかぎられており，またその場合でも交易史研究の再検討というかたちで扱ったにすぎない．しかしながら，貿易関係という共通の事象をその射程に入れているという点からいっても，世界経済を歴史的脈絡で考察するうえで交易史研究の長所と短所を見極めることは，予備的作業の1つとして必要なことである．

交易史研究は過去の共時的相互依存関係を重視し，その相互依存関係のなかでの各社会のあり方を問うことで，単線史観を克服する1つの契機となってきた．それは各社会において封建制の発達が十分か不十分か，近代性が熟しているか未熟であるかという二元識別を相対化することを可能にしたのである．交易史研究を参照する意義の1つは，世界経済関係という共時的相互依存のなかでの各国の変容を，民主的か否か，市場合理的か否かという二元識別で処理することを反省する契機となりうることにある．

しかし他方で，「交換」の位相での相互依存を一面的に解釈して，交流や平和共存の側面を誇張することについては懐疑的にならざるをえない．交換で連接

する相互依存は，たしかに一方では安定的な平和共存的秩序の形成となって現れるが，他方ではその平和共存を突き崩す動きが介在することで変化してきたからである．その後者の側面を軽視すると過度に歴史的な連続性を強調して「相互交流の世界史」を情緒的に演出することになりかねない．平和共存を突き崩す主な要因は2つあって，1つは交換関係に作用する市場メカニズムであり，それは競合財取引に作用して当該財生産者の側の再編成を引き起こす．そのような再編に晒されないようにするために政治的調整が防衛的に介在することで，市場メカニズムは時期や場所を限定した可視的市場に封じ込まれる．平和共存を突き崩すもう1つの要因は，そのような可視的市場の緩衝機能を形骸化させる勢力の活動であり，その活動の目的動機を総括的に表現するのが「資本主義」である．

　本書では「資本主義」について一定のこだわりをもち，その用語法には一貫性をもたせてある．すなわち，「資本主義」は増殖運動を志向する諸活動の目的動機を表す運動概念であり，社会的な構造や体系のあり方を形容する役回りをもつ．歴史的な経過のなかで変容するのは社会的な構造や体系のほうであって，「資本主義」ではない．それは市場メカニズムの作用する主要場面が可視的市場から不可視の市場に変化したからといって，市場メカニズム自体が変化するわけではないのと同様である．それゆえ，1国分析において資本主義的経済の成立以降の歴史的変化を，当該国民経済の変質として扱うことは可能であり必要でもあるが，しかしそれを「資本主義の変質」として描くことは妥当でない．まして世界経済分析においては，「資本主義の変質」としてその歴史的脈絡を位置づけることはできない．変容過程を分析すべき対象は諸関係の構造や体系であって，「資本主義」ではありえない．特定局面の傍証材料から「資本主義の変質」を持ち出す安易で一面的な説明は，何のどの側面がどう関連しあっているのかあいまいである場合が多く，構造や体系を措定する努力が等閑にされる傾向があるといわざるをえない．

　財・サービスの需給バランスの調整において，抽象的には市場メカニズムの作用がある．抽象的というのは特定の勢力の活動様式ではなく，相互関係の全局面に作用するメカニズムだからである．そのメカニズムの作用に対して，一

方では非資本主義的な調整活動が，他方では資本主義的な調整活動が展開されるが，そのいずれも市場メカニズムの作用を加速するか抑制するかは一概にはいえない．それらの活動の動機は市場メカニズムそれ自体を基準にしているわけではなく，それぞれの経済原則を充足することが活動基準だからである．経済原則を充足するために必要であれば，市場メカニズムの作用を加速する方向の活動になるかもしれないし，逆に抑制する方向での活動になるかもしれない．本書は，需給バランス調整に作用する抽象的メカニズムと，資本主義的および非資本主義的な調整活動との相互作用のなかで，いかなる社会的関係がどのように変化していくかという問題を世界経済分析に持ち込んだのである．

Ⅱ

さて，本書が設定した世界経済分析の焦点は諸国横断的な産業需給バランスの変動とそれに連動する諸構造変化過程であるが，具体的には貿易の側面（第4章），工業的分野の不均等発展の側面（第5章），労働力構造の側面（第6章）に分けて考察した．貿易に注目したのは，それが諸国横断的な分業連関を成立させるもっとも基本的な経路であり，世界経済における各種の変化が貿易パターンの変化にある程度反映されるからである．また，他の社会経済統計に比してデータが豊富であり，世界経済分析の第1次接近として取り扱いやすいという現実的な理由もある．工業的分野の不均等発展に注目したのは，各種当事者相互の勢力争いや位階的構造をもつ世界体制というレジームの析出とは異なった側面に注目するためである．諸産業分野の構成比の変化や分布の変化が不均等成長に由来し，その不均等成長はさらに生産性上昇率格差や生産要素投入増加率の格差などの要因に分解して考察できるから，それらを複合させると先進諸国側での工業調整問題と途上諸国側での工業化問題との並存構造を浮き彫りにできる．最後に，労働力構造に注目したのは，各国が時期的にずれながら経験する一回性の構造変化を諸国並存的な過程に合成するうえで，労働力関連データを軸にすることがもっとも有益であると考えられるからである．それぞれの側面に即してあらためて総括的に論じよう．

諸国（ないし諸統治領域）横断的な分業連関について貿易の側面からみる場合，まず競合財貿易であるか非競合財貿易であるかということが重要な識別基準になる．そのことに留意すると，規制対象にはなりにくい非競合財貿易が主流であった時代と，さまざまな防衛的反応を惹起するにもかかわらず競合財貿易が主流となっている時代とでは，貿易ネットワークのもつ社会的意味あいは大きく異なっていると考えねばならない．少しずつその比重を高めていく競合財貿易がもたらす各国・地域の生産構造再編圧力が主要な問題として浮上するのは，おそらく19世紀以降であり，18世紀までの貿易と同列に扱うことは妥当でない．問屋制工業やプランテーション型一次産品生産など，問題の萌芽はすでに18世紀までに現れてはいた．しかし，資本主義的生産の産物が世界貿易の拡大を主導するのはイギリスの貿易方向が満遍なく分散することと，産業革命が生起するという2つの条件が必要であった．前者はイギリスを含むヨーロッパ諸国の熱帯作物に対する需要を支え，その需要を当てにしたプランテーション生産の拡大を促したし，後者の産業革命は，イギリスのみならず大陸ヨーロッパでも資本主義的工業生産が加速する契機となったからである．

　資本主義的生産の産物が比重を増すのみでなく，大陸をまたがって競合財貿易という特徴が顕在化するのは19世紀終盤以降である．一部の一次産品輸入がヨーロッパにとって競合財輸入という様相を帯びるようになった．競合財貿易に対する防衛的反応がヨーロッパの側で起こり，競合財としての一次産品をヨーロッパに輸出した温帯入植諸国との間で政治的調整が模索された．「世界農業問題」の出現である．非競合財としての一次産品を欧米に輸出していた諸国・地域では，競合財としての製造品の輸入を甘受し，輸出志向の特定一次産品への特化が著しいという「従属」経験が続く．世界経済関係における「従属」的諸国とは，競合財（製造品）輸入を甘受する国内外の政治勢力の統括のもとで，輸出面での特化が著しくかつ輸出生産比率がきわめて高い非競合財（一次産品）を輸出した諸国である．外国製競合財（製造品）の輸入に対して防衛的に反応し，自らは競合財としての一次産品を輸出した諸国は「従属」的諸国ではない．

　競合財貿易の場合は比較優位メカニズムが作用するから，競合財貿易に対す

る防衛的反応は，比較優位論の判定基準からは「歪み」や「逸脱」ということになろう．しかし世界史的にみて，競合財貿易に対する防衛的反応のほうが常態であったといってよい．例外は19世紀のイギリスと，欧米にとっての非競合財である一次産品を輸出し「従属」経験をした諸国・地域である．ただ，後者の場合はその輸入は競合財輸入であるが，それは比較優位にもとづく棲み分けというよりも政治的強制の側面が強かったであろうし，その輸出に関しては多くが非競合財の輸出だったから，比較優位メカニズムの作用そのものが制約されていたケースといわねばならない．

上記2つの19世紀的例外ケースは，20世紀に入ってその特質を喪失していく．すなわち，「従属」経験からの脱却をはかる動きが目立つようになっていくし，イギリスも保護色を強めていく．前者の場合はそれぞれの諸国における資本主義的部門が一次産品生産以外の活動部面を志向するという，いわば資本主義の側の調整的反応であり，それをナショナリズムの高揚を背景にした政治システムが輸入代替工業化政策によって支援した．後者のイギリスの場合は，非資本主義的な調整原理による防衛的反応への回帰である．それらによって競合財貿易に対する防衛的反応はますます世界経済を彩る普遍的特徴となるが，それは世界貿易のパターンとしては20世紀後半以降における二元的構造の解体傾向となって現れる．すなわち，諸国の輸出入ともに製造品の比重が上昇し，製造品相互貿易という特徴が顕在化していく．防衛的反応がより一般的な反応パターンになるなかで，なおかつ競合財貿易という性格がますます顕在化していくのであるから，その調整過程はより多分野・多数国が絡んだ複雑なものになっていく．

先進諸国相互間でも，先進諸国と途上諸国とのあいだでも，さらには途上諸国相互間でも製造品相互貿易が一般化すると，製造業内諸分野の各国間棲み分け調整過程が進行せざるをえない．つまり，かつての農業分野に加えて，製造業各分野の需給バランス調整が多様なかたちで展開するのである．その場合，各国民経済単位での比較優位メカニズムに照応する調整過程はあくまでその1つであるにすぎない．資本主義的活動の当事者たちによる集積拠点の再構築，多国間交渉で妥協を模索しながらの各国政府による関税システムの設計・再設

計，各国での行政的規制・支援の適用のさいの分野別差異化，政府間協議組織の場での妥協を媒介とする産業調整，国際機関が資金供与するさいの諸プロジェクトの優先順位付け，等々．総じて資本主義的な調整と非資本主義的な調整とのせめぎ合いが多様に展開される．

そのようなせめぎ合いそのものは必ずしも現代的特徴ではなく，程度の差はあれいつの時代にも競合財貿易に付随して生起する．それゆえ20世紀終盤以降の特徴はその複雑さが増していくことにあるとはいえ，複合的調整過程の存在そのものはこの時期以降の特徴とはいえない．ある国の「対外開放度」は，関税障壁や非関税障壁によって競合財貿易からの影響を遮断する度合いが強いほど低くなるが，長期史的な経験からいえば諸国の経済成長は対外開放度が低いこととと相関する場合が多かったし，その傾向はいぜんとして続いていると思われる．他方で，「対外指向性」の度合いを貿易率や輸出率で測れば，対外指向性が強いほど経済成長率が高いという傾向が20世紀終盤に一般化した．そのことが現代的な新規の特徴といってよいが，ここに1つの基本的な矛盾が発生するのである．すべての国の対外開放度が低い状態と，すべての国の対外指向性が強い状態とは，共存することが著しく困難であるという矛盾である．両状態の間でどう折り合いがつくかは不確定であり，20世紀終盤以降にはそのような不確定さが付きまとっていくと考えざるをえない．そのような矛盾と不確定さがこの時期以降の世界経済の特質であろう．

輸出率と成長率とが順相関するということと，途上諸国の輸出中の製造品の比重が上昇して世界貿易パターンにおける二元的構造が解体する傾向とを複合的に捉えると，製造業の生産と輸出がともに拡大することが途上国経済成長と結びつくことが20世紀終盤以降の特徴である．問題は，対外関係の「自由化」がそれを可能にしたとはいえないことにある．では何が可能にしたのか．本書が強調した1つの答えは，脱農業化・雇用者化・工業化がそれぞれの国で同時進行する途上諸国が20世紀終盤に集中的に出現したということである．そしてその内実をより多面的に把握するために，不均等発展過程を分析した．

III

　途上諸国からの製造品輸出は 20 世紀後半以降の顕著な特徴であるが，それは多国籍企業を誘致した特定の輸出加工区のように，国内経済との連関効果の弱い飛び地での産物が輸出されたという側面のみで片づけることはできない．なぜなら，貿易面でのみ製造品の比重が上昇したわけではなく，各国産業構造における製造業の比重上昇もまた多くの途上諸国で生起したからである．国内生産で製造業の比重が上昇したということは，競合財としての製造品輸入を抑制しつつ，製造業の国内生産体制が築かれてきたことを意味する．そしてその前提には，製造品に対する国内需要の拡大があった．国内需要を反映して，それに対応する生産・供給能力が拡大強化されていくという基本的な側面はたえず重視される必要がある．

　たしかに，企業活動の多国籍的展開は重要な側面である．資本主義的活動は，諸国横断的な分業連関の広域的広がりのなかで，集積の外部効果と労働過程分業の生産性効果とをより享受しやすい分野を志向する．ただ，そのこと自体は現代に特有のものではない．個別企業の観点からみた分散配置の容易さ，企業間関係のレベルでの集積・再集積の容易さなどは，該当する諸産業分野の生産過程の技術的な条件と運輸・通信の発達という外部条件に左右されるであろう．それら外部条件のあり方に飛躍的発展があることは現代的特徴であるが，資本主義的活動の基本原理に新規性はないと思われる．むしろ，途上諸国で製造品の需要が拡大したことのほうが新規の現象なのである．

　産業需給バランスの変化には，1 国内諸産業間および特定産業諸国間それぞれの不均等発展（構造変化をもたらす不均等成長）が複雑に交錯して反映される．その前提にある生産額不均等成長は，生産性上昇率の格差や，資本蓄積率の格差および投入労働力増加率の格差を反映する．産業別の資本蓄積率の把握は困難であるから，通常は生産性上昇率や投入労働力増加率を用いた分析が多い．生産性上昇率の高い分野では，需要制約に遭遇している場合には，労働力投入量の相対的さらには絶対的な減退が生起する．製造業内諸分野でそのよう

な減退が起こる分野の比重が上昇することによって，先進諸国では脱工業化現象が顕在化した．逆に途上諸国では，需要拡大を背景に，就業者数増大や就業時間拡大などの投入労働力の増加が多くの製造業内諸分野で生起した．

　労働力増加率の格差に注目すると，構造変化による生産性上昇効果の問題が浮上する．もしA産業がA_1分野とA_2分野から構成され，A_1分野よりもA_2分野のほうが生産性が高い場合，労働力増加率がA_2でプラスA_1でマイナスならばA産業の生産性は上昇し，A_2がマイナスA_1がプラスならばA産業の生産性は低下する．A産業の生産性は労働力増加率の分野間格差，それゆえまたA_1とA_2との構成比の変化を反映することになる．たとえば脱農業化は，労働力増加率が農業でマイナスで非農業でプラスになることであり，工業化は製造業の労働力増加率がプラスであると同時に，全産業平均的労働力増加率を上回ることである．いずれも国内産業構造の変化を表す．脱工業化も構造変化の一種であるが，それは強い意味では製造業の労働力増加率がマイナスになることであり，緩い意味では全産業平均的労働力増加率を下回ることである．農業よりも非農業のほうが生産性が高いかぎり，脱農業化は1人当たりGDPを上昇させる．製造業の生産性が全産業平均を上回るかぎり，工業化は1人当たりGDPを上昇させるが，脱工業化は低下させる．そのような構造変化による生産性上昇効果は，19世紀終盤以降にドイツやアメリカの1人当たりGDPが対イギリス水準にキャッチアップしたさいにも，第2次大戦後の黄金時代にOECD諸国群で1人当たりGDPのキャッチアップと収斂が生じたさいにも，さらに20世紀終盤には「奇跡」と称された東アジア諸国のみならず多くの途上諸国においてもみられた．投入労働力増加率の格差は，構造変化を媒介にして生産性上昇の基礎的要因の1つを説明しうる．

　ところで，先進諸国の脱工業化（製造業就業者数減少）においても途上諸国の工業化（製造業就業者数増大）においても，国内的要素（需要要素と生産性要素）が主要因で，輸出入は副次的要素だった．工業化や脱工業化は，何よりも国内的要素と強く関連しているとすれば，世界経済分析にとって国内的要素が重要な意味をもつという逆説的な議論が可能になる．国内的要素に注目してはじめて，世界的には工業化問題と工業調整問題が並存していること，つまり

製造業供給能力の先進諸国側での縮小調整をめぐる問題と，途上諸国側での拡大調整をめぐる問題とが併存していることを分析課題の正面に据えることができるのである．

産業需給バランスの多様な調整過程として，先進国側では製造事業所の平均規模縮小，企業買収による事業所群の統廃合，代替的雇用形態の模索，行政レベルでの規制緩和・規制改革プログラムという政策志向などがあげられよう．途上国側では，構造調整プログラムによる農工分野の強化，広義の工業に従事している国有・国営企業の民営化などが推進されてきた．そして，各企業による諸国横断的な企業リストラを追求する動きと，各国民経済の産業構造調整を追求する動きとがせめぎ合い，また多数国参加型の国際政治レベルの調整も必要となる．総じて，途上国側での工業化問題と先進国側での工業調整問題とが併存し，かつ資本主義的活動を展開する企業レベルでも諸国横断的な調整が展開しているが，それらを総称して世界工業問題ということができよう．

IV

国民経済には，利潤率を基準に活動する資本主義的部門と，家族扶養負担率を基準に活動する非資本主義的部門とがあり，その両者の比重のあり方によって資本主義的経済として顕在化するかどうかが左右される．ある国で資本主義的部門の比重が上昇して非資本主義的部門の比重が低下するということは，1つの構造変化，しかもこの場合おそらく「劇的な変化」の部類に属する構造変化を意味するが，それは当該国全体の生産性を上昇させ，経済成長や1人当たり所得の上昇をもたらす．それは特定国にとっては一回性の不可逆的な構造変化であるが，世界経済においては時期的に分散しながら繰り返し経験されてきたことである．ということは，一回性の構造変化過程は，個別国の場合には時間軸に沿って分析することは容易であるが，世界経済的問題としては時間軸で諸国の構造変化の経験を描くことは困難であることを意味する．そこで時間の変化ではなく，所得の変化に即して諸国の経験を描くことを本書では試みた．1人当たりGDPの上昇に応じてどのような構造変化が起こるかを，「代表的平

均像」として提示したのである．そして構造変化前段局面，転換過程の局面，構造変化後段局面という3つの局面を識別した．

　構造変化前段局面で脱農業化，工業化，雇用者化が進行しはじめる．転換過程の局面ではそれらがより本格化し，その速度が頭打ちになりはじめるまで進行する．それら2つの局面では，生産性上昇を追求する資本主義的部門の比重上昇による構造変化によって1人当たりGDPは上昇していく．とくに女性労働力率の下落が終息していく転換過程の局面においては，全労働力率は低迷傾向から解放されるから，構造変化効果による1人当たりGDPの上昇はより顕著になりやすい．ただし，構造変化前段局面と転換過程の局面においては，小農問題と非農業小零細企業問題が二重化して展開する．雇用者比率が低位飽和水準に遭遇する第2次大戦後の途上諸国の場合，それは「インフォーマル・セクター」や農村非農業活動の拡大というかたちで現れた．

　構造変化後段局面においては，脱農業化の終息，雇用者化の限界，脱工業化現象の出現が特徴となる．先進諸国の経験としては，全体として脱雇用者化が起こるわけではなく，雇用者化が極限まで達しているなかでの雇用関係の希薄化がみられるようになった．現在の途上諸国が構造変化後段局面に直面する場合には，雇用者比率が低位飽和水準に遭遇するがゆえに，インフォーマル・セクター問題を引きずったままで雇用者層の雇用関係が希薄化するであろう．

V

　本書では，各国が「近代性」の開花状態へ到達することで一種の諸国間収斂（「近代的」諸国の対等共存）することを暗黙に想定する単線史観を否定したし，各国が多様性を喪失して「グローバル文明」へ到達すると想定するグローバル論も否定した．そのことをもって，本書が諸国・諸文化が多様性を保持したまま異文化共生が定着することを主張していると解釈されると，それはまったくの誤解である．なぜなら，諸国の需要は類似する方向で変化し，その需要の変化に対応して各国で生産・供給体制が再編されていくことを本書では想定しているからである．その生産・供給体制の再編には複雑で不確定な要素が絡んだ

調整過程が避けられないことを本書は強調したが，それらの議論はいわば社会的ニーズが諸国間で類似する傾向の存在を前提にして組み立てられているのである．

　需要の拡大とその内容構成の変化は所得の変化と相互規定関係にある．両者の間に1方向の因果関係を特定することはできないであろうが，いずれを基本的な出発点に据えるか選択することは可能である．本書では脱農業化と雇用者化が，資本主義的部門の比重上昇を意味すると同時に，1人当たりGDPを上昇させることを最初の前提にしている．脱農業化は時期的にずれながら各国で生起し，それに応じて1人当たりGDPの上昇も各国で進展する．工業化の進展速度や輸出率の上昇の度合いなどの違いに応じてその後の展開は多様でありうるが，所得上昇が脱農業化によって開始する点では各国とも共通している．その後に需要の変化と所得の変化とが相互に連動しながら進展するが，需要は所得水準以外の要因にも左右されると考えざるをえない．なぜなら，需要が所得とのみ相互規定関係にあるとするならば，社会的ニーズの諸国間での類似化傾向は同時に所得水準の諸国間収斂をも意味するからである．後者の所得水準の諸国間収斂は現実に生起している傾向とはみなせないから，前者の社会的ニーズの諸国間での類似化をいいうるためには需要が所得以外の要因にも左右されるとみなすしかない．その具体的な内実については消費の社会学や心理学の領域に属するテーマであり，本書の射程を超える．それゆえ，その根源的根拠を示すことはできないが，本書は所得水準の諸国間収斂傾向を伴わない社会的ニーズの諸国間類似化を想定しており，社会的ニーズの類似化が先行し，それを後追いしながら生産・供給体制の整備が模索されていくとみなしている．

　さて，最後に，本書のサブタイトルを「ゆるやかな変容過程」とした理由を示して本書の叙述を閉じよう．まず「変容」であるが，この語はこれまでの諸章で多用してきた「変化」という語とまったく同義のものとして用いており，タイトルで「変容」としたのは単に日本語音声上の響き具合の好ましさだけであるから，その点についてはこれ以上の説明は不用であろう．若干の説明を要するのは「ゆるやか」という表現のほうである．それが直接指し示しているのは変容過程であるが，さらにその背後に世界経済自体がゆるやかな構造である

という含意もある．すでに第2章や第3章で提示してはいるが，まずその後者の含意についてあらためて述べておこう．

　本書で世界経済をゆるやかな構造とみなしていることは，たとえば世界システムとか世界経済システムとか世界資本主義体制などの用語を多用する議論が想定しているような何らかの統合的体系として，世界経済という1つの分析単位を措定することに本書が否定的であることを意味している．何らかの世界的な統合的体系が存在し，それがA状態からB状態へ転換ないし移行すると想定して分析するというアプローチを本書では採用しなかった．本書が想定した「世界経済」とは，包摂される範囲や密度が流動的な交換媒介的分業連関を軸とする諸国横断的な関係構造であり，体系的な単位としては措定できないという意味でそれを「ゆるやか」とみなしているのである．それゆえ，世界経済の成立時期を特定しようとする発想とはまったく無縁である．

　「変容（ないし変化）」がゆるやかであるという点については，本書における世界経済分析の焦点の設定と関わっている．変化がどの程度なのかは，厳密な答えを導き出すことはおそらく不可能であり，どのような尺度で何と何を比較するかに依存する相対的なものである．GDPの縮小の度合いを尺度にすれば，1930年代の世界大恐慌も1990年代終盤のアジア危機も，1990年代のロシアの危機に比べればより軽微な危機であろう．ある国における脱農業化と雇用者化の同時進行は，当該国自体にとっては劇的な変化であろうが，世界的には特定の時期に局所的に生起するささやかな出来事にすぎない．社会主義体制が勢力を保持し，西側先進諸国で福祉国家システムの浸透があり，途上諸国で分野選別が不十分な産業保護のもとで輸入代替工業化が模索されていた時期に比較すると，そのすべてが瓦解傾向を示した20世紀終盤は劇的な変化が生起したといってよい．そのように何を射程に入れて把握するかによって，変化の理解は多様な幅をもつ．

　にもかかわらず本書では「ゆるやか」さを強調したい．各国レベルでは一回性の劇的変化である資本主義的部門の比重上昇は，世界的には時期的に分散して生起する持続的現象であるし，産業諸分野の諸国横断的な需給バランスは一回性の構造変化ではなく循環的な変動であり，その供給側の拡大調整や縮小調

整も一回性の処理で解決するのではなく持続的な過程である．何よりもそれらの基層にあるのは需要の変化であり，その需要の変化は所得の持続的な上昇のなかで漸進的に進行するという一面と，また情報や刺激が単発的なものではなく累積的に浸透して特定対象への欲求が具体化してはじめて惹起されるという一面とを有している．そのような持続的・累積的な変化を後追いしながら生産・供給体制の再編・調整が誘発されるが，そのような調整過程も多元的なせめぎ合いのなかで不確定な様相を帯びている．とすれば，ゆるやかな関係構造である世界経済における諸変化もまた「ゆるやか」さをその基本的特徴としているとみなすしかないであろう．

文献一覧

Abramovitz, M. (1986) 'Catching up, forging ahead, and falling behind.' *Journal of Economic History* 56(2), 385–406

— (1994) 'The origins of the postwar catch-up and convergence boom.' In *The Dynamics of Technology, Trade and Growth*, ed. B. Verspagen Fagerberg, J. and N. von Tunzelmann (Edward Elgar) pp. 21–52

Aglietta, M. (1982) *Regulation et crises du capitalime: L'experience des Etats-Unis* (Calmann-Levy). 若森章孝・山田鋭夫・大田一廣・海老塚明訳『資本主義のレギュラシオン理論［増補新版］』大村書店, 2000年

Albritton, R. (1991) *A Japanese Approach to Stages of Capitalist Development* (Macmillan)

Araghi, F. A. (1995) 'Global depeasantization, 1945-1990.' *The Sociological Quarterly* 36(2), 337–368

Ark, B. van, and E. Monnikhof (1996) 'Size distribution of output and employment: A data set for manufacturing industries in five oecd countries, 1960s-1990.' Working Paper OCDE/GD(96)128, OECD

Auer, P., and M. Fortuny (2000) 'Ageing of the labour force in oecd countries: Economic and social consequences.' Employment Paper 2000/2, ILO

Bairoch, P. (1974) 'Geographical structure and trade balance of european foreign trade from 1800 to 1970.' *Journal of European Economic History* 3(3)

— (1982) 'International industrialization levels from 1750 to 1980.' *Journal of European Economic History* 11(2)

— (1993) *Economics and World History: Myths and Paradoxes* (The University of Chicago Press)

Bairoch, P., and R. Kozul-Wright (1996) 'Globalization myths: Some historical reflections on integration, industrialization and growth in the world economy.' Discussion Paper 113, UNCTAD

Ballance, R. H., and S. W. Sinclair (1983) *Collapse and Survival: Industry Strategies in a Changing World* (Unwin and Hyman). 須藤裕之ほか訳『産業の盛衰と世界経済』文眞

堂，1993 年

Bangasser, Paul E. (2000) 'The ilo and the informal sector: an institutional history.' Employment Paper 2000/9, ILO

Baxter, V., and S. Mann (1992) 'The survival and revival of non-wage labour in a global economy.' *Sociologia Ruralis* 32, 231–247

Beaud, M. (1990) *Histoire du Capitalisme: de 1500 a nos jours* (Editions du Seuil). 筆宝泰之・勝俣誠訳『資本主義の世界史 1500-1995』藤原書店，1996 年

Bertocchi, G., and F. Canova (2002) 'Did colonization matter for growth?: An empirical exploration into the historical causes of africa's underdevelopment.' *European Economic Review* (46), 1851–1871

Bhalotra, S. R. (1998) 'The puzzle of jobless growth in indian manufaturing.' *Oxford Bulletin of Economics and Statistics* 60(1), 5–32

Birdsall, N., and A. Hamoudi (2002) 'Commodity dependence, trade, and growth: When openness is not enough.' Working Paper 7, Center for Global Development

Blaug, M. (1978) *Economic Theory in Retrospect, 3d. ed.* (Cambridge U.P.). 久保芳和・真実一男訳『新版・経済理論の歴史（I）』東洋経済新報社，1982 年

Booth, A. (2003) 'The manufacturing failure hypothesis and the performance of british industry during the long boom.' *Economic History Review* 46(1), 1–33

Bosch, G., and S. Lehndorff (2001) 'Working time reduction and employment: experiences in europe and economic policy recommendations.' *Cambridge Journal of Economics* (25), 209–243

Bowlus, A. J., and T. Sicular (2003) 'Moving toward markets?: Labour allocation in rural china.' *Journal of Development Economics* (71), 561–583

Braudel, F. (1977) *Afterthoughts on Material Civilization and Capitalism* (Johns Hopkins U. P.). Tr. by P. M. Ranum

— (1979) *Civilisation materielle, economie et capitalism, XVe-XVIIIe siecle, tome 2, Les Jeux de L'echange* (Librairie Armand Colin). 山本淳一訳『交換のはたらき（1・2）』みすず書房，1988 年

Broadberry, S. N. (1998) 'How did the united states and germany overtake britain?: A sectoral analysis of comparative productivity levels, 1870-1990.' *The Journal of Economic History* 58(2), 375–407

Bryceson, D. F. (2000) 'African peasants' centrality and marginality: Rural labour transformations.' In *Disappearing Peasantries?: Rural Labour in Africa, Asia and Latin America*, ed. C. Kay Bryceson, D. and J. Mooij (eds.) (Intermediate Technology

Publications)

Bücher, K. (1922) *Die Entstehung der Volkswirtschaft, Vortrage und Aufsatze* (Sechzehnte Auflage). 権田保之助訳『増補改訂・国民経済の成立』第一出版

Bulmer-Thomas, V. (1994) *The Economic History of Latin America since Independence* (Cambridge U. P.)

Buttel, F. H. (2001) 'Some reflections on late twentieth century agrarian political economy.' *Sociologia Ruralis* 41(2), 165–181

Cappelli, P. (1999) *The New Deal at Work: Managing the Market-Driven Workforce* (Harvard Business School Press). 若山由美訳『雇用の未来』日本経済新聞社, 2001 年

Castells, M., and A. Portes (1989) 'World underneath: The origins, dynamics, and effects of the informal economy.' In *The Informal Economy: Studies in Advanced and Less Developed Countries*, ed. M. Castells Portes, A. and L. A. Benton (eds.) (John Hopkins U. P.)

Chapman, S. (1984) *The Rise of Merchant Banking* (George Allen and Unwin). 布目真生・萩原登訳『マーチャント・バンキングの興隆』有斐閣, 1987 年

Chortareas, G. E., and T. Pelagidis (2004) 'Trade flows: a facet of regionalism or globalisation?' *Cambridge Journal of Economics* 28(2), 253–271

Clemens, M. A., and J. G. Williamson (2001) 'A tariff-growth paradox?: Protection's impact the world around 1875-1997.' Working Paper 8459, NBER

Cottrell, P. L. (1975) *British Overseas Investment in the Nineteenth Century* (Macmillan). 西村閑也訳『イギリスの海外投資』早稲田大学出版部, 1992 年

Crafts, N. F. R. (1977) 'Industrial revolution in england and france: Some thoughts on the question "why was england first?".' *Economic History Review* 30(3)

――― (2000) 'Globalization and growth in the twentieth century.' Working Paper WP/00/44, IMF

Curtin, P. D. (1984) *Cross-Cultural Trade in World History* (Cambridge U. P.). 田村愛理・中堂幸政・山影進訳『異文化間交易の世界史』NTT 出版, 2002 年

Debaere, P., and U. Demiroglu (2003) 'On the similarity of country endowments.' *Journal of International Economics* (59), 101–136

Deraniyagala, S., and B. Fine (2001) 'New trade theory and old trade policy: a continuing enigma.' *Cambridge Journal of Economics* (25), 809–825

Dobb, M., P. Sweezy, K. Takahashi, and C. Hill (1976) *The Transformation from Feudalism to Capitalism* (New Left Books). 大阪経済法科大学経済研究所訳『封建制から資本主義への移行』柘植書房, 1982 年

Domar, E. D. (1957) *Essays in the Theory of Economic Growth* (Oxford U. P.). 宇野健吾訳『経済成長の理論』東洋経済新報社, 1959 年

Dore, R., W. Lazonick, and M O'sullivan (1999) 'Varieties of capitalism in the twentieth century.' *Oxford Review of Economic Policy* 15(4), 102–120

Elmslie, B., and W. Milberg (1996) 'The productivity convergence debate: a theoretical and methodological reconsideration.' *Cambridge Journal of Economics* (20), 153–182

Epstein, P., P. Howlett, and M. S. Schulze (2003) 'Distribution dynamics: stratification, polarization, and convergence among oecd economies, 1870-1992.' *Explorations in Economic History* (40), 78–97

Evans, J. M., D. C. Lippoldt, and P. Marianna (2000) 'Trends in working hours in oecd countries.' Occasional Papers 45, OECD

Fabey, T. (2002) 'The family economy in the development of welfare regimes: A case study.' *European Sociological Review* 18(1), 51–64

Fagerberg, J. (1994) 'Technology and international differences in growth rates.' *Journal of Economic Literature* (32), 1147–1175

Feinstein, C. (1999) 'Structural change in the developed countries during the twentieth century.' *Oxford Review of Economic Policy* 15(4), 35–55

Felstead, A., and N. Jewson (eds.) (1999) *Global Trends in Flexible Labour* (MACMILLAN)

Findlay, R., and K. H. O'Rourke (2001) 'Commodity market integration, 1500-2000.' Working Paper 8579, NBER

Frank, A. G. (1966) 'The development of underdevelopment.' *Monthly Review* 18(4)

＿ (1998) *ReORIENT: Global Economy in the Asian Age* (University of California). 山下範久訳『リオリエント：アジア時代のグローバル・エコノミー』藤原書店, 2000 年

Frankel, J.(1979), *International Relations in a Changing World*, (Oxford U. P.). 田中治男訳『国際関係論〔新版〕』東大出版会, 1980 年

Freeman, C. (1988) 'Factor substitution and the instability of growth.' 篠原三代平編『国際通貨・技術革新・長期波動』(東洋経済新報社, 第 6 章所収)

Funcke, M. (2000) 'Product variety and economic growth: Empirical evidence for the oecd countries.' Working Paper 00/5, IMF

Gamble, A. (1985) *Britain in Decline, 2nd ed* (Macmillan). 都築忠七ほか訳『イギリス衰退 100 年史』みすず書房, 1987 年

GAO (2000) 'Contingent workers: Incomes and benefits lag behind those of rest of work force.' Technical Report GAO/HEHS-00-76, United States General Accounting Office

Ghose, A. K. (1990) *Economic growth and employment structure: A study of labour outmigration from agriculture in developing countries* (ILO)

── (2000) 'Trade liberalization and manufacturing employment.' Employment Paper 2000/3, ILO

── (2002) 'Trade and international labour mobility.' Employment Paper 2002/33, ILO

Giddens, A. (1999) *Runaway World: How Globalisation is Reshaping Our Lives* (Profile Books). 佐和隆光訳『暴走する世界：グローバリゼーションは何をどう変えるのか』ダイヤモンド社，2001 年

Glover, D., and K. Kusterer (1990) *Small Farmers, Big Business: Contract Farming and Rural Development* (Macmillan). 中野・千葉・冬木・松原・大江・溝手・岡田・村上訳『アグリビジネスと契約農業』大月書店，1992 年

Hanson, J. R. (1980) *Trade in Transition: Exports from the Third World 1840-1900* (Academic Press)

Harley, C., and D. McCloskey (1981) 'Foreign trade: competition and the expanding international economy.' In *The Economic History of Britain since 1700, vol. 2*, ed. R. Floud and D. McCloskey (Cambridge U. P.)

Hee, Ng T. (2002) 'Factor endowments and the distribution of industrial production across the world.' SIN Working Paper 6, UNIDO

Heers, J. (1974) The ''feudal' economy and capitalism: Words, ideas and reality.' *Journal of European Economic History* 3(3), 609–653

Held, D., A. McGrew, D. Goldbatt, and J. Perraton (2000) *A Globalizing World?: Culture, Economics, Politics* (Routledge). 高嶋正晴・山下高行・篠田武司・國廣敏文・柳原克行訳『グローバル化とは何か：文化・経済・政治』法律文化社，2002 年

Hobsbawm, E. J. (1968) *Industry and Empire* (Weidenfeld and Nicolson). 浜林正夫ほか訳『産業と帝国』未来社，1984 年

Hodges, R. (1988) *Primitive and Peasant Markets* (Basil Blackwell)

Holton, R. J. (1985) *The Transition from Feudalism to Capitalism* (Macmillan)

Hossain, M. (1987) 'Employment generation through cottage industries: Potentials and constraints: The case of bangladesh.' In *Rural Industrialisation and Employment in Asia*, ed. R. Islam (ILO) pp. 19–57

Hummels, D., D. Rapaport, and K-M. Yi (1998) 'Vertical specialization and the changing nature of world trade.' *Economic Policy Review* pp. 79–99

ILO (1990) 'Structural adjustment and it's socio-economic effects in rural areas.' Session Report, Advisory Committee of ILO on Rural Development

──(1991) 'The dilemma of the informal sector.' Report of the Director-General,

International Labour Conference

―(1999) *Key Indicators of the Labour Market* (ILO)

―(2002a) 'Decent work and the informal economy.' Session Report 4, International Labour Conference

―(2002b) 'Global development agenda.' Discussion Paper, ILO

Irwin, D. A. (2002a) 'Did import substitution promote growth in the late nineteenth century?' Working Paper 8751, NBER

―(2002b) 'Interpreting the tariff-growth correlation of the late nineteenth century.' Working Paper 8739, NBER

Jacoby, S. M. (1985) *Employing Bureaucracy: Managers, Unions, and the Transformation of Work in American Industry, 1900-1945* (Columbia U. P.). 荒又重雄・木下順・平尾武久・森杲訳『雇用官僚制:アメリカの内部労働市場と<良い仕事>の生成史』北海道大学図書刊行会, 1989年

Jamal, V., and J. Weeks (1993) *Africa Misunderstood: or Whatever Happened to the Rural-Urban Gap?, (A study prepared for the International Labour Office within the framework of the World Employment Programme)* (Macmillan)

James, H. (2001) *The End of Globalization* (Harvard U. P.). 高遠裕子訳『グローバリゼーションの終焉:大恐慌からの教訓』日本経済新聞社, 2002年

Jensen, M. C. (1993) 'The modern industrial revolution, exit, and the failure of internal control system.' *The Journal of Finance* 48(3), 831–880

Jones, K. (1992) 'Structural adjustment in the united states steel industry.' *In Industry on the move: Causes and consequences of international relocation in the manufacturing industry*, ed. G. van Liemt (ILO)

Kaldor, N. (1976) 'Inflation and recession in the world economy.' *Economic Journal* (86), 703–714.

―(1996) *Causes of Growth and Stagnation in the World Economy* (Cambridge U. P.). eds. by C. Filippini, F. Targetti and A. P. Thirlwall

Kay, C. (2000) 'Latin america's agrarian transformation: Peasantization and proletarianization.' In *Disappearing Peasantries?: Rural Labour in Africa, Asia and Latin America*, ed. C. Kay Bryceson, D. and J. Mooij (eds.) (Intermediate Technology Publications)

Keeling, B. (1992) 'Structural change in the world steel industry: A northsouth perspective.' In *Industry on the move: Causes and consequences of international relocation in the manufacturing industry*, ed. G. van Liemt (ILO)

Kibritcioglu, A. (1997) 'On the smithian origins of new trade and growth theories.'

Discussion Paper, Faculty of Political Sciences, Ankara University

Kleiman, E. (1976) 'Trade and decline of colonialism.' *Economic Journal* (86), 459–480

Kohler, G. (1999) 'Global keynesianism and beyond.' *Journal of World System Research* 5(2), 253–274

Koning, N. (1994) *The Failure of Agrarian Capitalism: Agrarian politics in the UK, Germany, the Netherlands and the USA, 1846-1919* (Routledge)

Krugman, P. (1991) *Geography and Trade* (MIT Press). 北村行伸・高橋亘・妹尾美起訳『脱＜国境＞の経済学：産業立地と貿易の新理論』東洋経済新報社，1994年

— (1994) 'The myth of asia's miracle.' *Foreign Affairs*

— (1995) 'Growing world trade: Causes and consequences.' *Brookings Papers on Economic Activity*(1)

— (1998) 'What's new about the new economic geography?' *Oxford Review of Economic Policy* 14(2), 7–17

Lanjouw, J. O., and P. Lanjouw (2001) 'The rural non-farm sector: issues and evidence from developing countries.' *Agricultural Economics* (26)

Latham, A. J. H. (1981) *The International Economy and the Underdeveloped World 1865-1914* (Croom Helm). 川勝平太・菊池紘一訳『アジア・アフリカと国際経済 1865-1914年』日本評論社，1987年

Lawrence, R. Z. (1996) *Single World, Divided Nations?: International Trade and OECD Labor Markets* (OECD)

Lecaillon, J., and D. Germidis (1975) 'Economic development and the wage share in national income.' *International Labour Review* 111(5), 393–409

Levine, D. P. (1975) 'The theory of growth of the capitalist economy.' *Economic Development and Cultural Change* 24(1), 47–74

Lewis, W. A. (1952) 'World production, prices and trade, 1870-1960.' *The Manchester School of Economics and Social Sciences*

— (1954) 'Economic development with unlimited supplies of labour.' *Manchester School of Economic and Social Studies* (22)

— (1978) *The Evolution of the International Economic Order* (Princeton U. P.). 原田三喜雄訳『国際経済秩序の進展』東洋経済新報社，1981年

Linder, M. (1992) *Farewell to the Self-employed: Deconstructing a Socioeconomic and Legal Solipsism* (Greenwood Press)

MacFarlane, A. (1978) *The Origins of English Individualism* (Basil Blackwell). 酒田利夫訳『イギリス個人主義の起源：家族・財産・社会変化』リブロポート，1990年

Maddison, A. (1985) *Two Crisis: Latin America and Asia, 1929-38 and 1973-83* (OECD)

— (1989) *The World Economy in 20th Century* (OECD). 金森久雄監訳『20世紀の世界経済』東洋経済新報社, 1990年

— (1991) *Dynamic Forces in Capitalist Development: A Long-Run Comparative View* (Oxford U. P.)

— (1995) *Monitoring the World Economy 1820-1992* (OECD)

— (2001) *The World Economy: A Millennial Perspective* (OECD)

Mamgain, V. (1999) 'Are the kaldor-verdoorn laws applicable in the newly industrializing countries?' *Review of Development Economics* 3(3), 295–309

Mathias, P. (1983) *The First Industrial Nation, 2nd ed.* (Methuen). 小松芳喬ほか訳『改訂新版・最初の工業国家』日本評論社, 1988年

Mayer, J., A. Butkevicius, and A. Kadri (2002) 'Dynamic products in world exports.' Discussion Paper 159, UNCTAD

Mazumdar, D. (2003) 'Trends in employment and the employment elasticity in manufacturing, 1971-92: an international comparison.' *Cambridge Journal of Economics* 27(4), 563–582

McGrew, A. G. (1998) 'The globalization debate: Putting the advanced capitalist state in its place.' *Global Society*, 12(3), 299–321

Medick, H. (1976) 'Zur strukturellen funktion von haushalt und familie im ubergang von der traditionellen agrargesellschaft zum industriellen kapitalismus: die proto-industrielle familienwirtschaft, in w. conze (ed.), *Sozialgeschichte der Familie in der Neuzeit Europas: neue Forschungen*, stuttgart, 1976.' 篠塚信義・石坂昭雄・安元稔編訳『西欧近代と農村工業』(北海道大学図書刊行会, 1991年所収)

Mendels, F. F. (1972) 'Proto-industrialization: The first phase of the industrialization process, *Journal of Economic History*, 32, 1972, pp. 241-261.' 篠塚信義・石坂昭雄・安元稔編訳『西欧近代と農村工業』(北海道大学図書刊行会, 1991年所収)

Milanovic, B. (2003) 'The two faces of globalization: Against globalization as we know it.' *World Development 31(4)*, 667–683

Mitchell, B. R. (1995) *International Historical Statistics: Africa, Asia and Oceania, 2nd ed* (Stockton Press)

Mody, A., and D. Wheeler (1987) 'Towards a Vanishing Middle: Competition in the World Garment Industry.' *World Development* 15(10/11), 1269–1284

Mooij, J. (2000) 'Changing peasantries in asia.' In *Disappearing Peasantries?: Rural Labour in Africa, Asia and Latin America*, ed. C. Kay Bryceson, D. and J. Mooij (eds.)

(Intermediate Technology Publications)

Nellis, J. (2003) 'Privatization in africa: What has happened? what is to be done?' Working Paper 25, Center for Global Development

OECD (1992) *Regulatory Reform, Privatisation and Competition Policy* (OECD). 山本哲三・松尾勝訳『規制緩和と民営化』東洋経済新報社，1993 年

— (1996) *Globalisation of Industry: Overview and Sector Reports* (OECD)

— (1997) *The World in 2020: Towards a New Global Age* (OECD). 貞広彰ほか訳『2020 年の世界経済』東洋経済新報社，1999 年

Oman, C. (1994) *Globalisation and Regionalisation: The Challenge for Developing Countries* (OECD)

— (1999) 'Technological change, globalisation of production and the role of multinationals.' In *Growth and Competition in the New Global Economy*, ed. U. Hiemenz (OECD) pp. 37–57

O'Rourke, K. H. (2000) 'Tariffs and growth in the late 19th century.' *Economic Journal*, pp. 456–483

O'Rourke, K. H., and J. G. Williamson (1999) *Globalization and History: The Evolution of a Nineteenth-Century Atlantic Economy* (MIT Press)

— (2002) 'When did globalization begin?' *European Review of Economic History* (6), 23–50

Osterman, P. (2001) 'Flexibility and commitment in the united states labour market.' Employment Paper 2001/18, ILO

Pasinetti, L. L. (1977) *Lectures on the Theory of Production* (Columbia U. P.). 菱山泉・山下博・山谷恵俊・瀬地山敏共訳『生産理論：ポスト・ケインジアンの経済学』東洋経済新報社，1979 年

— (1981) *Structural Change and Economic Growth: a theoretical essay on the dynamics of the wealth of nations* (Cambridge U. P.). 大塚勇一郎・渡会勝義訳『構造変化と経済成長：諸国民の富の動学に関する理論的エッセイ』日本評論社，1983 年

Pearson, M. N. (1976) *Merchants and Rulers in Gujarat* (University of California Press). 生田滋訳『ポルトガルとインド：中世グジャラートの商人と支配者』岩波書店，1984 年

Pieper, U. (2000) 'Deindustrialisation and the social and economic sustainability nexus in developing countries: Cross-country evidence on productivity and employment.' *The Journal of Development Studies* 36(4), 66–99

— (2003) 'Sectoral regularities of productivity growth in developing countries: a kaldorian interpretation.' *Cambridge Journal of Economics* 27(6), 831–850

Polanyi, K. (1957) *The Great Transformation: The Political and Economic Origins of Our Time* (Beacon Press). 吉沢英成ほか訳『大転換』東洋経済，1975 年

—(1966) *Dahomey and the Slave Trade* (University of Washington Press). 栗本慎一郎・端信行訳『経済と文明』サイマル出版会，1975 年

Pollard, S. (1965) *The Genesis of Modern Management: A Study of the Industrial Revolution in Great Britain* (Edward Arnold Ltd.). 山下幸夫・桂芳男・水原正亨訳『現代企業管理の起源』千倉書房，1982 年

Portes, A, and L. Benton (1984) 'Industrial development and labour absorption: A reinterpretation.' *Population and Development Review* 10(4), 589–611

Preobrazhensky, E. A. (1926) *The New Economics*. 救仁郷繁訳『新しい経済：ソビエト経済に関する理論的分析の試み』現代思潮社，1976 年

Price, J. M. (1989) 'What did merchants do?: Reflections on british overseas trade, 1660-1790.' *Journal of Economic History* 59(2)

Riedel, J. (1984) 'Trade as the engine of growth in developing countries: Revisited.' *Economic Journal*

Roberts, B. R. (1989) 'Employment structure, life cycle, and life chances: Formal and informal sectors in guadalajara.' In *The Informal Economy: Studies in Advanced and Less Developed Countries*, ed. M. Castells Portes, A. and L. A. Benton (eds.) (John Hopkins U. P.)

—(1991) 'The changing nature of informal employment: The case of mexico.' In *Towards Social Adjustment: Labour Market Issues in Structural Adjustment*, ed. G. Standing and V. Tokman (ILO)

Robinson, J. (1969) *The Accumulation of Capital*, 3d. ed. (Macmillan). 杉山清訳『資本蓄積論（第 3 版）』みすず書房，1977 年

Rodinson, M. (1966) *Islam et Capitalisme* (Editions du Seuil). 山内昶訳『イスラームと資本主義』岩波書店，1978 年

Rowthorn, R. E. (1994) 'Uneven development and the rate of profit.' 横川信治・野口真・植村博恭編訳『構造変化と資本主義経済の調整』（学文社，第 2 章所収）

Rowthorn, R. E., and J. R. Wells (1987) *De-Industrialization and Foreign Trade* (Cambridge U.P.)

Rowthorn, R. E., and K. Coutts (2004) 'De-industrialization and the balance of payments in advanced economies.' Discussion Paper 170, UNCTAD

Rowthorn, R. E., and R. Kozul-Wright (1998) 'Globalization and economic convergence: An assessment.' Discussion Paper 131, UNCTAD

Rowthorn, R. E., and R. Ramaswamy (1997) 'Deindustrialization: Causes and implications.' Working Paper WP/97/42, IMF

Sachs, J. (1998) 'International economics: Unlocking the mysteries of globalization.' *Foreign Policy*, Spring, 97–111

Sala-i Martin, X. (1996) 'The classical approach to convergence analysis.' *Economic Journal* 106, 1019–1036

Sarel, M. (1997) 'Growth and productivity in asean countries.' Working Paper WP/97/97, IMF

Sarkar, P. (1986) 'The singer-prebisch hypothesis: a statistical evaluation.' *Cambridge Journal of Economics* (10)

Schiff, M., and A. Valdes (1995) 'The plundering of agriculture in developing countries.' *Finance and Development*

Schultz, T. W. (1945) *Agriculture in an Unstable Economy* (McGraw-Hill Book). 吉武昌男訳『不安定經濟に於ける農業』群芳園, 1949 年

Sengenberger, W. (1988) 'Economic and social perspectives of small enterprises.' *Labour and Society* 13(3)

Singer, H. (1992) *Research of the World Employment Programme: Future priorities and selective assessment* (ILO)

Singh, A. (1984) 'The interrupted industrial revolution of the third world: Prospects and policies for resumption.' *Industry and Development* (12)

Singleton, J. (1986) 'Lancashire's last stand: Declining employment in the british cotton industry, 1950-70.' *Economic History Review* 39(1), 92–107

Smith, A. (1776) *An Inquiry into the Nature and Couses of the Wealth of Nations*. 水田洋訳『国富論（上）（下）』河出書房新社, 1973 年

Spinanger, D. (1992) 'The impact on employment and income of structural and technological changes in the clothing industry.' In *Industry on the move: Causes and consequences of international relocation in the manufacturing industry*, ed. G. van Liemt (ILO)

Steindl, J. (1952) *Maturity and Stagnation in American Capitalism* (Basil Blackwell). 宮崎義一・笹原昭五・鮎沢成男訳『アメリカ資本主義の成熟と停滞』日本評論社, 1962 年

Stiglitz, J. E. (1998) 'Toward a new paradigm for development: Strategies, policies, and processes.' Prebisch Lecture October, UNCTAD

Temin, P. (2002) 'The golden age of european growth reconsidered.' *European Review of Economic Histor* (6), 3–22

Temple, J., and H.-J. Voth (1998) 'Human capital, equipment investment, and industrialization.' *European Economic Review* (42), 1343–1362

Thirlwall, A. P. (1986) 'A general model of growth and development on kaldorian lines.' *Oxford Economic Papers* (38), 199–219

Tschajanow, A. (1923) *Die Lehre von der bauerlichen Wirtschaft: Versuch einer Theorie der Familienwirtschaft im Landbau*. 磯邊秀俊・杉野忠夫訳『小農経済の原理（増訂版）』大明堂，1957 年

Turnham, D. (1993) *Employment and Development: A New Review of Evidence* (OECD)

UNCTAD (1997) *Trade and Development Report 1997* (UNCTAD)

UNDP (1999) *Human Development Report*. 北谷・恒川・椿監修『UNDP 人間開発報告書 1999：グローバリゼーションと人間開発』国際協力出版会，1999 年

UNIDO (1995) *Global Forum on Industry, Panel I: State of world industry and outlook for the post-2000 period* (UNIDO)

—(1996) *Industrial Development: Global Report 1996* (UNIDO)

Unwin, G. (1904) *Industrial Organization in the Sixteenth and Seventeenth Centuries*. 樋口徹訳『ギルドの解体過程：16・17 世紀の産業組織』岩波書店，1980 年

USDC (1975) *Historical Statistics of the United States*. 斎藤眞・鳥居泰彦監訳『アメリカ歴史統計：植民地時代〜1970 年（1・2・別巻）』原書房，1986 年

Vamvakidis, A. (2002) 'How robust is the growth-openness connection?: Historical evidence.' *Journal of Economic Growth* (7), 57–80

Vickery, E. (1974) 'Exports and north american economic growth: 'structuralist' and 'staple' models in historical perspective.' *Canadian Journal of Economics* 7(1), 32–57

Wallerstein, I. (1979) *The Capitalist World-Economy* (Cambridge U. P.)

Wallerstein, I., T. K. Hopkins et al. (1977) 'Patterns of development of the modern world-system.' *Review* 1(2)

Walter, I. (1979) 'Protection of industries in trouble: the case of iron and steel.' *World Economy* 2(2)

Wells, H., and A. P. Thirlwall (2003) 'Testing kaldor's growth laws across the countries of africa.' *African Development Review* 15(2-3), 89–105

White, H. C. (1981) 'Where do markets come from?' *American Journal of Sociology* 87(3), 517–547

World Bank (1993) *The East Asian Miracle: Economic Growth and Public Policy* (Oxford U. P.). 白鳥正喜監訳『東アジアの奇跡：経済成長と政府の役割』東洋経済新報社，1994 年

_(1999) *Global Economic Prospects and the Developing Countries 2000* (World Bank)

Yanikkaya, H. (2003) 'Trade openness and economic growth: a cross-country empirical investigation.' *Jounal of Development Economics* (72), 57–89

Yeats, A. J. (1998) 'Just how big is global production sharing?' Working Paper WPS1871, World Bank

安野眞幸(1992)『港市論：平戸・長崎・横瀬浦』(日本エディタースクール出版部)

磯部俊彦(1990)「チャヤノフ理論と日本における小農経済研究の軌跡」,『農業経済研究』62巻3号

宇野弘蔵(1974)『宇野弘蔵著作集(全10巻)』(岩波書店)

塩沢由典(1990)『市場の秩序学：反均衡から複雑系へ』(筑摩書房)

岡田英弘(1992)『世界史の誕生』(筑摩書房)

家島彦一(1991)『イスラム世界の成立と国際商業』(岩波書店)

河野健二・飯沼二郎編(1967)『世界資本主義の形成』(岩波書店)

樺山紘一ほか(1998)『岩波講座世界歴史(1)世界史へのアプローチ』(岩波書店)

岩田弘(1964)『世界資本主義』(未来社)

吉川洋(1992)『日本経済とマクロ経済学』(東洋経済新報社)

宮本又次(1971)『日本近世問屋制の研究』(刀江書院)

古郡鞆子(1997)『非正規労働の経済分析』(東洋経済新報社)

戸原四郎(1960)『ドイツ金融資本の成立過程』(東大出版会)

厚生労働省大臣官房統計情報部(2001)『就業形態の多様化に関する総合実態調査報告』(財務省印刷局)

荒野泰典(1988)『近世日本と東アジア』(東大出版会)

行澤健三(1974)「リカードウ＜比較生産費説＞の原型理解と変型理解」,『商学論纂』15巻6号

_(1979)「生産性成長率格差による収支不均衡の諸様相」,『国際経済』30号

高良倉成(1988)「スミス経済発展論の特質とその可能性について：移行論再構成の予備的考察として」,『経済学雑誌』89巻1号

_(1993)「資本主義の段階性をめぐる諸論点について：宇野段階論の再検討を中心に」,『琉球大学教育学部紀要』42号

_(1994a)「世界貿易と世界システム」,本多健吉・新保博彦編『世界システムの現代的構造』(日本評論社,第1章所収)

_(1994b)「貿易構造の類型からみた従属的経済」,『アジア経済』35巻6号

_(1994c)「労働力供給についてのチャヤーノフ仮説再考」,『琉球大学教育学部紀要』45号

_(1999)「世界経済分析におけるもう1つの古典的アプローチ：本源的蓄積過程と相対的過

剰人口の現代的様相」,『国際経済・投稿号』4号

黒田明伸(2003)『貨幣システムの世界史:＜非対称性＞をよむ』(岩波書店)

今東博文(1992)「段階論の論理性と歴史性」, 山口重克編『市場システムの理論』(御茶の水書房, 第4章所収)

阪本楠彦(1980)『幻影の大農論』(農産漁村文化協会)

山田盛太郎(1934)『日本資本主義分析』(岩波書店)

山之内靖(1966)『イギリス産業革命の史的分析』(青木書店)

山澤逸平(1984)『日本の経済発展と国際分業』(東洋経済新報社)

持田恵三(1980)「資本制農業の成立条件:19世紀イギリス農業」,『農業総合研究』

室井義雄(1992)『連合アフリカ会社の歴史 1879-1979 年:ナイジェリア社会経済史序説』(同文舘)

柴垣和夫(1965)『日本金融資本分析』(東大出版会)

重田澄男(1983)『資本主義の発見』(お茶の水書房)

―(2002)『資本主義を見つけたのは誰か』(桜井書店)

小倉一哉(2002)「非典型雇用の国際比較:日本・アメリカ・欧州諸国の概念と現状」,『日本労働研究雑誌』505号

小沢健二(1986)「世界の食糧問題」, 馬場宏二編『シリーズ世界経済(I)国際的連関』(御茶の水書房, 第5章所収)

小池和男(1966)『賃金:その理論と現状分析』(ダイヤモンド社)

―(1991)『仕事の経済学』(東洋経済新報社)

小島清(2003)『雁行型経済発展論〈1〉日本経済・アジア経済・世界経済』(文眞堂)

松本和日子(1998)「宇野・三段階論と新段階論の検討」,『岐阜大学教育学部研究報告＝人文科学』46巻2号

森建資(1988)『雇用関係の生成:イギリス労働政策史序説』(木鐸社)

森恒夫(1975)『講座帝国主義の研究(4)イギリス資本主義』(青木書店)

森田桐郎(1972)『南北問題』(日本評論社)

―(1997)『世界経済論の構図』(室井義雄編, 有斐閣)

森澤恵子(2004)『岐路にたつフィリピン電機産業』(勁草書房)

杉原薫(1996)『アジア間貿易の形成と構造』(ミネルヴァ書房)

杉山正明(2000)『世界史を変貌させたモンゴル:時代史のデッサン』(角川書店)

成瀬治(1977)『世界史の意識と理論』(岩波書店)

生田滋(1969)「東南アジアにおける貿易港の形態とその機能」,『世界の歴史・13・南アジア世界の展開』(筑摩書房, 所収)

青木昌彦・奥野正寛(1996)『経済システムの比較制度分析』(東大出版会)

青柳和身 (1994)『ロシア農業発達史研究』(御茶の水書房)
石見徹 (1999)『世界経済史：覇権国と経済体制』(東洋経済新報社)
石原潤 (1987)『定期市の研究：機能と構造』(名古屋大学出版会)
石崎昭彦 (1962)『アメリカ金融資本の成立』(東大出版会)
石川滋 (1994)「構造調整：世銀方式の再検討」,『アジア経済』35巻11号
赤松要 (1965)『世界経済論』(国元書房)
川本忠雄 (1994)「東アジアにおける資本主義の発展と都市間・港湾間競争」,『下関市立大学論集』37巻3号
前田芳人 (2002)「グローバリゼーションと重商主義の遺産」, 竹本洋・大森郁夫編『重商主義再考』(日本経済評論社, 第7章所収)
総務庁統計局 (1987)『日本長期統計総覧(Ⅲ)』(日本統計協会)
足立啓二 (1998)『専制国家史論：中国史から世界史へ』(柏書房)
速水佑次郎 (1986)『農業経済論』(岩波書店)
大森郁夫 (1996)『ステュアートとスミス：「巧妙な手」と「見えざる手」の経済理論』(ミネルヴァ書房)
大川一司 (1967)『農業の経済分析(第2増補版)』(大明堂)
大谷瑞郎 (1986)『歴史の論理』(刀水書房)
__(1994)『戦後歴史学批判』(文献出版)
大東一郎 (2001)「経済発展と貿易政策」, 大山道広編『国際経済理論の地平』(東洋経済新報社, 第7章所収)
大内力 (1969)『日本における農民層の分解』(東大出版会)
__(1970)『国家独占資本主義』(東大出版会)
__(1980)『経済学方法論』(東大出版会)
__(1985)『帝国主義論(上)』(東大出版会)
池野旬・武内進一 (1998)『アフリカのインフォーマル・セクター再考(研究双書483)』(アジア経済研究所)
置塩信雄 (1957)『再生産の理論』(創文社)
竹本洋 (2002)「重商主義の現代的再生」, 竹本洋・大森郁夫編『重商主義再考』(日本経済評論社, 終章所収)
竹野内真樹 (1998)「世界的労働編成と国際労働力移動(1)(2)」,『経済学論集』64巻3,4号
中窪裕也・池添弘邦 (2001)『アメリカの非典型雇用：コンティンジェント労働者をめぐる諸問題』(日本労働研究機構)
中川敬一郎 (1986)『イギリス経営史』(東大出版会)
中村哲 (1991a)『近代世界史像の再構成：東アジアの視点から』(青木書店)

―(1991b)『日本初期資本主義史論』(ミネルヴァ書房)

中村哲編(1993)『東アジア専制国家と社会・経済』(青木書店)

中野組子(2000)『アメリカの非正規雇用:リストラ先進国の労働実態』(桜井書店)

藤瀬浩司(1980)『資本主義世界の成立』(ミネルヴァ書房)

―(1999)『欧米経済史:資本主義と世界経済の発展』(放送大学教育振興会)

南亮進(1970)『日本経済の転換点』(創文社)

日本労働研究機構(2000)『労働力の非正社員化,外部化の構造とメカニズム(調査研究報告書 No.132)』(日本労働研究機構)

馬場宏二(1986)『富裕化と金融資本』(ミネルヴァ書房)

―(1997)『新資本主義論:視角転換の経済学』(名古屋大学出版会)

―(2004a)「古典派の比較生産費説」,『経済研究(大東文化大学経済研究所)』17号

―(2004b)「資本主義の来し方行く末:過剰富裕化の進展と極限」,加藤栄一・馬場宏二・三和良一編『資本主義はどこに行くのか』(東大出版会,第3章所収)

梅村又次(1961)『賃金・雇用・農業』(大明堂)

八幡成美(1998)「雇用者から自営業主への移行」,『日本労働研究雑誌』452号

服部春彦(1992)『フランス近代貿易の生成と展開』(ミネルヴァ書房)

望月清司(1970)「マルクス歴史理論における『資本主義』」,長洲一二編『資本主義』(日本評論社)

牧英正(1977)『雇用の歴史』(弘文堂)

本山美彦(1976)『世界経済論』(同文舘)

―(1982)『貿易論序説』(有斐閣)

本多健吉(1970)『低開発経済論の構造』(新評論)

―(1992)『資本主義と南北問題(改訂増補版)』(新評論)

木曽順子(1987)「第三世界の都市インフォーマル・セクター:実態へのアプローチ―」,『アジア研究』34巻1/2号

―(2003)『インド 開発のなかの労働者:都市労働市場の構造と変容』(日本評論社)

野沢敏治(1991)『社会形成と諸国民の富:スミス経済学研究』(岩波書店)

柳田義章(1994)『労働生産性の国際比較と商品貿易および海外直接投資:リカード貿易理論の実証研究』(文眞堂)

―(2002)『労働生産性の国際比較研究:リカードウ貿易理論と関連して』(文眞堂)

有澤廣巳(1937)『日本工業統制論』(有斐閣)

濱下武志(1990)『近代中国の国際的契機』(東大出版会)

矢野修一(2004)『可能性の政治経済学:ハーシュマン研究序説』(法政大学出版局)

索　引

アーウィン（D. A. Irwin），100
ILO（国際労働機関），13，165，176
アブラモビッツ（M. Abramovitz），123
UNCTAD（国連貿易開発会議），12，125
一回性の構造変化，72，169
岩田弘，24
インフォーマル・セクター，175，178
ウォーラスティン（I. Wallerstein），32，61
宇野弘蔵，21，28，40，59，70，80
OECD（経済協力開発機構），12，152
大内力，24
大川一司，64
大谷瑞郎，35
オルーク（K. H. O'Rourke），39，100
カーティン（P. D. Curtin），43
懐疑論，9，14，39
可視的市場，41，47，70，92
家族扶養負担率，62，71，172
カルドアの法則，76，169
雁行形態論，137
規制改革，11，151
偽装均衡論，64
ギデンズ（A. Giddens），16
競合財貿易と非競合財貿易，39，47，80，92，106，118

クライマン（E. Kleiman），97，104
クラフツ（N. F. R. Crafts），37
クルーグマン（P. Krugman），113，140，169，171
グローバル化，9，39，80，152
グローバル論，9
　　積極的―，11，39，114
　　悲観的―，12
経済原則，59，103
原蓄（本源的蓄積）過程，26，72
小池和男，27，186
交易離散共同体，43，119，182
工業調整問題，152，189
構造調整，151，174
構造変化の3局面，168，190
国際経済論，17，48，70
雇用者比率の飽和水準，163，168，181
雇用の生産弾力性，76，82，133，142，180
コンティンジェント労働者，186
産業内貿易，18，109，117
重田澄男，52
市場主義と反市場主義，11
資本構成高度化，75
資本主義（的），49，57，61

資本主義的部門就業者の割合, 81, 181
就業者の地位別分類, 161
集積, 69, 83, 149
従属論, 32, 97
小農化, 158, 172
　　　脱―, 171, 175
小農問題, 173
女性労働力率のV字型パターン, 161, 168, 180
シングルトン (J. Singleton), 143
垂直的国際生産シェアリング, 118
スミス (A. Smith), 66, 83
生産性
　　　―の諸国間収斂 (収束), 123, 127
　　　―の対先導国キャッチアップ, 123, 130
成長会計分析, 123
世界銀行, 13, 123, 151, 174
世界工業問題, 80, 152
世界農業問題, 28, 80, 94, 182
世界貿易の二元的構造, 90, 105, 112
世帯 (的) 企業, 63, 172, 177
相対要素賦存比率格差, 117, 133
対外開放性 (開放度), 114, 128
脱工業化, 139, 149, 159, 168, 184
脱農業化, 71, 127, 156, 168
段階論
　　　岩田―, 24
　　　宇野―, 21, 27, 51
　　　大内―, 25
　　　馬場―, 26
単線史観, 31, 38, 56
チャヤノフ (A. Tschajanow), 62, 71, 172

中心・周辺構図, 68
帝国主義論, 19, 34, 122
テミン (P. Temin), 127, 158
問屋制工業, 22, 50, 71, 87
中村哲, 35
農業問題と農業調整問題, 170
馬場宏二, 25, 122
ハンソン (J. R. Hanson), 86, 103
比較生産性上昇率格差, 134
比較生産費説, 66, 134
非資本主義的部門, 23, 62, 72, 180
非正規 (非典型) 雇用, 185
ビュッヒャー (K. Bücher), 50
フランク (A. G. Frank), 32, 38, 97
プレオブラジェンスキー (E. A. Preobrazhensky), 75, 170
ブローデル (F. Braudel), 70
ブロードベリー (S. N. Broadberry), 126, 158
ベイロック (P. Bairoch), 14, 90, 100, 103, 115
変容論, 10, 15
貿易特化構造, 86, 90, 97
貿易 (交易) ネットワーク, 42, 47, 70
貿易率 (輸出率), 95, 114
ポランニー (K. Polanyi), 40
マザンダー (D. Mazumdar), 141
マッグルー (A. G. McGrew), 9
マディソン (A. Maddison), 95, 123
マルクス (K. Marx), 34, 37, 49, 72
無制限労働供給, 73
本山美彦, 55
森田桐郎, 135, 179

柳田義章, 135
行澤健三, 134
輸出生産比率, 97, 107
吉川洋, 158
リヴァイン（D. P. Levine）, 74
ルイス（W. A. Lewis）, 73, 94, 104
レギュラシオン・アプローチ, 51
ローソン（R. E. Rowthorn）, 75, 114, 141

あとがき

　本書は難産をきわめた。その原因は，研究テーマの射程が拡散しており，固有の専門分野が判然としない，平たくいえば大風呂敷を広げすぎているという印象が強いせいだと思われる。研究助成金を申請しても多くの場合は不採択となった。それでも頑固に研究スタイルやその射程をさほど修正することなく，大風呂敷を広げたまま私なりの世界経済論を模索してきた。そのことはまた，専攻分野が共通する何らかの人脈のなかで研究成果を公表するという経験が私の場合きわめて少ないことにもつながっている。類似分野を専攻している人々と地理的にやや隔たった場所に私が居住しているというのも一因ではあるが，しかしそれはごく些細な要因である。おそらく最大の要因は，さまざまな論点について私の問題意識と他の人々の問題意識との間にずれがあり，共同作業に入り込めない何らかの漠然とした違和感が双方の側にあるということだと思われる。そのような違和感をもたらすのが何なのか，それを追求するなかで本書の構想が具体化していった。

　自らの違和感に忠実であり続けるために，本書の刊行について誰かに相談したり，出版社への紹介を依頼することもまったくなかった。幸い大学教育出版が本書の「企画書」に興味を示してくれたので，ここに私なりの世界経済論を世に問うことが可能となった。とくに同社の佐藤守氏からは，本書の叙述を改善するうえで有益な助言をいただいた。

　研究者の端くれとなって何とかその成果を世に問うわけであるが，これまでに多くの先生方や知人たちにお世話になった。本書の原稿を書き終えてあらためて振り返るとき，少なくとも以下の方々についてはここで感謝の意を表明しておきたい。

まず，学部学生のときに経済学や社会科学への興味を深めるきっかけになったのは今村元義先生のおかげであり，経済学の古典についての私の理解は先生と接しているときにその土台が形づくられたと思っている。国際経済論や開発経済論へ関心をもつきっかけを与えて下さったのは嘉数啓先生であり，現在の私の問題意識の基礎は先生との接触のなかで芽生えた。そして大学院生在学中には本多健吉先生の指導を仰いだが，先生のおかげで南北問題や低開発問題などじつに多くのことに開眼させられ，大学院を出て以降も今日に至るまで多くのことを学ばせていただいている。また奥村茂次先生，非常勤として授業を担当された本山美彦先生，中村哲先生からも少なからぬ刺激を受け，その後の私の問題意識を昇華させる糧となった。大学院でともに学んだ方々からもいろいろな刺激を得たが，とくに三宅洋一，木曾順子，金早雪の諸氏は飲んべえの私を敬遠することなく接してくれた。

　就職して以降には，馬場宏二先生に出会ったことが大きな転機となった。東京大学社会科学研究所で内地研究員となる機会を与えて下さり，1年間集中して宇野段階論の意義を吟味することが可能となった。また，その後先生が多彩なテーマの論考を次々に送りつけてくるのにいささか閉口しながらも，何とか必死に食らい付こうとしてきたことが，結果として本書の整序に大きく役立ったように思う。

　最後に，より私的なことも若干記しておきたい。本書を叙述するうえで必要のないことではあったが，本書のなかには「沖縄」という言葉は一言も出てこないし，それをほのめかす叙述もいっさい存在しない。しかし本書を世に問うねらいの1つには，沖縄の南大東島に生まれ育ち，現在も沖縄に居住し続ける者が，そのなかで思案し構想した「世界経済論」を提示したいという思いがある。この心性にはいささか屈折したところがあり，大学院在学中から未消化なままの論考をしばしば一般学術誌に投稿するという背伸び行為をしてきたこととともつながっている。本書は，かつて背伸びをして未熟なものを公表したことの後始末でもある。かなり時間はかかったが，何とか後始末できたという一定の安堵感に現在浸っている。

　親類縁者が集う場への参加が最小限にとどまるよう父と母がいつも盾に

なってくれたことと，私生活において息子がいつも傍らにいることが大きな支えとなった。小学校低学年の今はまだ手のかかる腕白小僧であるが，いつの日かこの子が本書を手にすることがあるかもしれないと思うと，何やら顔がゆるんでしまう。

2005年1月

著者

■著者紹介

高良　倉成　（たから　くらしげ）
1955年　南大東島に生まれる
1986年　大阪市立大学大学院経済学研究科後期博士課程単位修
　　　　得退学
現　在　琉球大学教育学部教授

主な論文
「貿易構造の類型からみた従属的経済」
　（アジア経済研究所『アジア経済』，第35巻6号，1994年）
「世界貿易と世界システム」
　（本多健吉・新保博彦編『世界システムの現代的構造』日本評
　　論社，1994年，第1章所収）
「世界経済分析におけるもう1つの古典的アプローチ」
　（日本国際経済学会『国際経済・投稿号』，第4号，1999年）
など

現代世界経済の基層
―― ゆるやかな変容過程 ――

2005年3月30日　初版第1刷発行

■著　者────高良　倉成
■発行者────佐藤　守
■発行所────株式会社 大学教育出版
　　　　　　　〒700-0953 岡山市西市855-4
　　　　　　　電話（086）244-1268　FAX（086）246-0294
■印刷所────互恵印刷㈱
■製本所────㈲笠松製本所
■装　丁────ティー・ボーンデザイン事務所

Ⓒ Kurashige TAKARA 2005, Printed in Japan
検印省略　　落丁・乱丁本はお取り替えいたします。
無断で本書の一部または全部の複写・複製を禁じられています。
ISBN4-88730-602-4